本研究成果系教育部哲学社会科学研究重大课题攻关项目"粤港澳大湾区法律建设研究"(20JZD019)的阶段性成果。

# 广东优化营商环境的现状、问题与对策研究

朱最新 等著

中国社会科学出版社

# 图书在版编目（CIP）数据

广东优化营商环境的现状、问题与对策研究／朱最新等著.—北京：中国社会科学出版社，2022.5
ISBN 978-7-5227-0163-9

Ⅰ.①广⋯　Ⅱ.①朱⋯　Ⅲ.①投资环境—研究—广东　Ⅳ.①F127.65

中国版本图书馆 CIP 数据核字（2022）第 073015 号

---

| 出 版 人 | 赵剑英 |
|---|---|
| 责任编辑 | 许　琳 |
| 责任校对 | 李　硕 |
| 责任印制 | 郝美娜 |

| 出　　版 | 中国社会科学出版社 |
|---|---|
| 社　　址 | 北京鼓楼西大街甲 158 号 |
| 邮　　编 | 100720 |
| 网　　址 | http://www.csspw.cn |
| 发 行 部 | 010-84083685 |
| 门 市 部 | 010-84029450 |
| 经　　销 | 新华书店及其他书店 |

| 印刷装订 | 北京市十月印刷有限公司 |
|---|---|
| 版　　次 | 2022 年 5 月第 1 版 |
| 印　　次 | 2022 年 5 月第 1 次印刷 |

| 开　　本 | 710×1000　1/16 |
|---|---|
| 印　　张 | 15 |
| 字　　数 | 217 千字 |
| 定　　价 | 88.00 元 |

---

凡购买中国社会科学出版社图书，如有质量问题请与本社营销中心联系调换
电话：010-84083683
版权所有　侵权必究

## 撰稿人员

（按姓氏笔画为序）

刘云甫　朱　晔　朱最新　余　彦

徐洁荧　黄　喆　谢　俊　董俊武

# 目 录

**第一章 广东优化营商环境概述** …………………………………(1)
 一 营商环境的概念与特征 ……………………………………(1)
 二 广东营商环境建设的历程 …………………………………(5)
 三 广东优化营商环境的重要意义 ……………………………(9)
 四 国内外营商环境评价指标体系 ……………………………(14)

**第二章 广东优化营商环境建设的主要成效** ……………………(25)
 一 加强制度保障,营商规则体系日趋完善 …………………(25)
 二 重视产权保护,产权保护体系日益健全 …………………(29)
 三 深化行政审批制度改革,市场准入日益便利化 …………(35)
 四 注重多管齐下,生产要素获取日渐规范、便利 …………(39)
 五 强化监管服务,政务环境不断优化 ………………………(46)
 六 市场退出机制改革不断深入,企业退出日益
   便利化 …………………………………………………………(51)
 七 纠纷多元化解机制不断完善,社会和谐初步形成 ………(54)

**第三章 广东、新加坡、香港特区营商环境比较研究** …………(59)
 一 广东与新加坡营商环境比较 ………………………………(60)
 二 广东与香港特区营商环境比较 ……………………………(67)
 三 经验与启示 …………………………………………………(72)

**第四章　广东、北京、上海营商环境比较研究** …………… （80）
　　一　广东与北京、上海营商环境的具体比较 ………… （80）
　　二　北京、上海的经验与启示 ……………………………（106）

**第五章　广东、江苏、浙江营商环境比较研究** ……………（111）
　　一　广东与江苏、浙江营商环境的具体比较 …………（111）
　　二　江苏、浙江的经验与启示 ……………………………（125）

**第六章　广东优化营商环境建设的问题分析** ………………（136）
　　一　营商环境政策存在不足 ………………………………（136）
　　二　竞争中性有待加强 ……………………………………（140）
　　三　营商环境优化的科技支撑不足 ………………………（142）
　　四　人才创新创业环境有待进一步改善 …………………（146）
　　五　社会信用体系建设有待加强 …………………………（148）
　　六　新型政商关系仍待完善 ………………………………（150）
　　七　营商环境一体化水平较低 ……………………………（153）

**第七章　广东省优化营商环境的对策建议** …………………（156）
　　一　坚持四大原则，全方位整体推进营商环境优化 ………（156）
　　二　强化"数字政府"建设，为优化营商环境提供
　　　　数据支撑 ………………………………………………（158）
　　三　以政务诚信为抓手，加强社会信用体系建设 ………（162）
　　四　改进和完善人才创新创业环境 ………………………（166）
　　五　建立政商交往负面清单制度，构建亲清新型政商
　　　　关系 ……………………………………………………（170）
　　六　构建区域协同机制，提升营商环境一体化水平 ………（173）
　　七　健全营商环境评价制度，为进一步优化营商环境
　　　　提供制度动力 …………………………………………（175）

**附录一　广东省法治化营商环境评价指标体系**
　　　　（专家建议稿） ……………………………………（180）

**附录二　"广东省法治化营商环境评价指标体系"**
　　　　（专家建议稿）的说明 …………………………（190）

**参考文献** ……………………………………………………（224）

**后　记** ………………………………………………………（232）

# 第一章　广东优化营商环境概述

党的十九大报告指出，中国经济已进入新的发展阶段，过去追求高速增长的发展模式面临着巨大的风险和挑战。以创新驱动发展，以创新提高发展质量的增长模式已成为新时代社会经济发展的客观需要。然而，市场主体的创新活动受到各种体制机制性因素和条件的影响较大，因而持续完善和优化营商环境对加快建设现代化经济体系、实现经济高质量发展具有重大意义。

## 一　营商环境的概念与特征

党中央、国务院高度重视优化营商环境，李克强总理在2018年的政府工作报告中明确提出"要优化营商环境"，习近平总书记也在2019年中央政治局会议中着重强调"要着力优化营商环境"。与此同时，党中央、国务院及各级政府出台了一系列优化营商环境、提高综合竞争力的有效举措，为打造世界一流的营商环境提供制度保障。例如，2018年10月29日，国务院办公厅发布《关于聚焦企业关切进一步推动优化营商环境政策落实的通知》，以期"破解企业投资生产经营中的'堵点'、'痛点'，加快打造市场化、法治化、国际化营商环境，增强企业发展信心和竞争力"。2019年10月，国务院制定发布了《优化营商环境条例》（以下简称《条例》），为指导推动全国各地优化营商环境提供了更加有力的法制保障。

## （一）营商环境的概念

"营商"最初被理解为"Doing Business"。2004 年，世界银行成立了"Doing Business"小组，并首次发布了一份对世界各国或地区的中小企业在经营过程中所处的政治、经济、法治等环境进行评估和排名的报告。随后，这一报告名称被翻译为"营商环境"。① 营商环境作为影响企业经营管理的重要外部环境，如何评价国家或地区的营商环境成为科学分析和比较的关键。当前，学者们基于不同的角度对营商环境给出了不同的解释，一些学者从交易成本角度将营商环境视为一种制度软环境。基于这一视角，世界银行从 2004—2020 年发布的《全球营商环境报告》，都将营商环境界定为企业在一个经济体内从开办、生产经营到退出市场这一过程中所耗费的各种时间和成本。除了交易成本视角外，一些学者从生态系统视角将营商环境界定为企业在整个生命周期内从事各种经营活动时所面临的外部环境的一个综合性的生态系统。② 生态系统视角更加注重从宏观层面强调影响营商环境发展的外部环境因素，以及各营商环境要素的耦合度对企业生产经营产生的影响。③ 作为一个综合性的生态系统，营商环境不仅包括了市场中最重要的主体——企业，同时也涵盖了其他的主体，如政府、企业、银行、事业单位、高校等，且系统内各主体之间相互影响、共同作用。对于企业而言，其成立、发展乃至破产会受到多方因素的影响，例如金融市场的支持或约束、市场环境的牵引或阻碍、创新资源的支撑或壁垒以及政府政策的保护或限制等都会影响企业的生产经营活动。概而论之，基于生态系统视角定义的营商环境能够更加全面准确地帮助理解营商环境。

---

① 张志铭、王美舒：《中国语境下的营商环境评估》，《中国应用法学》2018 年第 5 期。

② 李志军、张世国、李逸飞、单册：《中国城市营商环境评价及有关建议》，《江苏社会科学》2019 年第 2 期。

③ 杨传开、蒋程虹：《全球城市营商环境测度及对北京和上海的政策启示》，《经济体制改革》2019 年第 2 期；杜运周、刘秋辰、程建青：《什么样的营商环境生态产生城市高创业活跃度？——基于制度组态的分析》，《管理世界》2020 年第 9 期。

综合交易成本和生态系统的视角，本书认为，所谓营商环境，是指伴随企业整个生命周期活动的各种周围环境和条件的总和，是一个综合性的生态系统，系统内各大主体存在相互影响的关系。广义的营商环境主要包括宏观和微观两大层面：一是宏观层面涉及社会经济发展水平、政治环境、服务环境、基础设施建设、政策支持开放程度（跨境贸易便利）、文化水平等；二是微观层面包括的企业在申请开办、生产经营支付劳动者薪酬、建设基础设施以及税收和监管等方面耗费的成本。概括地说，营商环境内涵丰富，涵盖了影响各类市场主体活动的社会、经济、政治和法律等诸多要素。

**（二）营商环境的特征**

营商环境，是指伴随企业整个生命周期活动的各种周围环境和条件的总和，是影响市场主体活动的制度性安排。不同学者从不同角度对营商环境的特征做出了不同的抽象概括。从主流观点来看，便利化、市场化、法治化和国际化是营商环境的基本特征。

1. 市场化。营商环境市场化，是指要以市场主体为重点，遵循市场发展的客观规律，破除市场运行过程中的各种壁垒，最大限度地激发市场主体的活力和创造力等。主要包括简化审批流程，缩减负面清单，保障市场公平准入并促进公平竞争，加大公平竞争审查力度，推动建立开放有序、竞争公平的现代市场体系；降低制度性交易成本和企业生产成本，增强企业发展的信心和竞争力；加快构建服务型政府，为市场主体办事提供便利。坚持推进营商环境市场化改革是为了深刻转变政府职能，构建良好的政商关系，充分发挥市场在资源配置中的决定性作用，促进市场经济的蓬勃发展。

2. 法治化。营商环境法治化，是指从立法、执法、司法、守法等多个层面为市场主体提供更加公平公正、透明稳定的营商环境。包括加强法律的"立改废释"，建立和完善优化营商环境的法治体系，做到公平公正、规范透明，不溯及既往；依法保护各类所有制企业合法权益，特别是有关知识产权的保护，依法打击各类违法行为；在法律面前各类市场主体一律平等，推进公正监管，消除不公平的市场垄断行为，形成有序健康的、可控的、可预期的市场环境。经验表明，法治是最好的营商环境，营造良好的营商环境，促进市场经济的健康发展需要借助完善的营商法治体系。

3. 便利化。营商环境便利化，是指市场主体在从事营商活动过程中所耗费的时间和费用等，包括企业在办理相关事项或手续上所需的时间和费用等，如世界银行对各国营商环境的排名依据就是其营商环境的便利度，如果一个国家或地区的市场主体在办理相关业务或手续上所花费的时间越少、费用越低，意味着其营商环境的便利度就越高，排名也就越靠前。推进营商环境的便利化改革，可为市场主体的营商活动提供更加便利的条件，有效降低市场运行成本和制度性交易成本，提升企业满意度和获得感。

4. 国际化。营商环境国际化，涵盖了"引进来"和"走出去"两个方面，"引进来"是指要结合我国市场经济发展的特点，积极构建与国际标准相符的经贸规则和营商体系；"走出去"是指要扩大对外开放，主动对标世界一流的营商环境，推动相关领域改革创新，用制度为改革发展保驾护航，为改善营商环境提供制度保障，具体包括完善营商规则加强市场监管水平、提升跨境投资贸易的便利度。要打造国际一流营商环境，既需要"引进来"，也需要"走出去"；既要引入国际先进的营商指标，也要不断提升对外开放水平，以开放促改革、促创新、促发展，打造适应高质量发展的营商环境，促进投资自由化和贸易便利化，增强营商环境的吸引力。

总而言之，一国或地区营商环境的提升与改善，往往就是致力于通过系列措施，打造便利化、市场化、法治化、国际化的营商环境，事实上这四个方面也不是孤立的关系，而是相互联系、相互影响的。其中便利化强调的是市场主体的获得感，即通过缩减或降低市场主体办理相关事项的手续、时间和成本等维度来提升获得感，是营商环境的最终指向；市场化强调的是充分发挥市场的决定性作用，保障市场公平，激发各类市场主体的信心，是核心要义；法治化强调的是需要将营商所涉及的各项因素纳入法治化范畴，健全营商法律体系，完善各项营商法律法规，使营商活动有法可依。法治化营商环境的灵魂是尊重法治权威；国际化强调的是更高水平和更高层次的开放，即通过对标国际通行规则和国际一流标准来改善营商环境，提升其国际化水平和对外资的吸引力。因此，优化营商环境是一项系统性的工程，需要朝着便利化、市场化、法治化、国际化的方向合理推进。

## 二 广东营商环境建设的历程

在40多年现代化建设进程中，在理论和实践双重探索中，广东营商环境建设日渐进入法治轨道，并在许多方面取得巨大成效。总体而言，广东省优化营商环境建设主要经历了以下三个阶段。

### （一）广东营商环境建设的起步阶段（1979—2012）

改革开放以来，广东省先行一步推进改革开放，全面参与全球产业与经济分工，在一定意义上就是在优化营商环境。然而由于各种因素的影响，营商环境建设很长一段时间内均以招商引资、投资环境建设等名义进行。但投资环境并不能涵盖营商环境的全部，而且不容易与国际接轨。20世纪90年代，广东已经开始使用"营商环境"一词，但主要是媒体和坊间在使用。政府文件中，最早使用"营商环境"一词的是2009年广州市人民政府发布的《广州市人民政府关于加快推进广州市营商环境和做事规则国际化的意见》。该意见提出，要借鉴港澳做事规则，"以继续解放思想为先导，建立健全加快推进营商环境和做事规则国际化的工作机制""以公开、公正、透明为原则，进一步提高政府行政效率和效能""加强社会信用体系建设，创造良好社会信用环境""以提升社会专业化服务水平为目标，培育发展中介服务组织和行业协会""以社会需求为导向，着力培养高素质人才队伍""以加强产品监督管理和规范市场行为为重点，维护市场经济秩序"，加快推进广州营商环境与做事规则的国际化，不断提升穗港澳合作发展和互利共赢水平，从而开启了广东营商环境建设之路。

**(二) 广东营商环境建设的探索阶段 (2012—2018)**

2012年6月,广东省组织有关单位以及广东外语外贸大学、中山大学等高校开展了建设法治化国际化营商环境相关课题研究。2012年10月,中共广东省委办公厅、广东省政府办公厅颁发了《广东省建设法治化国际化营商环境五年行动计划》(以下简称《五年行动计划》)。《五年行动计划》借鉴国内外营商环境建设的先进经验,明确提出要转变政府职能、创新社会管理,完善社会主义市场经济体制,力争通过五年努力,"形成与国际接轨的商事制度,国际惯例和市场经济规则得到普遍认同和尊重,让市场主体依靠规则公正和法律保护健康运行的公平正义的法治环境";"形成全国行政审批事项最少、审批程序最规范、审批时限最短、政府服务最优,企业规范经营受保护,政府服务管理受监督的透明高效的政务环境";"形成社会信用体系、市场监管体系、市场服务体系建设达到国际先进水平,与经济国际化相适应的管理体制和运行机制得以建立,生产要素高效公平配置的竞争有序的市场环境";"形成在公共安全、公共服务、文化氛围等方面与国际接轨的体制机制,吸引全球先进生产要素向广东集聚的和谐稳定的社会环境";率先建成法治化国际化营商环境创新示范区,形成在开放合作的广度和深度上取得新的重大突破,全省营商环境持续改善的互利共赢的开放环境。2013年,党的十八届三中全会通过的《中共中央关于全面深化改革若干重大问题的决定》明确提出了建设法治化营商环境的目标。党的十八届五中全会则进一步要求完善法治化、国际化、便利化的营商环境,从而丰富了对营商环境内涵的认识。2014年5月,习近平总书记在视察上海自贸区之后明确提出,营商环境要以"法治化、国际化、便利化"为目标。为贯彻中央有关营商环境建设的要求,实现《五年行动计划》,广东省及各地级市政府纷纷出台相关措施来建设营商环境,为法治化国际化营商环境建设奠定了坚实基础,广东省由此进入主动自觉广泛探索建设法治化国际化营商环境阶段。如,2015年,广东省通过了《省发展改革委关于2015年广东省深化经济体制改革重点工作的实施意见》,批准了推进深圳、珠海、汕头、佛山、惠州、中山等法治化营商环境建设试点。2016年7月,为贯彻落实《国务院关于推进国内贸易流通现代化建设法治化营商环境的意见》精神,广东省人民政府颁布《广东省推进国内贸易流通现代化建设法治化营商环境的实施方案》。方案要求按照"坚持以市场化改革为方向、坚持以转变政府职能为核心、坚持以创新转型为引领、坚持以建设法治化营商环境为主线"的基本原则,"以促进流通业信息化、标准化、集约化发展为主攻方向,进一步推动内贸流通发展方式转变和体制机制创新,促进流通主体公平竞争,加快推动广东省从流通大省向流通强省转变"。

**(三)广东营商环境建设的优化阶段(2018年至今)**

2017年3月,在全国人大上海代表团审议政府工作报告时,习近平总书记再次强调优化营商环境和市场环境,坚持营商环境应当体现"法治化、国际化、便利化",市场环境应当体现统一、公平、高效。2017年6月,李克强总理在全国深化"放管服"改革电视电话会议上做出"营商环境就是生产力"的重要论断。为了全面贯彻实施中央优化营商环境建设精神,总结广东五年营商环境建设经验,深化广东省营商环境改革,营造稳定、公平、透明、可预期的营商环境,2018年广东省委办公厅、省政府办公厅印发了《广东省深化营商环境综合改革行动方案》(以下简称《行动方案》)。《行动方案》明确要求,以习近平新时代中国特色社会主义思想为指导,"坚持优化营商环境就是解放生产力、提高综合竞争力,以地方机构改革为契机,抓住转变和优化政府职能这个关键",围绕深化商事制度改革、加快工程建设项目审批制度改革、完善企业投资管理体制、推进贸易便利化改革、激发和保护企业家精神和深化市场监管综合改革,从30个方面以企业为中心、以企业需求为导向,围绕企业生命周期全流程各环节的"痛点""堵点"和"难点"问题,加快建设服务效率最高、管理最规范、综合成本最低的营商环境高地。《行动方案》标志着广东营商环境建设取得阶段性成果,进入了优化阶段。为推动营商环境的优化,广东省人民政府先后出台了《广东省优化口岸营商环境促进跨境贸易便利化措施》等政策推动营商环境的优化。广东各地也纷纷出台相关优化营商环境建设的政策文件。2019年7月，为营造稳定、透明、可预期和公平竞争的国际一流营商环境，推动经济高质量发展，推进治理体系和治理能力现代化，广东省第十三届人大常委会第十三次会议通过了《广东省人民代表大会常务委员会关于大力推进法治化营商环境建设的决定》（以下简称《省人大营商环境决定》）。《省人大营商环境决定》提出，"加强重点领域立法，建立健全保障营商环境的法规规章体系"；"依法推进'放管服'改革，全面提升优化营商环境的政务服务效能"；"规范执法司法行为，切实维护营商领域的法治秩序"；"依法履行职责，切实加强营商环境建设的有效监督"；"加强法治宣传教育，推动形成全社会共同建设法治化营商环境的良好氛围"。在全面推进营商环境优化的同时，一方面注重先进地区营商环境改革创新探索与示范。按照习近平总书记2018年10月视察广东时提出的"广州在现代化国际化营商环境上出新出彩"的要求，2019年广州黄埔区成为广东省首个营商环境改革创新实验区，在企业投资建设项目审批、知识产权运用和保护等领域先行先试、实现突破，大力争创国家营商环境改革创新实验区，打造国际一流营商环境示范区。2019年7月，广东省委深改委印发《广州高新区（黄埔区）建设广东省营商环境改革创新实验区实施方案》，从营造方便快捷的政务服务环境、充满活力的创新创业环境、优质高效的要素供给环境、更高水平的对外开放环境四个方面赋予广州高新区28项改革任务。广州高新区出台《广州高新区（黄埔区）建设广东省营商环境改革创新实验区行动方案（2019—2022）》以45条具体改革措施对接28项改革任务，加速推进优化营商环境建设。另一方面注重总结经验，强化法治保障。2020年10月，广州市第十五届人大常委会审议通过的《广州市优化营商环境条例》，"无事不扰"、创新"容错"、人才发展、区域协同等一系列新举措的出台，标志着广州在粤港澳大湾区开展优化营商环境地方立法上迈出坚实一步。同年，《深圳经济特区优化营商环境条例》在总结深圳经济特区优化营商环境建设经验的基础上，充分吸纳深圳综合试点改革实施方案的科学内容，围绕当前深圳优化营商环境建设的"痛点""难点"和"堵点"进行了一系列全新的制度设计，开启深圳经济特区优化营商环境从"想方设法"到"特区立法"新的篇章。广东省优化营商环境立法也提上了立法议程。这一切预示着广东省优化营商环境建设进入了制度化、法治化的轨道。

## 三　广东优化营商环境的重要意义

随着我国经济的转型，建设市场化、法治化、便利化和国际化的营商环境已成为助推社会经济稳定发展的重要着力点。实践证明，高质量发展格局下，国内各个区域的发展差距也在逐渐凸显，一个区域营商环境建设的优劣决定了该区域高端要素的聚集以及区域发展的活力。因此，进一步优化营商环境，对广东未来的发展至关重要。

### （一）贯彻国家法律政策精神，推动"双循环"发展格局的根本要求

随着国际、国内和城市之间的竞争愈演愈烈，打造公平高效的市场化、法治化、便利化和国际化营商环境已成为各国家、地区间竞争的重要领域。事实上，营商环境建设已成为党和国家战略决策部署中的重要一环，2019年10月，国务院颁布了《优化营商环境条例》。2020年4月，中共中央、国务院印发了《关于构建更加完善的要素市场化配置体制机制的意见》。这些政策法律为优化营商环境规定了基本原则，涵盖了市场、政府、法治等诸多方面的内容，从制度层面为深化"放管服"改革，构建服务型政府，打造国际一流的营商环境提供了强有力的支撑。同时，这些政策法律要求对于进一步优化营商环境，解放和发展社会生产力，培育经济增长新动能有显著的推动作用。2020年5月14日，习近平总书记在中央政治局常委会上提出构建国内国际双循环相互促进的新发展格局。践行国内国际双循环的战略定位，必须把建设完善和稳固的国内市场放在首位，在此基础上充

分与国际市场接轨。而推动国内国际双循环互动发展的新格局离不开优良的营商环境。反之，若企业办事不便、法律制度不健全、营商环境不佳，经济循环的效率和质量便会大打折扣。优化营商环境无论是对促进生产消费的内循环，还是稳定外资外贸的外循环都至关重要。因此，在中长期内，广东只有通过进一步改善营商环境，扩大对外开放水平，深化投资管理制度创新，深度融入全球价值链，才能进一步扩大国内国际双循环相互促进发展的交集，实现双循环真正互促式发展。只有不断优化营商环境，全面贯彻执行贯彻相关的政策法律，打造对外开放的新高地，形成国内国际有效统一的大市场，才能促进全球高端资源有效配置、实现国内国际要素自由有序流动、激发市场主体的创新活力，最终提升我国的国际竞争力。

**（二）广东应对疫情冲击、提振经济的迫切需要**

后疫情时代，一个以国内循环为主、国际国内互促的双循环发展的经济新格局正在形成。当前，广东经济运行正逐步向常态化复苏，企业营商环境持续优化，但受疫情影响，企业在市场准入、政府监管、政务服务、市场环境等方面依然面临新挑战。尤其是广东作为中国第一经济大省，目前经济发展呈现疲软、下滑态势。要完成未来广东省经济社会发展的目标任务，实现高质量发展，必须系统化地优化经济治理方式，破除经济发展所面临的体制机制障碍。而这一系列做法能否落到实处，进一步优化营商环境是不可或缺的重要抓手，有着现实的紧迫性。进一步优化营商环境，关键是要综合推进减税降费、降低融资成本，这不仅将助力广东稳住外贸外资基本盘，切实扶助中小企业抵御疫情影响，促进经济恢复持续稳定增长，还可以增强外商长期投资经营的信心，应对后疫情时代的全球供应链收缩，助力外向型经济提质增效、抵御国际风险，优化改善全球供应链管理。

**（三）广东"双区"建设的必然要求**

当前我国经济发展的内外部环境都发生了深刻复杂的变化，打造粤港澳大湾区和中国特色社会主义先行示范区，不仅是国家应对百年未有之大变局的重要举措，也是国家建设世界级城市群和参与全球竞争的重要空间载体，它们对广东加快构建"一核一带一区"区域发展新格局、带动泛周边区域发展至关重要。广东进一步优化营商环境，协同大湾区营商环境建设，不仅是充分释放大湾区、先行示范区"双区驱动效应"的内在要求，也将是进一步推动"双区"建设的重要途径。

1. 优化营商环境，实现大湾区营商环境协同发展，不仅是粤港澳大湾区集聚全球高端要素，打造国际科技创新中心的重要支撑，也是提升湾区国际影响力和区域竞争力的重要抓手。在全球化、信息化和网络化深入发展的大背景下，创新要素和资源的跨国流动愈发活跃。优化营商环境，有助于加强粤港澳三地规则衔接和机制对接，推动珠三角城市同国际标准接轨，进而形成统一开放、竞争有序的湾区大市场，最大限度地消除各种资源要素自由流动的壁垒，促进各类要素在大湾区便捷流动和优化配置，进一步提升市场一体化水平。此外，在粤港澳大湾区打造国际化、法治化和便利化的营商环境，有利于刺激创新创业活力、加快创业速度、活跃创新氛围，凝聚更多优质资源和人才从而形成具有全球影响力和国际竞争力的国际化创新生态系圈和创新型产业新体系，为加快形成开放互通的区域创新体系提供内在支撑。

2. 优化营商环境，实现大湾区营商环境协同发展，是粤港澳大湾区提升城市发展格局，建设世界一流湾区的重要条件。打造开放、自由、公平、高效的市场化、法治化、便利化和国际化营商环境不仅是世界级湾区的重要特征，也是提升区域发展竞争力和国际影响力的重要标志。持续优化营商环境，有利于推动粤港澳大湾区成为具备国际一流营商环境的顶级城市群，同时加强粤港澳三地之间基础设施的互联互通、互建互享，不断增加优质公共产品供给，提升服务水平，在城市建设、公共服务、环境保护等方面对标国际标准和伦敦、纽约、东京、新加坡等国际一流营商环境城市。打造国际化营商环境，可以推动大湾区内各城市之间优势互补，彰显不同地域间的文化特色、实现协同联动。增强湾区经济发展的"软实力"，不断完善城市国际化功能，拓展城市发展空间，加快构建更具活力的经济区和宜居宜业宜游的高品质生活区，形成城市特色和竞争优势，形成聚合国际要素资源的强大引力场，从而为粤港澳大湾区建设注入新的动力和活力，为建成富有活力和国际竞争力的一流湾区和世界级城市群提供更强大的支持。

3. 优化营商环境，实现大湾区营商环境协同发展，是粤港澳大湾区全面深化改革，推进高水平对外开放的重要依托。随着经济全球化的深入发展和世界产业结构的不断调整，各国和各地区之间的竞争实质上已转向为营商环境的竞争，因此，优化粤港澳大湾区的营商环境对提升对外开放水平、建设高水平经济引领区具有重要意义。宏观来看，粤港澳大湾区具备发展成为世界级湾区的区位优势和市场潜力，但与纽约湾区、旧金山湾区、东京湾区等世界级湾区相比，粤港澳大湾区仍然存在不足，主要体现在引进高层次人才、集聚高端要素、引领世界经济发展等方面。优化营商环境，有利于加快构建与国际营商、贸易标准相衔接的规则体系，打造具有国际竞争力和影响力的营商环境，深化与高水平开放相适应的投资管理制度，加大招商引资力度，从而形成开放型经济新优势，牵引和辐射带动全球高端要素的合理配置，优化产业结构以及加快培育发展新动能等，强化粤港澳在国家对外开放和"一带一路"倡议中的地位和功能，实现城市群整体崛起，为打造最具发展空间和增长潜力的世界超级湾区注入新活力、拓展新空间。

### （四）优化营商环境是提升广东核心竞争力的客观要求

"营商环境就是生产力，优化营商环境就是解放生产力、提升竞争力。"[①] 随着区域竞争的日益激烈，营商环境已成为衡量一个地区经济软实力和核心竞争力的重要指标。一个地区只有具有较为良好的营商环境，才能够充分激发市场主体的活力，吸引更多的优质资源流入，促进经济高质量发展。

---

① 李斌：《优化营商环境就是解放生产力》，《人民日报》2018年9月5日。

## 第一章　广东优化营商环境概述

良好的营商环境对经济的高质量发展具有显著的促进作用。这种促进作用主要体现在以下两方面：一是吸引外商投资和国内私人投资。营商环境在一定程度上可理解为投资环境，营商环境越好，就越有利于吸引投资，进而带动经济发展；① 不过更重要的是，良好的营商环境会带动国内私人投资，增加企业投资热情，根据各国公布的投资数据，不难发现国内私人投资数量要远远多于外商直接投资。世界银行获得的调研数据表明，仅靠提高政策的可预见性这一项就能使现有企业新增投资的可能性提高30%。二是有助于创新创业活动的开展。良好的营商软环境能有效地激发全社会创新创业的活力，降低创业成本，促进企业活动的开展，激励各种商业创意的产生，有助于企业提升竞争水平，推动产业升级。此外，频繁的创新创业活动有助于在良性的市场竞争氛围下产生熊彼特所称的"创造性破坏"过程，即各种商业创意和产品技术将由市场检验、拣选和淘汰，在这一动态过程中，更高质量的产品市场会逐步取代低附加值的产品市场。② 良好的营商软环境会极大地减少企业进入和退出市场的障碍，而且优胜劣汰的市场机制会提升整个社会的劳动生产率，从而推动经济稳定增长，实现经济可持续发展。方颖、赵扬发现产权保护制度的差异对地区发展具有显著的影响。③ 董志强等的经验估计结果表明，在控制了气候、地理、经济政策和条件等潜在变量的基础上，我国城市的营商软环境对于城市的经济发展有着稳定且显著的影响。④ 该研究结论既证实制度在促进经济发展过程中起着至关重要的作用，也有助于深化我们对于营商软环境重要性的认识。

近年来，广东各城市通过优化配置资源和服务供给、完善基础设

---

① 姚树洁、冯根福、韦开蕾：《外商直接投资和经济增长的关系研究》，《经济研究》2006年第12期；姚树洁、韦开蕾：《中国经济增长、外商直接投资和出口贸易的互动实证分析》，《经济学》（季刊）2008年第1期。

② Schumpeter J., "Creative Destruction", *Capitalism, Socialism and Democracy*, 1942: 825.

③ 方颖、赵扬：《寻找制度的工具变量：估计产权保护对中国经济增长的贡献》，《经济研究》2011年第5期。

④ 董志强、魏下海、汤灿晴：《制度软环境与经济发展——基于30个大城市营商环境的经验研究》，《管理世界》2014年第4期。

施、统筹协调各项政策制度等方式以期进一步改善营商环境，具体采取的措施包括：简化流程、聚合优质资源、酝酿出台减税政策、建立和完善相关的商事制度等。与此同时，借助广州南沙、深圳前海、珠海横琴等重大合作平台，广东在深化与推动港澳合作、改善营商环境方面展开了积极的探索并取得了较大的成就。然而，在充分肯定成绩的同时，也应当清醒地看到其发展的差距与不足。这种差距主要表现为营商环境的内外部差异：一是广东与世界顶级城市群在营商环境上的外部差距，二是广东各城市之间营商环境发展的内部不平衡。广东作为中国第一经济大省，想要保持其经济和核心竞争力上的领先地位，必须进一步优化营商环境通过为企业创造最优环境，减轻企业负担，提高企业获得感和满意度，从而增进广东竞争优势，提升核心竞争力，保持其领先位势。因此，如何打破营商环境的壁垒，共建国际化法治化营商环境已成为当前广东的核心任务之一。

## 四　国内外营商环境评价指标体系

在现有的相关文献中，国内外相关机构和学者对于营商环境的评价指标体系众说纷纭，并没有一致的结论。本书总结了国内外比较具有代表性的营商环境评价指标体系，以期为完善广东省营商环境评价指标体系提供参考和借鉴。

### （一）国际主流营商环境评价体系

1. 世界银行营商环境评价指标体系

为更好地实施"加快发展各国私营部门"这一战略，2001年，世界银行构建了一套衡量和评估各国私营部门营商环境发展的指标体系。2003年世界银行在全球范围内对各国的营商环境进行了评估，并在此基础上给出了营商环境较为权威的概念：即企业从开办、生产经营直至关闭这一过程中遵循政策法规所需要的时间和成本的总和。为获得可信的和可比较的数据，世界银行项目团队与学术界顾问通过发放问卷对企业规模业务性质等做出了假定，并调查访谈了包括律师、政府官员以及专业从事咨询的工作人员等在内的、涵盖多领域的专家与基于经济表现的调查相比，这种聚焦于经济活动过程的调查能更加全面清晰地反映制约经济发展的制度壁垒。2003年，世界银行发布了首份营商环境报告，报告最开始只采取了5套指标，且只涉及133个国家和地区，直至目前，已逐步扩展到了包括开办企业、获取信贷、纳税、跨境贸易以及办理破产等在内的11套指标（如表1.1所示）且在183个国家和地区被广泛使用。该评价体系在对收集到的指标数据进行简单加权以及标准化的基础上，对各经济体营商环境的便利度进行全面评估并排名。此后，世界银行和其下属机构每年都会发表一份《全球营商环境报告》。世界银行在其发表的"在更透明的世界里营商"的报告中指出，良好的营商环境治理是推动建设现代化经济体系的重要基础，治理水平越高，企业进入市场的阻碍就越小，企业的密度就越大，与此同时，良好的营商治理环境会缩短企业开办时间，促进投资和国内生产总值的增加。作为衡量国家或区域发展水平的重要条件，全球各个国家对营商环境均非常重视，自2006年以来，全球各个国家根据世界银行所构建的评价指标进行了多达2783项优化营商环境的改革措施，仅2016年和2017年两年全球119个经济体就实施了264项商业监管改革措施，其中49项改革措施和"开办企业"指标相关，且该指标亦被认为是激发创新活力的有效措施。

表1.1　　　　2020年世界银行营商环境评价指标体系

| 一级指标 | 二级指标 |
| --- | --- |
| 开办企业 | 办理程序、办理时间、费用、开办有限责任公司所需最低注册资本金 |
| 办理施工许可 | 房屋建筑开工前所有手续办理程序、时间、费用，建筑质量控制指数 |
| 获得电力 | 办理接入电网手续所需程序、时间、费用，供电稳定性和收费透明度指数 |
| 产权财产 | 产权转移登记所需程序、时间、费用，用地管控系统质量指数 |
| 获得信贷 | 动产抵押法律指数、信用信息系统指数 |
| 保护少数投资者 | 信息披露指数、董事责任指数、股东诉讼便利指数、股东权利保护指数、所有权和控制权保护指数、公司透明度指数 |

续表

| 一级指标 | 二级指标 |
| --- | --- |
| 纳税 | 公司纳税次数、公司纳税所需时间、总税率、税后实务流程指数、增值税退税申报时间、退税到账时间、企业所得税审计申报时间、企业所得税审计完成时间 |
| 跨境贸易 | 出口报关单审查时间、出口通关时间、出口报关单审查费用、出口通关费用、进口报关单审查时间、进口通关时间、进口报关单审查费用、进口通关费用 |
| 合同执行 | 解决商业纠纷的时间、解决商业纠纷的成本、司法程序的质量指数 |
| 破产办理 | 回收率、破产法律框架的保护指数 |

资料来源：World Bank（2020）。

2. EIU 营商环境评价和 GEM 创业环境评价指标体系

尽管经过长时间的发展，世界银行建立起了一套相对成熟的营商环境评价指标体系为各国改善营商环境提供了统一的参考标准。但该评价体系在实践性和适用性方面还有待进一步完善，如过于侧重营商环境的便利度，特别是手续审批流程和时间，且对不同国家的适用程度不一致。除了广泛采用的世界银行营商环境评价指标体系外，国际上也有其他机构发布了一些有影响力的营商环境指标体系。例如，经济学人智库（EIU）基于 82 个国家的政治经济环境、市场竞争及外资政策、外贸汇率管制、税收、基础设施等 10 个方面来构建评价指标体系并对各国的营商环境质量进行排名。此外，全球创业观察在伦敦商学院和百森商学院的支持下于 1999 年发布了另一项较为完善且被广泛认可的营商环境体系，该项目考虑到各国发展的差异性，所以在不同的国家选取了不少于 36 人的专家组成调查小组，通过问卷调研获取指标数据，然后由内部专家对数据进行赋权，以此计算各国创业环境得分，最终提供国家层面的创业环境评估报告。项目经过 19 轮的积累，已然形成了包括企业家融资、政府在政策、税收等方面的支持政府主持的创业项目、高校创业教育和培训、研发成果转化、商业和法律基础、内部市场动态及开放、基础服务设施、文化和社会规范在内的较为全面的指标体系。

## (二) 中国主流营商环境评价体系

不同于国际评价指标体系侧重普适性,中国营商环境的既有评价指标体系主要关注各地区之间的营商环境差异并具有明显的层次性,包括省份、城市、企业三个层次[1]。以下是关于这三个评价指标体系的具体介绍。

### 1. 中国分省份市场化指数

在营商环境这一概念被正式提出且广泛采用之前,有学者构建了市场化指数来对中国城市的营商环境进行评价[2]。该指数记录了中国由计划经济向市场经济体制变迁的过程,以此比较分析除部分地区(如港澳台和西藏)以外的30个省份的市场化进程。为确保数据的科学性和可获得性,该指数主要从5个方面对我国各地区之间的市场化程度进行测度,包括政府与市场的关系、非国有经济的发展、产品市场和要素市场的发育程度、市场中介组织发育和法律制度环境(如表1.2所示)。该评价报告自2001年首次发布后,已连续18年对全国各省份的市场化进程进行了跟踪记录,由于市场环境的不确定性,2008年及之后的指标数据在之前年份的基础上做了一些修改与调整,其覆盖范围有20年且一直保持着更新。总体来看,该指数创造性地采用了相对比较的方法对中国省际营商环境进行衡量,并基于可量化的数据结果对30个省份的营商环境差异进行比较研究。

表1.2 变量定义

| 方面 | 一级指标 |
| --- | --- |
| 政府与市场的关系 | 市场分配资源的比重 |
| | 减少政府对企业的干预 |
| | 缩小政府规模 |

---

[1] 张三保、康璧成、张志学:《中国省份营商环境评价:指标体系与量化分析》,《经济管理》2020年第4期。
[2] 樊纲、王小鲁、张立文:《中国各地区市场化进程报告》,《中国市场》2001年第6期。

续表

| 方面 | 一级指标 |
|---|---|
| 非国有经济的发展 | 非国有经济在工业企业产品销售收入中所占比例 |
| | 非国有经济在全社会固定资产总投资中所占比例 |
| | 非国有经济就业人数占城镇总就业人数的比例 |
| 产品市场的发育程度 | 价格由市场决定的程度 |
| | 减少商品市场上的地方保护 |
| 要素市场的发育程度 | 金融业的市场化（包括：金融业的市场竞争、信贷资金分配的市场化） |
| | 人力资本供应情况（包括：技术人员供应、管理人员供应、熟练工人供应） |
| | 技术成果市场化 |
| 市场中介组织发育和法律制度环境 | 市场中介组织的发育（包括：律师、注册会计师人数分别与当地人口的比例） |
| | 维护市场的法制环境 |
| | 知识产权保护 |

资料来源：王小鲁等（2018）。

2. 中国城市营商环境评价指标体系

除了沿用国内外先进的营商环境评价指标体系，部分学者在结合当前中国城市营商环境实际情况的基础上，构建了中国城市营商环境评价指标体系。该评价体系围绕政府效率、人力资源、金融服务、公共服务、市场环境、创新环境这六个方面展开了评估。通过计算4个直辖市、5个计划单列市、27个省会城市以及其他254个地级市的营商环境指数并采用主客观相结合的方法以确定各指标的权重（如表1.3所示）[①]。其中收集的数据主要来源于EPS全球统计/分析平台中

---

[①] 李志军、张世国、高太山等：《我国城市营商环境及其评价》，《发展研究》2019年第3期。

的"中国城市数据库""中国城乡建设数据库",并在对数据进行无量纲化处理时采用效用值法,进而得出各城市的营商环境指数排名。该研究涉及的指标测量数据广泛、权威且公开,从而确保了评价的科学性、可持续性以及可操作性。

表1.3 中国城市营商环境评价指标体系

| 一级指标 | 二级指标 | 一级指标 | 二级指标 |
| --- | --- | --- | --- |
| 政府效率 | 一般预算内支出 | 公共服务 | 人均道路面积数 |
| | 政府服务效率 | | 供水能力 |
| 人力资源 | 平均工资水平 | | 供气能力 |
| | 高校在校人数 | | 供电能力 |
| | 年末单位从业人员数 | | 医疗卫生服务 |
| 金融服务 | 民间融资效率 | 市场环境 | 人均GDP |
| | 总体融资效率 | | 固定资产投资总额 |
| 创新环境 | 科学支出 | | 当年实际使用外资金额 |
| | 创新能力指数 | | |

资料来源:李志军(2019)。

3. 中国城市政商关系评价指标体系

健康的政商关系是优化营商环境的现实需要,同时也是中国政府新一轮治理的重点,结合习近平总书记提出的"亲""清"新型政商关系思想,中国政府把以"放管服"为主要内容的营商环境改革作为政府工作的重要抓手。在此背景下,聂辉华等构建出一套评价指标体系旨在对中国285个城市的政商关系进行系统、全面的评估与比较(如表1.4所示)[①]。该评价体系分别对一、二级指标的重要程度进行了主观赋权和等赋权,在数据来源上,该研究综合使用了公开数据、企业调查数据与网络数据测算二级指数,并创造性地使用了大数据和网络爬虫技术以获取关键指标。同时对数据进行了标准化和无量纲化处理,方便计算各城市得分并进行排名。该研究还从"亲""清"两

---

① 参见人大国发院政企关系与产业发展研究中心《中国城市政商关系排行榜(2018)》,https://www.thepaper.cn/newsDetail_forward_4836212,访问时间:2020年9月16日。

个方面构建了中国城市政商关系健康指数评价体系,然后利用政府统计年鉴以及网页爬虫技术抓取的各类公开数据等形成了中国第一份城市政商关系排行榜。有效地弥补了现有营商环境评价体系在政务廉洁方面的缺乏,且在很大程度上保证了数据的可靠性和客观性。为各地政府在改善政商关系和优化营商环境方面提供了重要借鉴,也为后续学者构建符合中国情境的城市营商环境评价指标体系提供了重要参考。

表1.4　　　　　　中国285个城市政商关系评价指标体系

|  | 一级指标 | 二级指标 |
| --- | --- | --- |
| 亲近 | 政府对企业关心 | 市领导视察、市领导座谈 |
| | 政府对企业服务 | 基础设施、金融服务、市场中介、电子政务效率 |
| | 企业的税费负担 | 企业的税收负担 |
| 清白 | 政府廉洁程度 | 食品安全许可证代办价格、百度腐败指数 |
| | 政府透明度 | 行政信息公开、财政透明度 |

资料来源:聂辉华等(2019)。

4. 中国省份营商环境评价指标体系

当前,各省份营商环境的发展状况越来越受到各级政府的关注,基于此,学者们建立了详细的营商环境省份评价指标体系,尽管这些评价体系在一定程度上能够反映各地区营商环境的差异,但也存在着一定的不足。主要表现为过度聚焦于城市层次或者仅关注少许省份而忽略了中国大陆的全部省份,同时对营商环境的评估主要集中在市场化进程上而对其他维度的关注略显不足。因此,构建省份比较的营商环境指标体系,对于实现营商环境的全面优化以及平衡省际发展差异的实践提供了重要的指导方向。张三保、康璧成和张志学在吸收借鉴世界银行营商环境评价体系的基础上,构建了既与国际规则接轨又符合中国情境的省份营商环境评价指标体系。首先,该体系将"十三五"规划纲要中提出的公平竞争的市场环境、高效廉洁的政务环境、公正透明的法律政策环境、开放包容的人文环境确定为

# 第一章 广东优化营商环境概述

一级指标[①]随后,以一级指标为基准,并结合国务院发布的《优化营商环境条例》(以下简称《条例》)以及国外营商环境评价体系确定对应的二级指标的内涵(如表 1.5 所示)。之后,对照《条例》对各二级指标进行编码和赋权,最后,四个一级指标的权重就是相对应的二级指标的权重之和。由此,构建出中国 31 个省/市/自治区的营商环境评价指标体系。

表 1.5　　中国省份营商环境评价指标体系与数据来源

| 一级指标及其权重 | 目标 | 二级指标及其权重 | 评估内容 | 计算方法 | 数据年份 | 基础数据来源 |
|---|---|---|---|---|---|---|
| 市场环境 28.21% | 公平竞争 | 融资 3.85% | 融资额度 | 省份社会融资规模增量/GDP | 2018 | 中国人民银行 |
| | | 创新 3.85% | 研发投入 | 省份研究与试验发展(R&D)经费内部支出/GDP | 2017 | EPS 数据库 (2017,2018) |
| | | | 科研机构 | 省份普通高等学校(机构)数量 | 2018 | |
| | | | 研发产出 | 创新指数 | 2016 | 中国城市和产业创新能力报告(2016) |
| | | 竞争公平 10.26% | 创业活力 | 创业企业价值指数 | | |
| | | | 非国有经济比重 | 非国有企业社会固定资产投资/内资企业全社会固定资产投资 | 2017 | EPS 数据库 (2017) |
| | | 资源获取 3.85% | 水价 | 非居民自来水单价 | 2018 | 中国水网 |
| | | | 地价 | 商业用地价格 | | EPS 数据库 |
| | | | 人力资本 | 人口迁入率 | | 滴滴城市交通出行报告 |
| | | | 交通服务 | 交通运行指数 | | |

---

① 张三保、康璧成、张志学:《中国省份营商环境评价:指标体系与量化分析》,《经济管理》2020 年第 4 期。

续表

| 一级指标及其权重 | 目标 | 二级指标及其权重 | 评估内容 | 计算方法 | 数据年份 | 基础数据来源 |
|---|---|---|---|---|---|---|
| 市场环境 28.21% | 公平竞争 | 市场中介 6.41% | 律师事务所 | 律师事务所数量/企业数 | 2017 | 各省统计年鉴 |
| | | | 会计师事务所 | 会计师事务所数量/企业数 | | 中国会计年鉴 |
| | | | 租赁及商业服务业企业 | 租赁及商业服务业企业数量/企业数 | | EPS数据库 |
| 政务环境 35.9% | 高效廉洁 | 政府关怀 6.41% | 政府对企业关心 | 政府关心指数 | 2018 | 中国政商关系报告 |
| | | 政府廉洁 6.41% | 政府廉洁度 | 政府廉洁指数 | | |
| | | 政府效率 23.08% | 政府支出 | 一般公共预算支出/GDP | | EPS数据库 |
| | | | 电子政务水平 | 电子服务能力指数 | | 中国省市政府电子服务能力指数报告 |
| 法律政策环境 30.77% | 公正透明 | 政策透明 14.1% | 政府透明度 | 政府透明度指数 | | 中国政府透明度指数报告 |
| | | 司法公正 16.67% | 司法质量 | 司法文明指数 | | 中国司法文明指数报告 |
| 人文环境 5.13% | 开放包容 | 对外开放 1.28% | 贸易依存度 | 海关进出口金额/GDP | 2018 | EPS数据库 |
| | | | 外企企业数 | 外资直接投资企业数/企业数 | | |
| | | | 对外投资度 | 对外非金融投资额/GDP | | |
| | | 社会信用 3.85% | 信用市场建设 | 信用信息共享平台得分 | 2017 | 国家信息中心中经网信用状况简报 |
| | | | 商业机构信用意识 | 商业机构信用意识 | | |

资料来源：张三保等（2020）。

除了上文介绍的指标体系外，国内众多学者根据我国的经济发展现状及环境调整状况以期构建适合中国国情的营商环境评价指标体系。唐磊磊将营商环境分为市场环境、政策政务环境、社会服务环境、融资环境和法律环境，他将这五个方面作为一级指标，在此基础上，进一步细化为市场准入机制、政府政策支持度、基础设施健全度、融资渠道宽敞程度以及法律完善程度等17个问题作为二级指标，以此构建中小企业营商环境评价体系；① 杨涛通过对调研数据进行因子分析，将营商环境分为市场环境、政策政务环境和法律环境，发现营商环境评价体系可分为三个一级指标和18个二级指标；② 朱磊在借鉴国内外相关文献的基础上，归纳出了影响营商环境的4个方面，即要素成本、行政审批流程、市场环境和社会环境，这四大方面作为评价体系中的一级指标，其下还包括若干二级指标，如劳动力成本、行政审批天数、消费能力等，由此建立营商环境指标体系；③ 胡益等将营商环境分为国际化、市场化和法治化，指出应构建以国际化评价为核心，以市场化、法制化为支撑的营商环境评价体系；④ 袁丽静、杜秀平选取经济基础环境、国际化环境、法治化环境和绿色发展环境作为评价体系的一级指标，每一方面仍有分项指标，为能够综合不同类型的指标，该研究首先对指标进行了一致化和无量化处理，然后通过主成分分析得出综合指标；⑤ 张国勇、娄成武将营商环境分为政府服务环境、市场监管环境和社会基础环境三个方面，据此设计评价指标体系，在研究过程中，测评了一定比例和数量的市场主体对营商环境

---

① 唐磊磊：《大连市中小企业营商环境分析》，硕士学位论文，东北财经大学，2012年。
② 杨涛：《营商环境评价指标体系构建研究——基于鲁苏浙粤四省的比较分析》，《商业经济研究》2015年第13期。
③ 朱磊：《湖北汉江生态经济带城市营商环境总体分析》，硕士学位论文，湖北省社会科学院，2015年。
④ 胡益、李启华、江丽鑫：《广东营商环境指标体系研究》，广东经济学会《市场经济与创新驱动——2015岭南经济论坛暨广东社会科学学术年会分会场文集》，2015年，第10页。
⑤ 袁丽静、杜秀平：《营商环境与工业全要素生产率——基于中国省区1994—2014年工业行业面板数据的实证分析》，《哈尔滨商业大学学报》（社会科学版）2018年第5期。

的满意度,以此衡量营商环境建设的效果①。尽管众多学者都研究探讨了营商环境的涵盖要素和评价体系,但对其内容并未达成统一。

### (三) 未来中国营商环境评价体系的发展趋势

2018年,李克强总理提出要按照"国际可比、对标世行、中国特色"原则构建中国营商环境评价体系、开展营商环境评价、改善营商环境。此后出台的《条例》在立足中国基本国情,以及借鉴世界银行等国际机构给出的营商环境概念的基础上,首次对营商环境进行了界定,"营商环境是指影响企业等市场主体活动的各种制度因素",并提出"要建立和完善以市场主体和社会公众满意度为导向的营商环境评价体系,坚持以评促改、以评促优,强化营商环境评价对营商环境建设的引领和导向作用"。在营商环境的内涵上,国家"十三五"规划纲要阐明了其核心内容,涵盖了市场环境、政务环境、法律政策环境,以及人文环境四个维度。然而,现有国内外主流营商环境评价体系大多聚焦于其中的市场环境或法律环境维度,缺少了对政务环境和人文环境的关注,其评价结果的全面性和真实性也就有待商榷。因而,未来营商环境评价指标体系的构建应以这四个维度为立足点,依据国情制定出符合中国国情、具有中国特色的评价体系。

---

① 娄成武、张国勇:《基于市场主体主观感知的营商环境评估框架构建——兼评世界银行营商环境评估模式》,《当代经济管理》2018年第6期。

# 第二章　广东优化营商环境建设的主要成效

在习近平新时代中国特色社会主义思想指导下,广东在优化营商环境建设方面不断改革、砥砺前行。经过多年探索和实践,广东优化营商环境建设取得了一系列丰硕成果。

## 一　加强制度保障,营商规则体系日趋完善

"优化营商环境是一项系统工程,其中非常重要的一点,就是强化法治保障,把优化营商环境进一步纳入法治化轨道。"[①] 将优化营商环境纳入法治化轨道,首先必须建立健全营商规则体系。建立健全营商规则体系是商事改革的动力和保障,也是建设稳定、公平、透明、可预期的法治化、市场化、国际化、便利化营商环境的制度基础。多年来,广东作为中国改革开放的最前沿,充分发挥先行先试优势,大胆进行制度创新,消除制约企业发展和便民服务的各种制度障碍,营商规则体系日趋完善。

### (一) 营商规则制定不断优化

立法是法治的前提和基础,立法对营商环境优化具有引领和推动

---

① 安蓓:《以政府立法为各类市场主体投资兴业提供制度保障——有关部门负责人解读〈优化营商环境条例〉》,http://www.xinhuanet.com/2019-10/23/c_1125143776.htm,访问时间:2021年7月31日。

作用。近年来,广东不断推动优化营商环境综合立法的立法议程,加强营商环境重点领域立法政策制定,健全企业家参与涉企政策制定机制,营商规则制定不断优化。广东营商规则制定的优化主要体现在三个方面。

1. 优化营商环境综合立法已提上立法议程。优化营商环境是一项系统工程,急需一部综合性法规对营商环境优化起到提纲挈领的作用。2019年7月25日,广东省第十三届人民代表大会常务委员会第十三次会议通过了《省人大营商环境决定》,该决定从加强重点领域立法、推进"放管服"改革、规范执法司法行为以及切实加强营商环境建设的有效监督四个方面对优化营商环境的基本制度要求做出了规定。2020年3月,优化营商环境的基本法——《广东省优化营商环境条例》开始起草。经过了数次的立法调研、座谈会,广东省司法厅于2021年7月19日向社会公众发布了《广东省优化营商环境条例(草案送审稿)》及起草说明并向社会各界征集意见。广东各地市也在积极探索营商环境综合立法。珠海市是广东省内首先对营商环境综合立法进行探索的地级市。2020年9月,为了持续优化营商环境,珠海市结合自身的城市战略定位和实际情况出台了《珠海市人民代表大会常务委员会关于优化珠海市营商环境的决定》。之后,深圳、广州也纷纷出台条例以推进营商环境优化。2020年11月、12月,深圳、广州分别出台了《深圳经济特区优化营商环境条例》和《广州市优化营商环境条例》。汕头、湛江、中山市的优化营商环境综合立法也提上了立法议程。2021年2月,中山市人民政府将《中山市优化营商环境办法》纳入2021年的政府立法项目,计划于2021年8月完成立法草案初稿。2021年5月,汕头市人大常委会公布了《汕头经济特区优化营商环境条例(草案修改征求意见二稿)》,向社会公众征求意见。2021年7月,湛江市人大常委会就《湛江市优化营商环境条例(草案修改征求意见稿)》向社会各界公开征求意见。

2. 优化营商环境建设重点领域立法和政策制定已成效初显。近年来,广东不断推进产权保护、市场准入、要素供给、监管服务、市场退出等重点领域立法,营商环境水平得到有效提升。在产权保护领域，广东省先后制定了《广东省企业和企业经营者权益保护条例》《广东省促进中小企业发展条例》《深圳经济特区中小企业发展促进条例》《深圳经济特区知识产权保护条例》《广东省促进中小企业知识产权保护和利用若干政策措施》等法规政策。在市场准入领域，广东省先后制定了《广东省行政许可监督管理条例》《广东省商事登记条例》《深圳经济特区商事登记若干规定》《深圳市开办企业便利度优化提升工作方案》《深圳市进一步深化工程建设项目审批制度改革工作实施方案》《广东省深化"证照分离"改革实施方案》等法规政策。在生产要素领域，广东省制定、修改了《广东省人才发展条例》《深圳经济特区人才市场条例》《深圳市小额贷款保证保险试点实施办法》《广州市进一步优化电力接入营商环境实施办法》等法规政策。在监管服务领域，广东省先后制定了《广东省查处无照经营行为条例》《广东省商品交易市场管理条例》《广东省市场监管条例》《广东省自主创新促进条例》《深圳市房地产市场监管办法》《广州市"双随机、一公开"综合监管平台工作规则》《广东省政务服务"好差评"管理办法》等法规政策。在市场退出领域，广东省先后制定了《关于规范企业破产案件管理人选任与监督工作的若干意见》《广东省工商行政管理局关于在全省实施企业简易注销登记改革的通告》《深圳经济特区个人破产条例》等法规政策。除此之外，广东省还制定了《中国（广东）自由贸易试验区条例》《广东省标准化条例》《深圳经济特区前海深港现代服务业合作区条例》《深圳经济特区前海蛇口自由贸易试验片区条例（2020）》《广东省社会信用条例》等其他重点领域的法规政策。《广东省重大行政决策程序规定》《广东省深汕特别合作区条例》等优化营商环境建设其他重点领域相关立法也已提上日程。

3. 企业家参与涉企政策制定机制日趋健全。企业家是经济活动的主体。在研究制定涉企政策过程中充分听取企业家意见和建议，不仅有助于增强涉企政策科学性、规范性、协同性，促进涉企政策的有效实施，而且有助于构建"亲""清"新型政商关系，营造良好的营商环境。2020年6月，广东省发展和改革委员会公布了《关于企业家参与涉企政策制定实施办法》(以下简称《实施办法》),明确了应当听取企业家意见的政策范围,并对企业家参与涉企政策的调研起草、征求意见、宣传解读、执行监督、实施反馈、评估调整等过程做了程序性的规定。之后,广州市发展和改革委员会也随之发布了《广州市建立健全企业家参与涉企政策制定机制实施细则》。这些政策文件的施行,在推动广东企业家参与涉企政策制定机制的建立健全的同时,有效地发挥了企业家的作用,稳定了企业家预期,促进了政商关系持续健康发展。

### (二) 营商规则清理日渐规范化

做好营商环境法规和政策文件的清理工作是维护我国法治统一的必然要求,也是优化营商环境的客观需要。2019年,按照国家发展改革委统一部署,广东省组织开展不符合《优化营商环境条例》法规和政策文件清理工作。其中,省级层面有关部门对7件省政府规章、33件省政府规范性文件和47件省政府部门规范性文件进行处理,决定予以废止或修订。地级市方面,2019年,广州市对照世界银行营商环境评估规则,系统梳理了154件全市涉及营商环境的已出台政策文件,及时清理、修改地方性法规、政府规章和规范性文件22件,并对不同文件进行分类处理以及提出调整优化建议。[①] 珠海市清理出了2019年前法规、规范性文件、其他政策措施和市人大制定的地方性法规共366件,其中修订9件,废止10件。肇庆市政府2018年以来持续4次开展清理不利于民营企业营商环境文件,及时修订废止不合时宜文件,消除了制约企业发展和便民服务的各种制度障碍。2020年,为了全面贯彻实施《民法典》,广东各级立法机关启动了相关的立法清理活动。2020年9月,云浮市启动了涉及《民法典》规章和行政规范性文件的清理工作。

---

① 章程、苏韵桦:《揭秘!优化法治化营商环境,广州市司法局推出这些"硬核"举措》,《广州日报》2020年10月18日。

### (三) 行政规范性文件制定和监督管理日益规范化

规范行政规范性文件制定和监督管理是提高营商规则质量，加强营商环境制度保障的重要内容。近年来，广东省不断规范行政规范性文件制定和监督管理，行政规范性文件制定与监督管理工作日益规范化。2018年，广州市出台了《广州市人民政府办公厅关于加强行政规范性文件制定和监督管理工作的通知》，并在原"广州市人民政府行政规范性文件全文检索系统"基础上建成全市行政规范性文件数据库和电子统一发布平台，即广州市行政规范性文件统一发布平台。2020年7月，广东省修订了《广东省行政规范性文件管理规定》，进一步完善并细化了具体措施，设定了七个"统一"监管强化机制，确保规范性文件在法治轨道上制定并接受监督。2021年4月，珠海市人民政府也出台了《关于加强行政规范性文件制定和监督管理的实施意见》，行政规范性文件制定和监督管理工作日益规范化。同时，行政规范性文件合法性审核机制在广东得到了有效实施。2019年以来，广东全面推行行政规范性文件合法性审核机制，不断加强对行政规范性文件的监督管理。2019年，广东办理省政府规范性文件合法性审核38件，部门规范性文件合法性审查191件，党内规范性文件备案审查19件；办理地级以上市政府规章规范性文件备案385件，其中规章52件、规范性文件333件；向省人大常委会和司法部报备省政府规章12件。

## 二 重视产权保护，产权保护体系日益健全

"产权制度是社会主义市场经济的基石"①。完善产权保护制度，保护企业家的财产安全，是营商环境建设的基本前提。近年来，广东

---

① 参见《中共中央、国务院关于完善产权保护制度依法保护产权的意见》（中发〔2016〕28号）。

高度重视产权保护，产权保护体系日益完善，为营造国际一流的营商环境提供了基本前提。

### （一）企业产权保护日趋完善

企业产权是企业家进行经济活动的基本保障。近年来，广东省大力支持民营经济发展，依法保护民营企业合法权益，不断完善企业产权保护制度。为了有效保护产权和民营企业合法权益，广东省高级人民法院转发了最高人民法院《关于充分发挥审判职能作用为企业家创新创业营造良好法治环境的通知》，强调依法平等保护企业家合法权益。2019年，广东省高院颁布《关于保护民营企业合法权益规范财产保全工作的若干意见》，从十个方面强调保护民营企业产权和合法权益，进一步为民营企业高质量发展提供有力司法保障。与此同时，广东省委政法委加强工作统筹协调，牵头建立产权保护联席会议制度；广东省发展改革委会同省司法厅全面组织开展涉及产权保护的规章、规范性文件清理工作。广东省各地市也纷纷响应，加大对企业产权保护。为了进一步保障民营企业的发展，肇庆市印发《关于开展不利于产权保护的规章、规范性文件清理方案》，全面清理不利于产权保护的规章、规范性文件；惠州市发布《关于为民营经济高质量发展提供优质司法保障的实施意见》，强调"三个慎用"原则，加大对民营企业家人身财产安全的保障力度；韶关市印发了《韶关市中级人民法院关于保护民营企业合法权益促进民营经济健康发展的意见》和《韶关市中级人民法院关于为韶关经济高质量发展提供司法服务和保障的意见》，坚持严格依法保护企业产权和合法权益，并通过强化知识产权保护、增强创新创业活力、建设智慧法院、优化诉讼服务保障等系列措施，支持民营企业发展，规范企业经营行为，依法维护市场交易秩序，保护市场交易安全。

### （二）知识产权保护日益完备

知识产权是一种无形的财产权。作为我国改革开放的排头兵、先行地、试验区，广东近年来不断完善知识产权保护体系，提升知识产权保护效能,具体体现在以下几个方面。

1. 知识产权保护的顶层设计不断加强。完善知识产权保护法规体系是加强知识产权保护的重要保障,也是促进科学技术进步与发展的关键措施。近年来,广东积极推动知识产权地方立法工作,制定、修订了《广东省专利奖励办法》《广东省自主创新促进条例》《关于强化知识产权保护的若干措施》等系列法规规章政策,全链条促进中小企业知识产权保护和利用,形成了具有广东特色知识产权保护的落实措施,为企业创新发展和提质增效提供保障。2020年,广东省人大常委会将《广东省版权条例》列入2020年立法工作计划作为预备项目,同时推动《广东省版权条例》《广东省知识产权保护条例》列入2021年立法工作计划。各地市也不断推动知识产权地方立法。深圳修订了《深圳经济特区知识产权保护条例》,首次在地方性立法中就知识产权惩罚性赔偿制度做出规定,明确六种故意侵犯知识产权情节严重的情形依法适用惩罚性赔偿。汕头市制定出台《汕头市第三届亚洲青年运动会知识产权保护办法》,严厉打击各类侵犯亚青会知识产权行为。

2. 知识产权行政保护不断强化。知识产权行政保护强化,需要市场监管等多个执法部门的协同联动,健全执法保护协作机制,严厉查处商标侵权、假冒专利等违法行为。近年来,广东省行政执法部门组织开展各类行政执法专项行动,严厉打击侵权假冒违法行为。广东省市场监管部门持续开展了"铁拳""蓝天"等专项整治行动,严厉打击知识产权违法侵权行为,开出了全国首张打击专利代理"挂证"罚单,有力保障了市场经济健康发展。2020年,广东省市场监管部门共立案查处商标案件4197件,结案3662件,罚没金额5194.31万元;核查涉嫌恶意申请、违法代理商标注册行为线索149条,立案查处34件;立案查处地理标志案件5件;立案办理专利侵权纠纷案件5206宗,假冒专利案件234宗。[①] 其中,广东有3项专利侵权纠纷行政裁决经验被国家知识产权局和司法部联合推介。广东省版权局则联合省

---

① 广东省市场监督管理局:《2020年广东省知识产权保护状况》,http://amr.gd.gov.cn/ztzl/2021zscqbh/zzjj/content/post_3269808.html,访问时间:2020年8月3日。

通信管理局、省公安厅、省互联网办公室等单位,开展打击网络侵权盗版"剑网"专项行动。据统计,2020年,广东全省各级版权行政执法部门查办侵权盗版案件249宗,查处网络侵权盗版案件共68宗,罚款36.38万元,依法移送司法机关17宗,收缴侵权盗版制品4.70万件。① 广东农业农村部门依法严厉打击生产经营假冒伪劣农资的违法行为。2020年,广东全省农业农村部门累计出动执法人员19.32万人次,整顿农资市场4016个,检查企业、门店68409个次,立案查处违法案件693宗,结案553宗,移送司法机关37宗。② 广东省内海关深入开展知识产权海关保护专项行动,有效地治理了互联网领域侵权假冒行为,防范了侵权货物口岸漂移。2020年,广东省内海关扣留进出口侵权货物12298批、2840万件,占全国海关同期的20%和50%,其中,深圳、广州、黄埔海关扣留侵权货物数量位居全国前列。③ 此外,广东作为展会大省,不断加强展会知识产权行政保护。为了加强广交会等重大展会知识产权保护,广东知识产权局创新网上广交会知识产权快保护模式,组织专家进驻重点展会开展知识产权保护工作,与中国对外贸易中心签订《中国对外贸易中心、广东省知识产权局关于广交会知识产权保护工作战略合作框架协议》,推进展会知识产权全链条保护。据统计,在第127、第128届广交会期间,广东积极探索"云上广交会"知识产权保护经验,在全国开展展前知识产权侵权风险排查,其中共处理知识产权纠纷投诉412宗,纠纷数量同比下降70.23%,其中涉外纠纷投诉207宗,同比下降55.30%。④

3. 知识产权司法保护日益严格。知识产权司法保护是知识产权保

---

① 广东省市场监督管理局:《2020年广东省知识产权保护状况》,http://amr.gd.gov.cn/ztzl/2021zscqbh/zzjj/content/post_3269808.html,访问时间:2021年8月3日。
② 广东省市场监督管理局:《2020年广东省知识产权保护状况》,http://amr.gd.gov.cn/ztzl/2021zscqbh/zzjj/content/post_3269808.html,访问时间:2021年8月3日。
③ 广东省市场监督管理局:《2020年广东省知识产权保护状况》,http://amr.gd.gov.cn/ztzl/2021zscqbh/zzjj/content/post_3269808.html,访问时间:2021年8月3日。
④ 广东省市场监督管理局:《2020年广东省知识产权保护状况》,http://amr.gd.gov.cn/ztzl/2021zscqbh/zzjj/content/post_3269808.html,访问时间:2021年8月3日。

护体系的重要力量，发挥着不可替代的关键作用。近年来，广东各部门持续加大知识产权侵权行为惩戒力度，严格知识产权司法保护。广东省公安厅开展打击侵犯知识产权犯罪的专项行动，依法严厉打击侵犯知识产权犯罪。据统计，2020年全省公安机关共立侵犯知识产权犯罪案件3145宗，破案2704宗，涉案金额近27亿元。① 广东省检察机关积极探索知识产权案件办理专业化建设。广东省人民检察院在第四检察部专设知识产权专业组；广州市黄埔区人民检察院成立了知识产权检察室，并挂牌"黄埔知识产权检察保护中心"；深圳市坪山区人民检察院在深圳市生物医药创新产业园设立知识产权检察工作室。据统计，2020年全省检察机关共批捕侵犯知识产权犯罪案件1228件、2114人，起诉1284件、2283人。② 广东省法院不断完善知识产权司法保护规则体系。2018年，广东省高级人民法院发布《关于切实加强知识产权司法保护的意见》《关于审理标准必要专利纠纷案件的工作指引》，支持粤港澳大湾区国际科技中心建设，增强了中国法院在创新前沿领域影响力。之后，广东省高院先后发布了《关于涉图片类著作权纠纷案件若干问题的解答》《关于网络游戏民事纠纷案件的审判指引》，积极推动了数字经济和文娱产业有序发展。同时，广东不断深化广州知识产权法院建设，设立深圳知识产权法庭，完善各级法院知识产权审判庭或合议庭，形成专业化、集约化审判体系。深圳市中级法院构建"速裁+快审+精审"三梯次知识产权审判工作机制；出台知识产权法庭技术调查官工作规则，首创适用技术调查官全流程参与协助技术类案件审判工作；发出全国首例先行判决+诉讼禁令，提高知识产权技术类案件审判效率。据统计，2020年，全省法院新收各类知识产权案件19.61万件，同比增长24.60%；审结19.30万件，同比增长26.07%。其中，全省法院新收知识产权民事、刑事和行政案件分别为194390件、1663件、17件，同比分别增长24.95%、

---

① 广东省市场监督管理局：《2020年广东省知识产权保护状况》，http://amr.gd.gov.cn/ztzl/2021zscqbh/zzjj/content/post_3269808.html，访问时间：2021年8月3日。

② 广东省市场监督管理局：《2020年广东省知识产权保护状况》，http://amr.gd.gov.cn/ztzl/2021zscqbh/zzjj/content/post_3269808.html，访问时间：2021年8月3日。

-6.15%、6.25%。①

**(三) 知识产权运营服务和维权援助体系不断优化**

知识产权运营服务和维权援助体系的建立健全，对于知识产权的发展与质量提升具有重要作用。近年来，广东不断优化知识产权维权援助体系和运营服务体系，知识产权得到有效运营和保护。

1. 知识产权维权援助体系不断完善。近年来，广东大力推动省、市、县三级知识产权维权援助工作体系的建立。目前，广东省共有6家国家级知识产权保护中心、7家国家级知识产权快速维权中心。广东省知识产权保护中心在省内设立了15家维权分中心、10个维权服务工作站以及9支保护知识产权志愿服务队伍。② 2020年，全省各国家级知识产权保护中心和快速维权援助中心共受理专利预审案件18208件，专利预审合格13565件，通过预审通道经国家知识产权局授权11976件。中国（广东）知识产权保护中心稳步推进专利快速预审工作，专利平均预审周期缩短至4.7天。③ 同时，广东大力推动知识产权调解机制的建立。2017年12月，广东成立了全省首家知识产权纠纷行业性、专业性人民调解组织——广东知识产权纠纷人民调解委员会。截至2020年底，全省共建立54个知识产权（含专利、商标、版权）人民调解组织。2020年，全省各人民调解组织共办理知识产权纠纷案件5213件。广东知识产权纠纷人民调解委员会被司法部评为"全国模范人民调解委员会"。此外，广东大力完善知识产权仲裁机制，开展知识产权仲裁业务。2011年7月，广州仲裁委员会成立了华南地区首家解决知识产权纠纷的专业仲裁院——广州知识产权仲裁院。2015年，广州知识产权仲裁院正式入驻广州开发区。2019年5月，佛山仲裁委员会与佛山市知识产权保护中心签订协同解决知

---

① 广东省市场监督管理局：《2020年广东省知识产权保护状况》，http://amr.gd.gov.cn/ztzl/2021zscqbh/zzjj/content/post_3269808.html，访问时间：2021年8月3日。
② 冯飞：《知识产权保护激荡创新的澎湃动能》，《中国知识产权报》2020年11月11日。
③ 广东省市场监督管理局：《2020年广东省知识产权保护状况》，http://amr.gd.gov.cn/ztzl/2021zscqbh/zzjj/content/post_3269808.html，访问时间：2021年8月3日。

识产权纠纷合作协议。2019年8月，深圳市市场监督管理局与深圳国际仲裁院签订《关于开展知识产权领域仲裁工作的合作备忘录》。据统计，2020年，全省仲裁机构共办理知识产权仲裁案件345件，涉案标的额共计约26312万元。全省公证机构共办理涉知识产权保护公证案件3.8万余件。

2. 知识产权运营服务体系不断健全。近年来，广东省建成了广州知识产权交易中心、横琴国际知识产权交易中心、中国（南方）知识产权运营中心3个国家级运营交易平台，持续完善粤港澳大湾区知识产权运营体系建设，辐射港澳知识产权市场。除此之外，广州、深圳等地也在大力构建知识产权运营服务体系。为促进知识产权高效运营，广州建设了多层次知识产权运营平台，充分发挥知识产权运营基金作用，开展10笔科技企业股权投资，投资金额约2.86亿元。深圳也大力推进知识产权和科技成果产权交易中心建设，培育近30个高价值专利组合，布局8家商标品牌示范基地，建设4家知识产权大数据平台，开展3项专利导航试点，培育4家知识产权服务平台，在9个重点行业开展知识产权分析评议；首创以企业知识产权质押融资债权及附属担保权益作为底层资产、由市属国有企业小贷公司作为原始权益人的知识产权证券化发行模式，2020年发行知识产权证券化产品5单，发行总金额达14.28亿元。同时，深圳成立了全国首家知识产权金融全业态联盟，推出全国首单线上知识产权质押融资保险业务。2020年，深圳全市专利质押金额达96.71亿元，质押项目337项，涉及专利1211件；商标质押金额5.86亿元，质押项目12项，涉及商标255件。[①]

## 三 深化行政审批制度改革，市场准入日益便利化

深化行政审批制度改革，是推动行政体制改革、转变政府职能、

---

① 深圳市市场监督管理局：《深圳市2020年知识产权白皮书》，http：//amr.sz.gov.cn/xxgk/ghjh/zxgh_1/content/post_8804216.html，访问时间：2021年8月4日。

优化营商环境的重要抓手和突破口。近年来，广东不断深化行政审批制度改革，全面实施市场准入负面清单制度，市场准入日益规范化、便利化。

### （一）全面实施市场准入负面清单制度

2016年，广东成为国务院首批开展市场准入负面清单制度改革试点的省份。在此之后，广东积极探索，积累经验，公布并不断完善市场准入负面清单。市场准入负面清单的实施，不仅可以解决部分领域存在的不当准入限制、不同市场主体难以获得同等市场准入条件等诸多问题，还可以增强市场准入的开放性、公平性，从而形成透明、公平、开放、依法的市场准入制度，不断优化营商环境。2018年12月25日，国家发展和改革委员会、商务部吸纳了广东等试点的经验和创新后，发布实施了统一的《市场准入负面清单（2018）》。广东省全面严格实施国家统一的市场准入负面清单。

### （二）行政审批日益规范化

近年来，广东全面实施行政审批事项目录制度，建立清单管理制度，大力推行行政审批标准化，行政审批日益规范化。从2012年起，广东开始全面清理精简行政审批事项，大幅度降低工商登记门槛。2014年，广东对46个省直部门的694项行政审批事项进行梳理，编制形成《广东省政府各部门行政审批事项目录》，一一列明每个通用行政审批事项的层级权限、审批部门、审批类别、审批依据、审批对象等信息。《广东省政府各部门行政审批事项目录》的编制，对于及时发现和纠正行政机关审批过程中存在的问题，提高行政审批的规范化水平发挥了重要作用。当前，行政审批事项通用目录制度已在全省推行。行政审批事项目录制度的全面实施，有力地规范了行政审批行为，便利了市场主体的准入。同时，广东在全省范围内实施涉企经营许可事项全覆盖清单管理，梳理形成《中央层面设定的涉企经营许可事项改革清单（2021年广东版）》《中央层面设定的涉企经营许可事项改革清单（2021年广东自贸试验区版）》，制定了《广东省设定的涉企经营许可事项改革清单（2021年版）》。

此外，行政审批标准化是行政审批制度改革的重要内容。2013年，广东发布实施了《行政审批事项业务手册编写规范》《行政审批事项办事指南编写规范》《行政审批事项编码规则》三项省级行政审批地方标准，搭建起广东省行政审批标准化的基本框架。各地市也在不断推进行政审批标准化。佛山对市区两级784个行政审批事项编制了办事指南和业务手册，统一规范了部门工作程序和裁量标准，大力推进标准化管理覆盖最大化、效用最大化。汕头对市级1055项行政许可和公共服务事项的标准进行编制，大幅提高行政审批工作效率和质量。同时，为便于行政审批标准化工作推广，广东依托省网上办事大厅，组织开发"广东省行政审批事项标准录入模块"，将三项地方标准的要求分解为330个填写信息字段，各地各部门只需按指引录入事项的相关标准信息，系统即可自动按格式生成该事项面向群众的办事指南和面向审批人员的业务手册。[①] 目前，广东已基本建立起涵盖了省市县三级6万多项行政审批事项的标准体系。

### （三）行政审批日益便利化

近年来，广东大力推动"照后减证"，深化涉企经营许可分类改革，对直接取消审批、审批改为备案、实行告知承诺、优化审批服务的四类涉企经营许可事项做出了不同的规定和要求，大幅度提升了市场主体办理行政审批的便利度；大力推行企业开办线下"一窗通办"，持续完善"前台综合受理、后台分类审批、综合窗口出件"的业务运作模式，推动更多事项进驻综合服务窗口，不断调整优化综合窗口设置；加快推进企业开办线上"一网通办"，依托广东省企业开办"一网通办"平台，实现设立登记、公章刻制、发票申领和税控设备、员工参保登记、住房公积金企业缴存登记"一表填报、一网通办、一窗领取"，持续压缩了企业开办环节、时间和成本。

---

[①] 广东省编办：《广东全面推行行政审批标准化》，《中国机构改革与管理》2018年第7期。

疫情发生以来，广东省市场监管系统推出便民服务，依托"互联网+"实现登记许可事项"网上办"、双向快递"零见面"、现场申请"预约办"。针对涉及防疫产品的检验检测机构资质认定等审批事项，广东省市场监管局推行"应急审批""容缺受理""告知承诺""先证后查"等服务举措，帮助企业尽快开展生产经营活动；对从事餐饮、零售等涉及行政许可的个体工商户，做好营业执照登记与许可审批的衔接。据调研反映，全省持续压缩企业开办时间，优化企业开办服务，实现了设立登记、印章刻制、申领发票3个环节3个工作日办结，建设工程审批办理时间由通常的60天缩短为最快10天。

各地在加强行政审批便利化方面也推出了一系列措施，取得一定的成果。广州市将开办企业涉及的所有业务纳入一网通平台，整合为一个流程，实现开办企业全流程"一表申报、一个环节，最快半天办结"。同时，"广州市建成了'五个一'审批体系，即一张蓝图、一个系统、一个窗口、一张表单、一套机制，提升工程建设项目审批效率。政府投资项目审批时间压缩到90个工作日内，社会投资项目不超过50个工作日。针对社会投资简易低风险工程建设项目退出14条专项优化政策，实行联办联审模式。"[①] 此外，广州市还率先推出外资商事服务"跨境通"，拓宽"穗港通""穗澳通""穗台通"合作，为港澳台投资者提供便捷的一站式商事登记服务。深圳市全面推行"深港通注册易""深澳通注册易"等商事服务，在全国率先推出个体工商户设立、注销登记"秒批"（无人工干预智能审批）服务模式，实现"自主申报、自动勾选、智能审批、自助发照"全程无人工干预智能审批，并积极完善"开办企业一窗通"平台和工作机制，打通各业务部门的数据接口、整合各部门的业务表单。目前，深圳将开办企业流程整合为1个，办理时间压缩至1天内，实现商事主体前置审批由69项削减为12项，政府投资项目审批时间压缩到97日，社会投资项目审批时间压缩到45日，小型低风险社会投资工程审批时间压缩到

---

① 国家发展和改革委员会编著：《中国营商环境报告2020》，中国地图出版社2020年版，第57页。

16日。东莞市积极试点"企业开办全程网上办",在全国率先研发"银政通"企业开办全流程智能服务一体机,大幅压缩企业开办时间,将企业开办时间压缩在1个工作日以内。珠海市全面推行企业开办"一窗通办""一窗通取""一网通办"新模式,将企业设立登记、公章刻制备案、发票及免费税务Ukey申领、社保登记、公积金开户、银行预约开户的全流程业务有机整合,为办事群众提供"一站式"服务。截至2020年4月23日,珠海市企业开办涉及的设立登记、刻章、税务新办纳税人套餐三个环节合计平均时长缩短到了0.95天,其中设立登记环节平均办理时间缩短为0.11天。韶关市聚焦商事登记、印章刻制、申领税票、银行开户等开办企业全链条环节,大力优化流程,把审批权力交给窗口一线工作人员,将商事登记6个环节缩减为2个,在全省范围内率先实现商事登记环节"审核合一、一人通办、马上办好"。自2020年5月27日起,韶关市实现开办企业压缩在1个工作日内。

总的而言,广东持续深化行政审批制度改革取得了很好的实效,市场主体有着良好的反映。据省市场监管局统计,截至2020年5月31日,在疫情的严重影响下广东实有市场主体总量达1302.23万户。其中,企业568.30万户、个体工商户729.08万户,比上年末分别增长4.53%、3.24%。

## 四 注重多管齐下,生产要素获取日渐规范、便利

水电气、土地、人工、资金等生产要素成本的高低、获取的难易,一直是企业关注的焦点,直接影响到企业的发展和市场竞争力,从而间接影响到一个地区营商环境的好坏。近年来,广东在生产要素获取、集聚方面先后出台了一系列政策措施,多管齐下,推动企业生产要素获取便利化,取得了一定的成效。

## （一）人才措施频出，人才聚集效应渐显

"人才是第一资源。"集聚人才是优化营商环境的应有之义。近年来，广东不断完善人才政策体系，推进人才评价机制改革，健全人才管理服务机制，人才聚集效应渐显。

1. 人才政策体系逐渐完善。人才政策是吸引劳动力和人才、优化法治化营商环境的重要动力来源。广东省近年来先后发布了《关于我省深化人才发展体制机制改革的实施意见》、《关于加快新时代博士和博士后人才创新发展的若干意见》、《关于粤港澳人才合作示范区人才管理改革的若干政策》、《广东省人才发展条例》(2018)、《关于促进劳动力和人才社会性流动体制机制改革的实施意见》等法规政策来吸引人才。深圳、珠海经济特区为了吸引人才，也先后制定了《珠海经济特区人才开发促进条例》(2013)、《深圳经济特区人才工作条例》(2017)等。这一系列人才政策的发布实施，使得广东省基本构建起了覆盖中高低、海内外、产学研、智力与技能等各类人才群体的政策体系，较为有效地吸引了各类人才聚集。

2. 人才评价机制逐渐完善。人才评价是人才发展的基础。近年来，广东根据不同职业特点和不同职业人才成长规律，类别化优化评审标准，发布《广东省安全工程技术人才职称评价标准条件》《广东省技术经纪工程技术人才职称评价标准条件》《广东省工业设计工程技术人才职称评价标准条件》等文件，大力推进人才评价科学化。

3. 人才管理服务机制不断健全。近年来，广东开创"一卡、一站、一网"服务新模式，人才服务不断优化。① 广东开创"一卡通"，创新实施广东省人才优粤卡制度，建立优粤卡人才信息库，为人才提供医疗、子女入学等14个方面服务，较好解决了交通不限行、粤港两地牌、绿色通道就医、贵宾通道出行等人才高度关注的难点问题，为在粤人才提供了极大的便利。同时，广东构建"一站式"网格化服

---

① 粤仁轩：《以全链条精细化服务建设"粤港澳大湾区（广东）人才港"打造人才服务的"广东样板"》，《中国组织人事报》2021年2月5日。

务体系，以省级高层次人才服务专区为龙头，在全省设立34个分窗口，并在广州南沙区、江门市、佛山市挂牌设立首批国际人才"一站式"服务窗口。2020年，广东省省、市各级窗口累计服务高层次人才8.6万人次，服务办结率达99%。此外，广东打造"一张网"服务数字平台，通过"广东人才网"集成将高层次人才政策、项目、引进、服务等功能，打造办理事项"最简材料包"及"购物车式"量化办理功能，实现办事材料精简1/3以上，平均办理时间压缩30%以上，人才服务满意度明显提升。各地市也纷纷推出各种措施优化人才服务。江门市建立并实施"政府+企业"人才服务专员机制，对市重点高新技术企业实行精准服务，打造"保姆式"的人才跟踪服务新模式。2020年，江门市人才服务专员共为重点企业提供各类服务近800次，有力促进企业人才"引得进、留得住、用得好"。[1] 肇庆市建立企业人才服务工作站，将人才服务的触角延伸至企业用人一线，打通服务人才"最后一公里"；为高层次人才提供的落户、项目申报、子女就学、配偶就业等23项"一揽子"服务，打通了人才服务的"绿色通道"。[2]

**（二）供水、供电改革深化，企业水电获取更为便利**

电力、水力是经济高质量发展的有力支撑。在用电方面，广东省先后发布了《广东省供用电条例》（2017）、《关于进一步深化提升供电服务水平优化营商环境实施方案》（2017）等地方性法规和规范性文件，完善了相关制度规范。同时，广东省加快落实"一小时行动方案"，优化综合停电管理流程，加强横向协同与纵向贯通，依托信息系统供电可靠性模块的建设，积极推进配电自动化、无人机、带电作业等多种技术手段，提高供电可靠性。此外，广东还大力压缩报装流程，从报装环节、时限、成本、供电可靠性等方面提升"获得电力"

---

[1] 江组轩：《广东省江门市实施"政府+企业"人才服务专员机制"保姆式"服务让人才安心扎根》，《中国组织人事报》2021年4月14日。

[2] 刘亮：《肇庆高新区23项"一揽子"服务打通人才服务"绿色通道" 领军人才进驻最高可获300万扶持》，《南方日报》2020年11月24日。

服务水平,将高、低压客户报装的各5个环节,分别压减为3个和2个;推进互联网与用电业务相结合,全面将用电业务进驻政务服务网、粤省事、粤商通三大政务平台。截至2020年8月,广东已实现多项用电业务全部通过网上/掌上营业厅、微信公众号、支付宝生活号在线办理,线上用户注册数达到2321万,互联网业务办理比例高达99.7%。广东省各地也在不断推动企业获取电力便利化。广州大力建设网上并联审批系统,实现电水气外线工程审批时间压缩至5个工作日内。其中,"获得电力方面,高压电办理环节3个、用时15天,低压电办理环节2个、用时3天;电网公司投资至企业红线,企业接电零成本,近5年累计降低企业接电成本52亿元;城区平均停电时间小于1小时,其中8个高可靠性示范区年平均停电时间不超过2分钟"。① 深圳在全国率先推行了小微企业"今天提申请、明天用上电"极速报装服务,全面推广低压报装"三零"(零上门、零审批、零投资)及高压报装"三省"(省力、省时、省钱)服务。目前,深圳实现了低压接电零成本接入、办理时间压缩至3天内,高压接电办理时间压缩至15天内,供电可靠性达到世界一流水平。同时,深圳积极应用"云大物移智"技术,实现智慧营业厅全市覆盖,业务办理效率较传统人工提升80%;率先推出办电全过程可视可评、停电过程可视可查、"电子合同+签章"、刷脸用电过户、刷脸缴电费等服务项目,打造便捷、透明服务体验。② 在2018年国家能源局发布的全国主要城市电力可靠性指标中,佛山、深圳、广州、东莞分列1、3、6、7名。③

在用水方面,广东省先后制定或修改了《广东省城市供水管理规定》(2018)等地方性法规和规范性文件,完善了相关制度规范。广

---

① 国家发展和改革委员会编著:《中国营商环境报告2020》,中国地图出版社2020年版,第57页。
② 董思:《深圳"获得电力"蝉联全国第一,供电可靠性世界领先》,https://www.sohu.com/a/474877915_100053070,访问时间:2021年8月5日。
③ 南方电网报:《南方电网公司大力优化电网营商环境 上半年客户平均停电时间同比下降26.8%》,http://www.cec.org.cn/zdlhuiyuandongtai/dianwang/2019-07-18/192719.html,访问时间:2020年8月27日。

东省大力缩短用水许可办理时限,减少办理环节和报装申请材料,极大便利了企业快速获取用水。省内各地级市也采取一系列措施来提高企业用水的便利程度。深圳出台了《深圳经济特区城市供水用水条例》(2019)、《深圳市进一步优化营商环境深化企业用户用水接入改革实施方案(试行)》等一系列改革文件,精简用水报装申请材料,推出用水报装"四零"服务,实行小型低风险社会投资建设项目用水报装零申请、零跑腿、零材料、零投资,不断优化获得用水便利度改革,推进一站式线下办理和全程线上办理,将用水接入办理时间压缩为4—7个工作日。佛山在规范水电报装程序的基础上,进一步制定了《佛山市降低制造业企业成本支持实体经济发展若干政策措施》(佛府〔2018〕90号),以降低企业用电用水成本。汕头不断加快用水业务办理速度,最大限度压缩报装时限,实施用水接入工程简易程序施工,优化工单流转、签批、领料等内部流程环节,做好省市重点项目用水保障,提高居民DN15、小微企业DN20-25水表用水接入工程施工时效性,实现报装当日办结。

**(三)用地问题多措并举,用地难题基本解决**

土地资源是支撑一个地区产业发展最重要的载体。广东大力推行改革,多措并举解决用地问题,推动企业高质量发展。

1. 源头解决土地供需关系紧张、企业用地难的问题。针对土地供需关系紧张、企业用地难的问题,广东通过"优化计划用地指标"与"三旧改造"两个方面从源头解决问题:(1)广东省坚持差别化供地政策,修订了《广东省土地利用年度计划管理办法》,对省级重要基础设施、12类重点民生项目实行核销制,对存量建设用地盘活和重大产业项目工地实施奖励制,对农村拆旧复垦实行挂钩制,对粤东西北地区及珠三角欠发达9个县(市)实行扶持制,实现土地资源精准配置。(2)广东印发了《关于深化改革加快推动"三旧"改造促进高质量发展的指导意见》,突破性地从"一放宽""两创新""三支持""四强化",即放宽"三旧"改造用地的认定时间界限;创新规划管理制度和审查报批机制;支持整体连片改造、支持降低用地成本、支持优化利益分配;强化倒逼促改措施、强化行政司法保障、强化项目实施监管、强化协同推进合力等方面,盘活低效存量建设用地,有效解决我省发展面临的土地供需关系紧张的问题。

2. 努力降低企业用地成本。针对企业用地贵问题,广东出台了一系列政策降低企业用地成本。2019 年,广东出台《关于进一步降低用地成本促进中小企业发展若干政策措施》,创新工业用地出让模式,推行了弹性出让、先租后让、租赁等多种土地供应方式;出台《关于明确工业物业产权分割及分割转让不动产登记有关事项的通知》,放宽工业用地需按宗地转让限制条件,立足中小企业资金有限、所需厂房规模较小和较大投融资需求的现实,允许制造业企业的工业物业产权按幢按层分割转让并按程序办理不动产登记和抵押融资;出台《关于支持产业转移工业园用地提升土地利用质量效益的若干意见》,为企业盘活闲置土地降低门槛、创造条件,允许通过依法转让、合作开发等方式,或以货币补齐闲置土地置换差价等多途径、多方式盘活园区闲置工业用地。这些政策措施取得了一定效果。"2017 年以来,广东全省共有 697 宗、3165.5 公顷工业用地享受到地价优惠,为企业节省用地初始成本 799.5 亿元。"①

3. 大力提升土地资源供给效率。针对土地资源供给效率低的问题,广东不断深化用地审批制度改革,委托下放省级行政职权,将用地报批等省级行政职权委托调整给 21 个地级以上市实施,"三旧"改造实现"零审批",用地审批效率总体提速 30% 以上。此外,广东还推进审批环节"四合一"改革,建立国家和省重大项目清单,对省级特别重大项目采用"一个项目、一名分管领导、一个专班、一跟到底"的"四个一"服务保障模式,推动重大项目落地建设。对于用地问题,各地级市也纷纷采取措施。2019 年 5 月,深圳发布《深圳市扶持实体经济发展促进产业用地节约集约利用的管理规定》,从适用范围、实施路径、地价标准、审批机制等方面对产业用地节约集约

---

① 黄叙浩:《广东为企业节省用地成本近 800 亿元》,《南方日报》2020 年 10 月 15 日。

利用相关事项进行了系统而全面的规定。深圳通过对农村拆旧复垦实行挂钩制，大力改革用地计划指标管理模式，全面执行"放活工业用地供地方式、放宽工业物业分割登记条件，放低企业闲置土地盘活门槛"等政策，通过降低用地成本和精简审批程序等措施，实现了土地资源精准配置，降低了企业用地成本，充分调动了市场主体的积极性，让市场主体分享"放管服"改革的红利，用地难题基本解决。为推动企业用地规范化，东莞也规范和完善了用地审批制度和审查标准，建立并上线了"东莞市土地二级市场网"、土地二级市场业务管理系统，以大力推进产业用地盘活整合、鼓励企业做大做强。此外，东莞市允许符合产业发展的项目盘活、整合土地资源，并进一步明晰了转让与变更、股权换让与土地转让、转让与规划的关系，促进企业盘活资产，提高资源配置效率，推动企业高质量发展。

### （四）融资担保不断健全，融资环境日渐改善

企业融资是营商环境的重要内容。近年来，广东省委、省政府针对广东省民营经济中小企业发展过程中遇到的问题和困难，相继出台了《关于进一步扶持中小微企业发展和民营企业做大做强的意见》《关于促进小微企业上规模的指导意见》《广东省支持小微企业稳定发展的若干政策措施》《关于创新完善中小微企业投融资机制的若干意见》《广东省促进民营经济大发展的若干政策措施》《广东省支持中小企业融资的若干政策措施》《广东省财政厅关于进一步发挥政府性融资担保作用 加大小微企业和"三农"主体支持的意见》等一系列文件，不断健全融资担保体系。其中，《广东省支持中小企业融资的若干政策措施》围绕中小企业融资难、融资贵、融资慢三个环节有针对性地提出22条解决政策措施，这在一定程度上解决了企业融资难题。2020年，广东省正式上线发布广东省中小企业融资平台，为企业提供线上融资对接、增信、产业金融服务等一体化线上智能金融服务，解决了信息不对称的难题，率先在支持实体经济方面迈出了开创性的一步，企业融资的便利水平不断提高。截至2020年10月底，"中小融"平台已申请接入34个部门250项数据，累计入驻金融机构

370家,发布金融产品1000余款,发布惠企政策200多条,累计实现融资逾288亿元。① 广东省各地也采取一定措施,改善企业融资环境。韶关市创新改革措施,推广政银企融资服务平台,拓宽应收账款融资的渠道,加强信用信息信贷应用,进一步加强普惠金融服务,缓解小微企业融资难题。珠海市建设"四位一体"融资服务平台,通过省、市财政出资设立信贷风险补偿与转贷引导两个资金池,对各项贷款项目给予贷款利息和担保费两类补贴,有效地缓解了珠海市民营和中小微企业融资难、融资贵问题。通过广东省及各地积极采取措施,广东省融资担保体系逐渐健全,企业融资环境不断改善。根据中国人民银行广州分行2021年1月发布的数据显示,广东民营企业贷款保持较快增长,普惠小微贷款实现"增量、扩面、质优、价降"。2020年末,广东民营企业贷款余额5.48万亿元,同比增长20.1%。民营企业贷款占企业贷款余额比重55.1%,与广东民营经济增加值占地区生产总值份额基本相当;普惠小微贷款余额2.09万亿元,同比增长39.1%,占各项贷款余额比重10.7%,普惠小微贷款户数188.93万个,比2019年末增加22.95万户,普惠小微企业信用贷款余额2017亿元,同比增长132.2%,占普惠小微企业贷款余额比重25.7%。②

## 五 强化监管服务,政务环境不断优化

2019年6月25日,李克强总理在全国深化"放管服"改革优化营商环境电视电话会议上强调,要加强公正监管,切实管出公平;要优化政府服务,努力服出便利。经过几年的不断实践,广东省在优化监管和服务方面都取得了显著的成效。

---

① 吕光一:《广东"中小融"平台助力化解中小企业融资难、融资贵难题》,http://www.xinhuanet.com/fortune/2020-12/24/c_1126903914.htm,访问时间:2020年8月5日。
② 何伟奇:《广东亮出2020年金融成绩单:制造业贷款增速和增量创下新高》,http://www.cnr.cn/gd/ygsy/20210114/t20210114_525391061.shtml,访问时间:2020年8月5日。

### （一）推进权责清单制度，权力运行日益规范化

从 2014 年起，广东省政府开始推进权责清单制度，组织开展省级转变政府职能、清理行政职权和编制权责清单工作，分别公布了《广东省人民政府部门权责清单（第一批）》《广东省人民政府部门权责清单（第二批）》。2017 年，广东省人民政府对已公布的部门权责清单进行梳理完善，更新并重新公布了权责清单内容。2020 年 1 月，广东发布了《广东省人民政府关于调整实施一批省级权责清单事项的决定》（广东省人民政府令第 270 号）和《广东省人民政府关于取消和调整实施一批省级权责清单事项的决定》，对权责清单再次进行了调整，决定取消和调整 993 项省级权责清单事项，其中取消 206 项，实行重心下移、改由市县就近实施 787 项。广州、深圳、汕头、韶关等地也及时地更新调整市级机构的权责清单并向社会公布，深圳前海也公布了《深圳市前海管理局行政管理事项目录》。

### （二）强化公正监管，建设公平竞争环境

强化监管是建设营商环境的一个重要环节。广东省采用了一系列措施来强化公正监管，建设公平竞争环境。

1. 推行企业年报制度。2014 年 3 月，广东省将企业年检制度改为年度报告公示制度，要求企业按年度在规定期限内，通过市场主体信用信息公示系统向工商机关报送年度报告，并向社会公示。2015 年，广东省工商行政管理局出台《关于企业年度报告的实施办法（试行）》，规范企业年报制度，加强了对企业的监管。近年来，广东不断升级改造国家企业信用信息公示系统（广东），推动年报事项"多报合一、信息共享"，加大清理长期停业未经营企业工作力度，成效明显。各地市也积极推动企业年报公示工作。东莞市充分发挥社会网格治理优势，利用全市社会服务管理"智网工程"的 9889 名网格员进行督促。云浮市通过凝聚"一条心"、构筑"一盘棋"、调动"一班人"的方式，形成上下联动、齐抓共管的良好格局。各级市场监管部门通过划区分片、任务到人，细化分解任务，层层抓落实，一级抓一

级,取得良好成效。同时,各地市还积极开展形式多样的年报宣传。在2018年度企业年报公示工作中,广州市组织行业协会和企业进行年报培训共计278次,近5万家企业参训,并利用大型主题宣传活动开展宣传。惠州市开展年报宣传"进窗口、进企业、进协会、进商场、进农村、进社区、进景区"。清远市采用邮寄专用信函的方式,向全市6000户尚未提交年报的企业邮寄《企业年报提醒函》。据统计,各地市场监管部门共发放宣传资料180多万份,群发短信逾千万条,印制张贴宣传海报2.8万份。

2. 加强涉企收费监管。自2013年起,广东持续开展涉企收费专项整治工作,先后印发了《广东省市场监督管理局关于开展2019年涉企收费专项整治工作的通知》《广东省市场监督管理局关于加强重点领域价格监管工作的通知》等文件加大违规涉企收费查处力度,进一步优化营商环境。同时,广东不断规范第三方涉税服务企业价格行为,加强对电子发票第三方平台等涉税服务收费的监督管理,以公告形式提醒告诫并逐一通知相关涉税服务企业。广东还加大交通运输服务及物流领域收费监管力度,印发《关于调整全省收费公路车辆通行费收费公示有关内容的通知》,进一步规范全省收费公路收费明码标价行为;加强进出口环节、铁路货运收费监管;印发《关于进一步落实口岸进出口环节收费公示工作的通知》《关于迅速开展口岸进出口环节收费监督检查的通知》,部署全省开展口岸进出口环节收费监督检查。

3. 全面加强信用监管。发挥信用监管作用,是新时期激发市场主体活力,推动高质量发展的要求。自《广东省社会信用体系建设规划(2014—2020年)》发布以来,广东大力推进信用分级分类监管和失信联合惩戒,严格落实企业经营异常名录与严重违法失信企业名单管理制度。从2019年起,广东省市场监管局开始试行对监督抽查不合格产品实施失信记分措施,并在部分地市开展分类监管试点工作。2021年,广东省市场监管局为切实解决部分企业产品质量安全责任不落实、产品质量问题"屡治不愈"等问题,出台了《广东省市场监督管理局产品质量信用分类监管规范》,提出正式实施产品质量违法失信记分制度，并依据产品质量信用风险等级实施分类监管。目前，广东省市场监管局已建立了采集全国产品质量监管大数据的工作机制，系统性采集全国市场监管系统产品质量监管信息，并将把监管数据转化为产品质量信用信息，初步建立了20627家企业的产品质量信用档案，其中2230家企业产品因失信被记扣分。广东各地纷纷采取措施大力推行以"信用+监管"为核心的市场监管体制改革。广州率先实施信用联合奖惩"一张单"管理，构建信用大数据，率先建立广州公共资源交易"信用指数"，将信用信息应用于招投标领域信用监管，让监督更加透明有效；汕头制定了《汕头市建立完善守信联合激励和失信联合惩戒制度的实施方案》《汕头市质量诚信体系建设工作方案》，加强对质量诚信体系建设，初步搭建起社会信用体系制度框架；东莞打造事中事后监管新模式，推进企业信用监管工程，信用信息查询和联合奖惩措施执行嵌入事中事后监管流程，建立市场监管协同创新平台和科学监管数据分析平台，实时监督各级各部门的监管工作。全面推行监管"双随机、一公开"。2017年，广东省人民政府印发了《广东省全面推行"双随机、一公开"监管工作实施方案》。之后，广东开始全面推行"双随机、一公开"监管，统筹建立健全覆盖本辖区、与抽查事项相对应的检查对象名录库和执法检查人员名录库，细化随机抽查工作方案和实施指引，强化抽查检查结果公示运用。目前，广东省基本实现市场监管日常监管"双随机、一公开"全覆盖，为建设公平企业竞争环境奠定坚实的基础。

### （三）大力推行"数字政府"建设，政府服务不断优化

优化服务为企业发展和群众办事增加便利，是良好营商环境的必然要求。近年来，广东省"数字政府"建设成效显著，为优化营商环境提供了有力支撑。广东统筹推进全省政务云和政务网等基础支撑能力建设，基本建成一体化的政务信息基础设施；围绕基层减负、不动产登记、工程建设项目审批等重点领域，探索建立数字应用与数据管理、安全审计协同的"1+2"工作机制，基本建立数字政府数据安全体系框架；统筹集约的技术架构，建立以统一身份认证、电子证照、

电子签名、电子印章为核心的公共基础支撑平台和体系，公共基础支撑平台不断优化；印发《广东省数字政府网络安全体系建设总体规划（2019—2021年）》实施方案，完善应急响应联络与协调工作机制，全面建立立体化的安全防护体系。2020年8月，为推进广东"数字政府"改革建设，广东省政务服务数据管理局为广东省公务员开发了集即时通讯、通讯录、工作台、个人信息四个版块为一体的全省统一的粤政易移动办公平台。粤政易移动办公平台遵循移动优先理念，将政务应用转移到"指尖"，实现政府部门内部办文、办事、办会需求集约化，以减少资源内耗、提升沟通和办公效率；通过多部门联动、跨部门协作、一体化运行，实现信息系统整合共享，以促进政务工作协同化、体系化。截止到2021年6月，粤政易注册用户达183.5万人，服务超12.8万家组织机构，日活跃用户数达到104.3万，日均发送消息480多万条，电子公文交换系统累计交换文电、材料768万余份，平台累计接入政务应用700多项，移动端应用累计访问量超7亿次。粤政易已经成为广东省深化数字政府改革建设，落实基层减负，以数字化激发行政效能活力，全面提升政府数字化履职能力的重要抓手和载体。[①] 2021年7月，广东发布了全国首份针对数字政府的省级专项规划和未来5年广东数字政府建设发展的总纲《广东省数字政府改革建设"十四五"规划》，提出构建五级联动的省域治理体系，建立"一网统管"基础平台"粤治慧"，从而实现行业应用全覆盖。在夯实数字政府基础能力建设的同时，广东不断深入推进"互联网+政务服务"建设，全面推进政务服务"一网通办"，拓展"粤省事"移动平台服务广度与深度，积极推广涉企移动政务服务平台"粤商通"。截止到2021年5月，"粤省事"注册用户突破1.2亿，累计已上线高频民生服务1750项，其中1256项服务实现了"零跑动"，业务量累计超过88.9亿件。截至2021年1月初，"粤商通"涉企移动政务服务平台市场主体注册量突破600万，上线涉企高频服务事项

---

① 粤政易：《粤政易日活跃用户数突破100万》，https://yzy.gdzwfw.gov.cn/million.html，访问时间：2021年8月7日。

961项，集成158类电子证照，日均访问量保持在500万次，市场主体通过"粤商通"使用"新办企业"事项累计超过108.25万次、"企业年报"事项累计超过341.19万次。① 各地市也积极推进"互联网+政务服务"建设。广州市积极建设"一卡、一号、一格、一网、一窗"社会治理政府公共服务平台，创新政企合作、信息化投融资模式②；汕头着力打造"粤省事"汕头样板，持续推进"最多跑一次"向"零跑动"转变；东莞大力推行"多证联办"改革，建立政务信息系统整合共享工作机制；佛山禅城区积极推进"一门式"政务服务改革创新，以区行政服务中心为落脚点，打造了"一门集中、一窗受理、一网通办、最多跑一次"的政务服务改革"禅城模式"；珠海打通服务企业的"最后一公里"，建设"政企云"企业服务平台，实现政府与企业，线上与线下全程互动；肇庆打造政务服务一体化平台，市民办事至少可以少填数据项62.2%（少填2615项），材料提交减少49.5%（少报713份），办事少跑51.9%（少跑292次）。

总的而言，通过这一系列措施，广东有力地优化了广东省的政府服务，让服务更加便利快捷，基本打造出了"粤系列"政务服务品牌，办事集约化水平不断提升，政务服务水平不断提高。在国家组织开展的省级政府和重点城市一体化政务服务能力的评估中，广东连续三年获得全国第一名，广州市、深圳市都位居全国重点城市的前列，形成了一批在全国具有影响力的经验做法，为全国数字政府建设探索出广东样本。

## 六　市场退出机制改革不断深入，企业退出日益便利化

完善市场退出机制是促进优胜劣汰，实现市场资源有效配置，推

---

① 郑澍：《注册用户突破600万！"粤商通"为近半数广东市场主体提供逾900项惠企服务》，https://www.sohu.com/a/442421856_362042，访问时间：2021年8月9日。

② 周民、贾一苇：《推进"互联网+政务服务"，创新政府服务与管理模式》，《电子政务》2016年第6期。

动市场经济高质量发展，建设稳定、公平、透明、可预期的营商环境的必然要求。近几年，广东大力改革企业退出制度，强化部门协调联动，便利企业快速退出市场。

### （一）破产程序不断规范，破产制度日益健全

破产是完善企业退出机制，优化市场资源配置的有效手段。近年来，为了规范破产程序，完善市场退出机制，广东省发布了一系列政策和规范性文件。2016年11月，广东高院制定出台了全国首个"执转破"规定，即《关于执行案件移送破产审查的若干意见》，其对工作原则、适用主体、移送条件、移送程序等做了规定，为构建和完善"立、审、执、破"探索"广东模式"。2017年，广东高院出台《关于推进企业破产清算案件快速审理的若干意见》《关于规范企业破产案件管理人选任与监督工作的若干意见》，率先建立起了破产清算案件快速审理机制和新型破产案件管理人制度。2019年，广东高院出台《关于"僵尸企业"司法处置工作指引》《关于审理企业破产案件若干问题的指引》，就企业破产和强制清算案件的多个问题加以规范和指引。这一系列法规政策文件的出台，细化了相关破产程序，促进了破产制度的不断完善。目前，广东大力推行破产案件由中院集中管辖，在深圳、广州成立破产法庭，东莞、佛山、惠州等7个中院和1个基层法院设立破产审判庭，其他中院设立破产合议庭，形成破产审判专业化、规范化格局。三年来，广东全省法院共审结各类破产案件7387件，平均审限缩短至12个月以内，推动75家企业经破产重整、和解恢复生机，盘活资金上百亿元。①

在广东高院积极探索完善破产制度的同时，各地市也纷纷采取措施，在实践中逐步完善破产制度，从而使企业退出便利化。深圳作为破产制度改革试点，先行先试，推行了一系列措施和改革。深圳率先探索破产专业化审判，最早在全国建立破产审判庭和破产法庭；率先

---

① 林晔晗、吁青、赵玮玮：《"破"中求"救"，广东法院这样答题》，《人民法院报》2021年1月19日。

探索企业重整制度和预重整制度，出台全国首个《破产重整案件审理规程》；率先探索破产财产网拍模式，首创破产财产跨境网拍模式；率先探索个人破产制度，制定了国内首部个人破产地方性法规——《深圳个人破产条例》，建立了个人破产制度。珠海建立破产预重整制度，建立预重整破产工作府院联席会议制度，开通绿色通道，集中受理、公告、选定管理人及审计机构，简化审理流程，设立破产案件专项处置基金，完善破产管理人选拔和考核机制，多措并举清理"僵尸企业"健全市场主体救治和退出常态机制，进一步优化营商环境，推动企业破产工作顺利进行。这些举措和改革的实施，在完善广东市场退出机制的同时，便利了企业退出，还为全国各地市场退出机制的完善发挥了较好的先行先试、探索推动作用。

**（二）市场主体退出便利化日益提高**

2017年3月1日，广东全面实施企业简易注销登记改革，推行企业简易注销登记，规范适用于简易注销登记的企业范围、流程和申请文书。2019年1月，广东在广州市南沙区、深圳市、珠海市、东莞市开展优化企业简易注销试点，解决企业简易注销登记中企业反映较为集中的问题。其中，深圳市作为试点城市，推出扩大企业简易注销适用范围、简易注销程序和申请材料、压缩清算公告时间、免除公告费用、建立"企业简易注销一窗通"、压缩办理时限等多种举措，不断完善企业简易注销登记制度。为完善市场退出机制，2019年广东省委全面深化改革委员会通过了《广东省深化市场主体退出制度改革实施方案》，该《实施方案》明确提出要通过"完善企业注销退出制度""加强行政程序与司法程序衔接""完善国有企业退出机制""做好市场主体退出预警及风险防控"四个方面来"建立行政渠道和司法渠道互为补充、各有侧重、有效衔接的市场主体退出机制"，维护经济社会运行秩序。

广东省各地级市推出多种改革措施畅通企业主动退出渠道。广州市印发《关于进一步深化我市商事制度改革推进企业注销便利化的意见》，通过从"简化企业普通注销登记程序""推进南沙区企业简易注销试点工作""提升企业清缴税款办理体验,优化社保、商务、海关等登记注销程序""加强部门业务协同""完善联合惩戒制度"等6个方面来优化企业注销便利化服务。珠海市发布《珠海市市场监督管理局关于商事登记业务有关事项的通知》,将企业注销登记办理时限压缩至2个工作日内;并改造商事登记自助服务系统,减少了商事主体线下办理清算组备案和在报纸上发布清算公告的环节,为企业退出提供了更为便捷经济的方式。截至2020年4月23日,珠海市共有1911家企业通过办理简易注销登记退出市场。

## 七 纠纷多元化解机制不断完善,社会和谐初步形成

良好的社会综合环境是法治化营商环境的保障。经过几年的改革,广东在社会综合环境方面取得显著成效。

### (一)商事纠纷多元化解机制不断完善

商事纠纷多元化解机制是进一步优化营商环境的重要保障。近年来,广东省不断完善商事纠纷多元化解机制,促进市场经济健康发展。

1. 商事调解制度不断健全。与民事诉讼相比,商事调解具有自愿性、灵活性、保密性等特点。近年来,广东不断完善商事调解制度,先后发布了《关于加强人民调解员队伍建设的实施意见》《关于贯彻落实〈司法部等四部门关于推进行业性专业性人民调解工作的指导意见〉的实施意见》《广东自贸区跨境商事纠纷调解规则》等一系列规范性文件,推进人民调解工作,培育专业性调解组织,推动商事调解发展。目前,广东共建设64个商会人民调解组织,22个知识产权调解委员会。同时,广东推动广东省金融消费权益保护联合会依托广州市金融消费纠纷调解委员会、澳门世界贸易中心仲裁中心等调解机构签署《粤澳地区金融纠纷调解合作框架协议》,推动粤港澳大湾区调

解服务合作。珠海市构建珠澳调解工作联系对接机制，率先设立了涉港澳纠纷人民调解委员会；设立一带一路国际商事调解中心，通过在线与线下等方式，为西欧、拉美、东南亚、中亚地区 20 个国家城市和国内 20 个省市提供线下国际商事调解服务；组建"粤港澳大湾区调解联盟"，共同搭建跨境纠纷处理平台，加强了粤港澳司法交流合作。2021 年 5 月，深圳成立了全国首个商事调解专门协会——深圳市商事调解协会。

2. 商事仲裁制度不断完善。仲裁是国际通行的纠纷解决方式之一。近年来，广东不断推进仲裁工作创新发展，在化解民商事纠纷、营造法治化国际化营商环境、推动广东省经济转型升级等方面发挥了重要作用。为适应互联网等新经济新业态发展需要，广东积极发展互联网仲裁。珠海仲裁委开发了国内首个专门解决金融纠纷的互联网仲裁平台——互联网金融仲裁系统，该系统对外以互联网方式提供在线仲裁服务，对内通过内部网络进行案件处理确保信息安全，极大地提高了仲裁效率，降低了仲裁成本；广州仲裁委牵头成立中国互联网仲裁联盟，研发了仲裁云平台，实现多端口同时在线办案及仲裁程序全流程覆盖，仲裁云平台属世界首创，处于国际领先地位。同时，广东还不断推动国际商事仲裁中心建设，完善适应国际仲裁的仲裁规则，提升仲裁委员会的国际竞争力。如佛山仲裁委设立了国际商事仲裁中心；珠海仲裁委设立了珠海国际仲裁院，部分案件约定适用澳门法律，由国内仲裁员和澳门籍仲裁员共同组成仲裁庭做出裁决，突出体现珠海国际仲裁的地域特色；深圳设立了全国第一家按法定机构模式治理的仲裁机构——深圳国际仲裁院，其国际仲裁院的新版仲裁规则——《深圳国际仲裁院管理规定》充分吸纳了国际仲裁发展的最新成果，借鉴国际商事仲裁通行做法，在送达、证据、仲裁员指定、选择性复裁等方面实现了创新性突破，为提高深圳仲裁的国际公信力和竞争力、建设国际仲裁高地发挥重要作用。据统计，2020 年，广东全省共有 19 家仲裁机构，7700 多名仲裁员，全年办结仲裁案件量 47693 件，标的额 1114.56 亿元。

3. 多元化纠纷衔接机制不断完善。近年来，广东积极推进诉调对接工作，推动全省法院建成了一批集成在诉讼服务中心的诉调对接平台，全省共成立诉调对接中心112个，工作人员545人，配备专职调解员及特邀调解员2958人，有力推动了多元化纠纷解决机制建设工作水平和成效的普遍提升。[①] 2019年，东莞市中级人民法院积极探索构建诉调对接"1+2+3"模式，为当事人提供高效、便捷、灵活的纠纷解决渠道。2019年，东莞市3个基层法院参与诉前调解一审民商事案件80706件，成功调解案件48322件，调解成功率达68.52%，40.27%的一审民商事案件在诉前调解阶段成功化解。[②] 同时，广东积极推进仲调对接多元化解纠纷。广州仲裁委与广州市贸促会、市消费者委员会、省质量促进会等单位建立调解合作制度，成立质量仲裁调解中心、医事仲裁调解中心、创投仲裁调解中心等；深圳国际仲裁院创设"商会调解+仲裁""展会调解+仲裁""香港调解+仲裁"等"四位一体"纠纷调解模式，引导当事人通过"调解+仲裁"解决纠纷；湛江仲裁委建立仲裁案件全程调解机制，坚持案件一立就调，不等开庭能调再调，未经调解不开庭；惠州仲裁委采取"函告和解"方式，推进案件受理多样化、纠纷处理多元化，较好地实现案结事了。

**（二）公共法律服务体系逐渐健全**

近年来，广东采取了一系列措施完善公共法律服务体系，公共法律服务体系不断健全。

1. 积极推动律师业改革。广东修订了公职律师管理实施办法。2019年8月，广东省律协率先出台了《广东省律师事务所办公场所规范化建设规定》，启动律师专业水平评价体系和评定机制试点工作；开展律师"服务民营企业年"活动，与省工商联签署合作框架协议，全覆盖组建省市两级民营企业律师服务团。

---

① 广东法院网：《广东法院坚持示范带动和改革创新 深入开展两个"一站式"建设工作》，http://www.gdcourts.gov.cn/index.php?v=show&cid=228&id=55003，访问时间：2021年8月8日。

② 《东莞法院探索建立诉调对接"1+2+3"模式 四成一审民商事案件诉前化解》，《法制日报》2020年6月1日。

2. 完善公共法律服务体系。广东率先开通公共法律服务"厅长热线",首创公共法律服务领导干部接待日制度,推动仲裁、行政复议入驻公共法律服务平台。2020年广东法律服务网共为群众提供服务超613万次,同比增长49.4%。同时,广东在全国率先开展律师进工业园区工作,实现100个省级以上工业园区全覆盖;全省村(社区)法律顾问律师全年举办法治讲座及培训近8.6万场次,提供法律咨询36.5万人次,直接调处矛盾纠纷近8000宗。此外,广东大力降低法律援助门槛,扩大法律援助范围,制定《广东省申请法律援助经济困难公民认定办法》《关于刑事诉讼法律援助的实施办法》;并认真做好根治拖欠农民工工资相关工作,全省共组织办理农民工讨薪法律援助案件约2万宗,讨薪总金额约3亿元。

3. 加快发展涉外法律服务业。为推进涉外法律服务业的发展,广东修订粤港澳律师所合伙联营试行办法;召开首次粤港澳大湾区法律部门联席会议,第二届"粤港澳大湾区法治建设座谈会";成立全国首个具备"域外法律查明+国际商事调解"双重职能的调解中心——"深圳市蓝海法律查明和商事调解中心",组建省涉外经贸法律服务律师团,推动成立全省首家涉外公共法律服务中心——蛇口涉外公共法律服务中心。

### (三)社会治安趋于良好

良好的治安是经济发展的前提。近年来,广东治安不断改善,主要表现在两个方面:一是广东治安防控体系更为完善。社会治安防控体系是城市安全最有力的保障。近年来,广东省全面铺开智感安防区建设,加快推进派出所"强基工程",社会治安防控体系日益完善。据统计,2020年,广东全省一级派出所占比提升至10.9%,实现占比高于10%的目标,二级派出所占比37.5%;三级派出所占比47.5%,四、五级派出所从173个减少到67个。同时,广东还深入推进粤东西北地区困难派出所"精准脱困"工作。2020年,广东已完成230个派出所的新建和修缮,有力改变了部分派出所基础设施落后的面貌,推进了治安防控体系的完善。二是打击犯罪更有力。近年来，广东积极组织开展各类专项行动，不断加大打击违法犯罪力度，努力营造和平、稳定、安全的社会治安环境。2020年，广东深入推进"飓风"专项行动，依法严厉打击各类突出违法犯罪，全省共立刑事案件55.33万起，破案22.98万起；深入推进打击整治电信网络诈骗等新型犯罪专项行动，全省电诈立案、财产损失数同比下降10.77%、15.71%，破案、抓获人数同比上升22.36%、75.06%，阶段性实现两升两降工作目标；深入推进打击治理跨境赌博工作，全省侦办跨境赌博案件734起，发起全国集群战役2次、"飓风"集群打击42次，侦破国家挂牌督办案件22起，抓获嫌疑人8245人，冻结涉案资金50.12亿元；深入推进护苗专项行动，共立五类涉性侵害案件5646起，破案5639起，破案率99.88%；深入推进护航金融利剑2020专项行动，共立经济犯罪案件19988起，破案13469起，成功侦破中华人民共和国成立以来单案收缴假币量最大的"12·9"假币专案等大要案件。同时，广东省不断深入推进扫黑除恶专项斗争，工作成效显著。2020年，广东省全省打掉涉黑组织66个，恶势力犯罪集团316个；涉黑恶案件立案5447起，破案5148起，刑拘犯罪嫌疑人11511人，逮捕7750人；查处公职人员813人，查封冻结扣押涉案资产323.07亿元，各项指标名列全国前茅。

# 第三章 广东、新加坡、香港特区营商环境比较研究[①]

新加坡依托自身得天独厚的地理位置，成为全球著名的国际贸易中心和国际航运中心，在此基础上，新加坡以自由经济政策为基础，高度重视营商环境的优化，成功将自身的传统优势行业与金融业对接，成长为全球第四大金融中心城市。[②] 从 1965 年独立开始算起，新加坡仅仅用了不到 50 年的时间就在经济发展领域取得辉煌成就，2018 年新加坡人均 GDP 6.4 万美元，位列世界第 9 位，亚洲第 2 位。[③] 这一成绩的取得，离不开新加坡良好的营商环境对经济发展起到的重要作用。香港特区自由港具有悠长的历史和独特的发展经验。香港自由港的地理位置优越，既是欧洲、非洲与东南亚来往的重要航道，也是中国内陆开展对外贸易的重要桥梁。香港特区政府对自由贸易港区的发展采取积极的不干预政策，通过立法不断完善竞争规则，保障市场经济的运行秩序，充分发挥市场机制对社会资源的调节作用，确保劳动力、货物、资本等要素可以自由流动，全面保障投资、贸易、航行的自由度，使香港特区被誉为最为自由、开放的贸易港。通过这段独一无二的发展史，香港特区成为具有重要国际影响力的航

---

① 本章系海丝高水平大学建设项目"'一带一路'沿线国家政策法律制度研究——以新加坡为样本"的研究成果，受广东省高水平大学重点学科建设项目"服务 21 世纪海上丝绸之路重大战略需求的经管学科融合创新体系建设"资助。

② 前三大金融中心依次为纽约、伦敦、香港特区。参见邢厚媛《中国（上海）自由贸易试验区与中国香港、新加坡自由港政策比较及借鉴研究》，《科学发展》2014 年第 9 期。

③ 数据来源：百度百科，https://baike.baidu.com/item/%E6%96%B0%E5%8A%A0%E5%9D%A1/145065?fr=aladdin#7_1，访问时间：2021 年 3 月 19 日。

运、贸易与金融中心，三者紧密结合、互联互通，使得香港特区从全球范围内不断吸引各类优质资源融入自身经济体系，从而保持巨大经济发展活力与国际竞争力，这也是香港特区的独特优势。① 新加坡、香港特区的成功经验无疑对优化广东营商环境具有借鉴意义。

# 一 广东与新加坡营商环境比较

在世界银行发布的《2020年全球营商环境报告》中，新加坡营商环境全球排名第2，总得分86.2。从十项指标的具体排名上看，新加坡在开办企业上排名第4（得分98.2），办理施工许可证排名第5（得分87.9），获得电力排名第19（得分91.8），登记财产排名第21（得分83.1），获得信贷排名第37（得分75），保护少数投资者排名第3（得分86），纳税排名第7（得分91.6），跨境贸易排名第47（得分89.6），执行合同排名第1（得分84.5），办理破产排名第27（得分74.3）。② 可见，新加坡在的开办企业、保护少数投资者、纳税、执行合同、办理施工许可证等多方面的表现均非常突出。

## （一）新加坡企业开办程序简便

开办企业指标主要衡量以下两个方面的内容，衡量在某个特定国家开办企业的难度：一是注册程序是否烦琐。在该项指标上表现优秀的国家，大多注册程序简单，相应花费的时间也更短；而该项指标表现有待提高的国家，大多注册程序复杂，花费的时间也更长。二是注册费用是否高昂，在该项指标上表现优秀的国家，大多注册费用收取标准透明，费用低廉；而该项指标表现有待提高的国家，大多注册费用收取标准不透明，费用高昂。

---

① 邢厚媛：《中国（上海）自由贸易试验区与中国香港、新加坡自由港政策比较及借鉴研究》，《科学发展》2014年第9期。
② 数据来源：《世界银行全球营商环境报告》，https://chinese.doingbusiness.org/zh/rankings，访问时间：2020年9月19日。

第三章　广东、新加坡、香港特区营商环境比较研究

在此方面，新加坡始终坚持"亲商"原则，持续推进商事登记便利化改革，持续努力简化注册程序、降低注册费用、放松实缴资本，最终实现开办企业便利化。从《2020年全球营商环境报告》来看，新加坡企业登记所需办理的程序数量为2个，企业耗时1.5天，开办企业成本指数为0.4，简单便捷企业注册程序和较低的费用是让大量的投资者进驻新加坡的重要吸引力。在新加坡，除少数特定行业在注册公司之前需要申请特别准证之外，注册公司只需要在会计与企业监管局（ACRA）上进行在线注册，1.5天即可完成，无最低实缴资本要求，注册费用也很低。近年来，新加坡还实施了多项商事改革，比如2018年新加坡政府免除了企业在提交政府表格时加盖公司印章的程序，免去了企业下载并打印文件、盖章与扫描文件再电邮给政府部门的烦琐过程。此外，新加坡政府在日常管理中不对经营活动过度约束。企业在新加坡完成注册后受到的日常监管均由法律预先做出规定，政府对企业经营情况的了解主要来自企业年报，不会过度监管。

综上，新加坡在开办企业指标中的表现确有多个亮点。相比之下，2019年发布的广东省营商环境（试评）中，广东省开办企业程序为4个，开办时间为4.46天，与新加坡相比还存在差距。

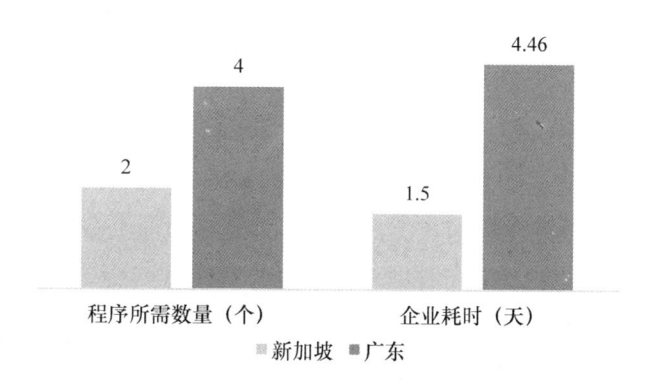

图 3-1　广东与新加坡"开办企业"便利化程度对比

## （二）新加坡办理施工许可证快捷

"办理施工许可证"领域的便利程度衡量的是企业建设一个工程需要办的所有手续及各项手续所需的时间和费用，以及建筑质量的控

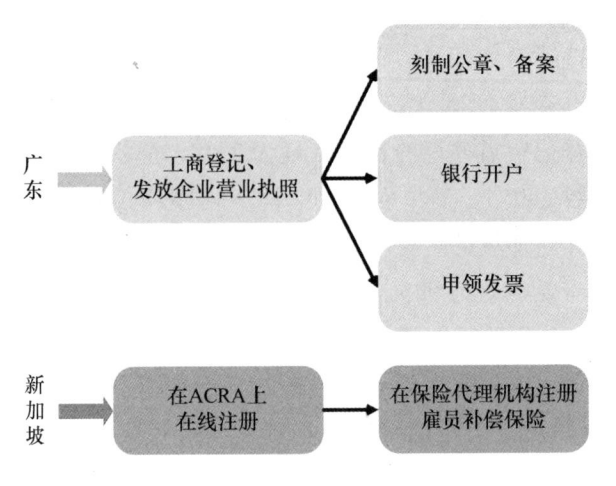

图 3-2 广东与新加坡开办企业流程对比

制情况。① 在办理施工许可证上，新加坡通过建立多部门联合审批的系统平台，极大简化了办理施工许可证的审批程序。在这个系统上土地开发商可以同时一次性提交土地管理局、建设局、资讯通信发展管理局、防火局等 16 个政府部门所需的全部材料，所有部门对材料的审核都在线上实现，对需要补充材料的提示也在线上完成，申请人一次性线上补正材料即可。从《2020 年全球营商环境报告》中可以看出，新加坡办理施工许可证平均只需要 35.5 天，且只需要 9 项程序。而广州市从 2020 年 8 月 1 日起以花都区为试点的"全程网办、一次申报、并联审批、同步发证"工作，审批部门仍需要 57 个工作日才能完成审批。与新加坡对比，广东在提高行政审批效率方面已经有了飞速的进步和发展，但还有进步的空间。

### （三）新加坡对少数投资者保障全面

为了科学评价对中小投资者的保护水平，可以采用设置指标方式。一般认为，有两个主题需要重点关注，一是发生利益冲突时持有

---

① 周清杰、朱倍其：《优化营商环境 京沪应该向香港和新加坡学什么》，《商业文化》2020 年第 8 期。

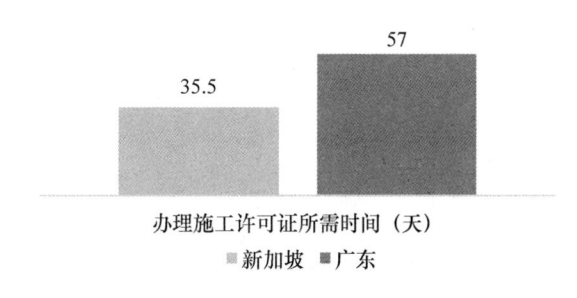

图 3-3　广东与新加坡办理施工许可证所需时间对比

小部分股东者的保护状况，二是股份持有者在公司治理中的权利状况，因而通常用两组指标分别对其进行衡量。现阶段，我国以"一体两翼"作为保护投资者的基本框架，联动证监会和其他单位并发动市场主体一并参与其中。① 从评价结果来看，新加坡的中小股东保护披露指数得到满分（10.0），股东诉讼便利度指数、董事责任指数均为9.0，在公司透明度指数、所有权和管理控制指数、股东权利指数都是5.0。与其对比，我国的保护中小股东披露指数也为满分，公司透明度指数、所有权与管理控制指数为6.0，股东权利指数、股东诉讼便利度指数为5.0，董事责任指数最低，为4.0。整体而言，我国除中小股东保护披露指数之外，其他指数还有较大的提升空间。

长久以来，新加坡持续关注中小投资者保护问题，产生诸多经验可供我国学习。例如，在上市公司主动退市方面，在新加坡需要有高达75%以上的赞成票才能主动退市，而且为了增强中小投资者在退市方面的决定权利，还会对否决票的比例加以考虑。在我国，中小投资者的数量在资本市场中占绝大多数，其维权渠道有限，整体上对其权益的保障程度不足。2018年5月，证监会创设中国投资者网，以"为广大中小投资者服务"为宗旨，为中小投资者提供一站式线上投资者服务，开展在线调解、投资者教育、投资者保护工作等，尤其突出的是还有智能问答、在线调解、网上行权与维权等特色，得到广大

---

① 代中现、曾宪慧：《粤港澳大湾区营商环境法治化建设存在的问题及对策》，《探求》2018年第6期。

投资者的积极评价。①

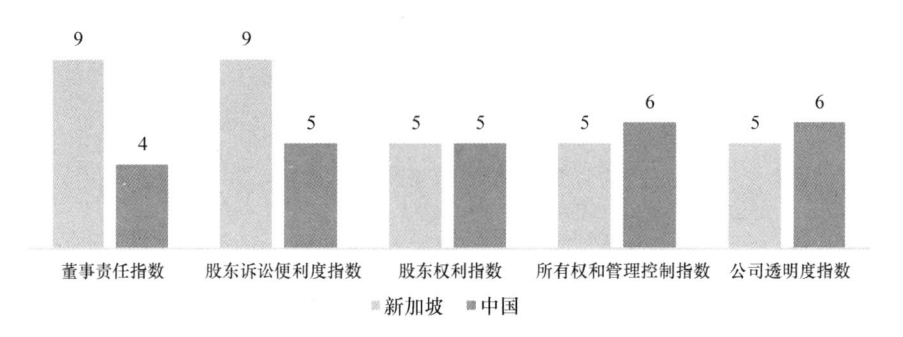

图 3-4 保护少数投资者情况对比

（柱状图数据：董事责任指数 新加坡9、中国4；股东诉讼便利度指数 新加坡9、中国5；股东权利指数 新加坡5、中国5；所有权和管理控制指数 新加坡5、中国6；公司透明度指数 新加坡5、中国6）

### （四）新加坡税收制度较为健全

纳税制度也是营商环境的重要部分，合理的税收有助于政府调控经济活动，为政府履行公共服务职能提供财政收入，税负过重则不利于企业的生存发展。在营商环境考察中，"纳税是在衡量一家中型企业在某一特定年份内必须缴纳的各种税项和强制性派款，也衡量因纳税与支付派款以及进行税后合规而产生的行政负担。税项和派款丰富全面，包括利润或企业所得税、雇主缴纳的社会派款和劳务税、财产税、财产转让税、股息红利税、资本收益税、金融交易税、垃圾税、车辆和道路税以及任何其他小额的税或费。"② 税收制度的考察因素包括税负程度、纳税便利度、征税透明度等，新加坡在税收制度方面所做努力使其营商环境在全世界范围内评价优秀。据《2020年全球营商环境报告》，新加坡税制优点表现在税负较低、结构合理等方面。新加坡主要税种有所得税、财产税、遗产税、印花税和关税等，种类较少、税制简明、法制程度高。③ 例如，内外资企业在新加坡的企业

---

① 代中现、曾宪慧：《粤港澳大湾区营商环境法治化建设存在的问题及对策》，《探求》2018年第6期。
② 代中现、曾宪慧：《粤港澳大湾区营商环境法治化建设存在的问题及对策》，《探求》2018年第6期。
③ 毛圣慧、王铁铮：《税收营商环境优化的国际经验借鉴及路径研究》，《河南师范大学学报》（哲学社会科学版）2020年第4期。

## 第三章 广东、新加坡、香港特区营商环境比较研究

所得税是统一的，包括依据新加坡的法律在新加坡当地设立的公司、外国公司在新加坡注册的公司，以及非在新加坡成立但有来自新加坡的应税收入的外国公司（不包括个人独资企业、合伙企业）。新加坡的公司税率较低，从 2010 年开始实行 17% 的税率，在税收优惠方面，所有公司在 30 万新币应税所得以内享有一定的优惠。普通公司头 1 万所得免征 75%，后 29 万则免征 50%；满足法律规定条件的，头 10 万免税，后 20 万免征 50%。同时，新加坡的关税政策也较为宽松，对进口商品基本免征关税，不包括石油、酒类、烟草和机动车等个别类别；国际运输、与进出口关联的运输、搬运、卸载和保险等服务实行零税率。①

对比新加坡税制，普遍认为我国涉税营商环境存在一些问题：其一，征税理念问题，当前税收征管仍以"管理"为本位，不符合"放管服"的改革趋势，亟待向"服务"转型；其二，税负问题，中小企业承担的税负过重，统计数据显示我国总税率、社会缴纳费率高达 62.6%；其三，信息化问题，税收的征管模式正在逐步优化，而税务信息化管理仍不够到位，与改革举措匹配度不够，相关信息共享机制也不够完善。我国这些年在税务方面的改革力度有目共睹，改革总体布局以强化税务管理为主线，以合理减轻企业负担为落脚点，以健全税务信息系统为支撑，并以防范、化解涉税执法风险为保障，大大助力营商环境的提升。②

近年来，我国营商环境得到较为明显的改善，接连两年被评为世界范围内营商环境提升幅度最高的十大经济体之一。《2020 年全球营商环境报告》显示，我国总体评价排全球第 31 位，取得历年最好成绩，营商环境优化效果显著。然而，指标中"纳税"一项排名最为靠后，虽与 2019 年相比有小幅进步，但仍是营商环境中的弱项，仅提

---

① 杨明、赵明辉、原峰、杨伦庆：《香港新加坡自由港政策分析》，《新经济》2019 年第 4 期。
② 代中现、曾宪慧：《粤港澳大湾区营商环境法治化建设存在的问题及对策》，《探求》2018 年第 6 期。

升了9名。① 广东对此应加以重视,可从提高纳税便民程度等方面入手,探索更多新的改革举措。

### (五) 新加坡合同执行名列前茅

在世界银行的《全球营商环境报告》中,"执行合同"指标主要用来评估商业纠纷通过司法处理时,需要耗费的时间与经济成本、司法程序的效率等方面,具体考察纠纷解决的耗时、与诉讼相关费用占被告赔偿数额的比例、法院的结构、诉讼程序的完善程度等。在这个指标上,新加坡排名位列全球第1,我国排名第5与新加坡差距不大,在成本方面的表现优于新加坡,司法程序质量指数略高于新加坡,但纠纷解决耗时几乎是新加坡的3倍,仍需寻找突破点缩短纠纷解决周期问题。

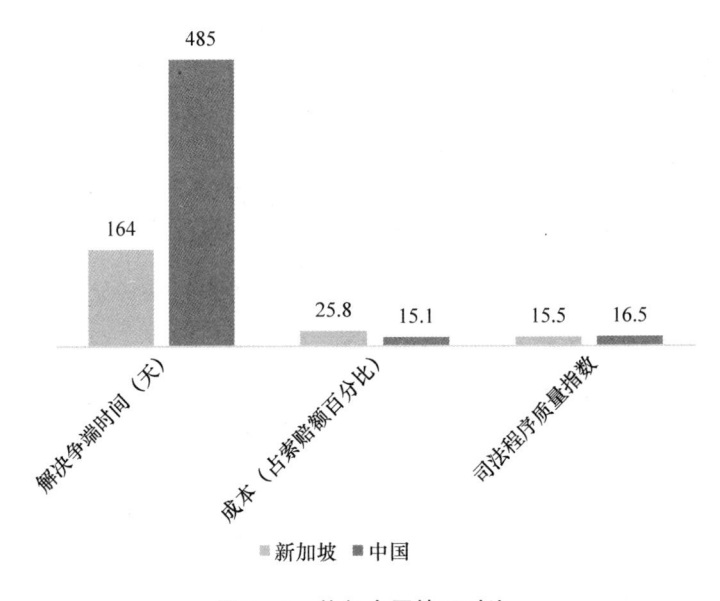

图 3-5 执行合同情况对比

---

① 毛圣慧、王铁铮:《税收营商环境优化的国际经验借鉴及路径研究》,《河南师范大学学报》(哲学社会科学版) 2020 年第 4 期。

## 二 广东与香港特区营商环境比较

经过近两百年的发展，中国香港从传统转口贸易港逐渐发展成为经济结构丰富多元的自由港。中国香港充分利用发达国家将劳动密集型产业向海外转移的良机，将发展战略定位为以出口为主的外向型，加大工业经济的培育、发展力度，为工业化进程提速，经济呈现迅猛的发展态势。20世纪80年代开始，中国内地实行改革开放，经济也随之快速增长。当时，中国香港是内地与世界进行贸易的主要窗口，在把附加值低的产业转移至内地后，中国香港专注于推动服务业的专业化和国际化，渐渐成为国际知名的服务贸易中心。20世纪90年代回归祖国后，香港特区背靠经济快速发展的祖国大陆，通过取消银行禁令和允许外国银行进入等举措，在短短十多年内成为全球第三大国际金融中心。与此同时，香港特区持续巩固、健全自由港制度，一举成为全球最重要的国际贸易与航运中心之一。

《2020年全球营商环境报告》中，香港特区营商环境的总得分85.3，综合排名全球第2。从十项指标的具体排名上看，香港特区在开办企业上排名第5（得分98.2），办理施工许可证排名第1（得分93.5），获得电力排名第3（得分99.3），登记财产排名第51（得分73.6），获得信贷排名第37（得分75），保护少数投资者排名第7（得分84），纳税排名第2（得分99.7），跨境贸易排名第29（得分95），执行合同排名第31（得分69.1），办理破产排名第45（得分65.7）。① 可见，香港特区在开办企业、办理施工许可、税收等方面表现突出。

### （一）香港特区开办企业便利化程度高

在开办企业方面，香港特区政府实行积极的不干预政策，给了市

---

① 数据来源：《世界银行全球营商环境报告》，https://chinese.doingbusiness.org/zh/data/exploreeconomies/hong-kong-china，访问时间：2020年9月19日。

场充分的自由。在《2020年全球营商环境报告》中，香港特区企业登记所需办理的程序数量为2个，企业耗时1.5天，开办企业成本指数为0.5。相比之下，香港特区企业的准入便利度与新加坡相当，成本相较新加坡略高。香港特区开办企业的便利度主要体现在以下几个方面。

1. 企业注册程序便捷。在香港特区，通过两步即可申请公司执照。第一步是前往公司注册处或者在注册中心网站上查核拟用公司名能否使用。第二步是提交电子版或纸质版的成立公司有关文件，并支付费用。在网站上申请的，通常1小时内审核完毕并发放"公司注册证书""商业登记书"；在现场申请的，通常需要4个工作日发放证书。① 完成注册后，需要签订职工保险、强制性公积金。香港特区完成企业注册后领取到的"公司注册证书"相当于内地的营业执照，"商业登记书"相当于税务登记证。相比之下，广东的企业注册登记虽然也逐步实现全程电子化，但是企业注册设立的营业执照和税务登记是分开的，企业在完成登记注册的四个步骤之后，还需要另外申请办理税务登记，这对于企业来说办事便利程度还有待提升。

2. 企业注册门槛较低。香港特区法律对企业注册资本的限制较少，没有最低注册资本的要求，仅需缴纳0.1%厘印税，免去验资环节，也不要求资金到账。"公司成立后也可以任意地增加注册资本，但前提是必须召开股东大会，并通过增加注册资本的决议案，然后把决议案连同填好的指定格式的表格，以及适当的费用一并递交予香港特区公司注册处"。② 与香港特区对比，广东的市场准入便利度还有较大提升空间。

### （二）香港特区办理施工许可证效率高

《2020年全球营商环境报告》中显示香港特区新建仓库所需办理

---

① 香港投资推广署：《如何在港开设公司》，https://www.investhk.gov.hk/zh-cn/setting-hong-kong/company-name-and-structure.html，访问时间：2020年9月19日。
② 邢厚媛：《中国（上海）自由贸易试验区与中国香港、新加坡自由港政策比较及借鉴研究》，《科学发展》2014年第9期。

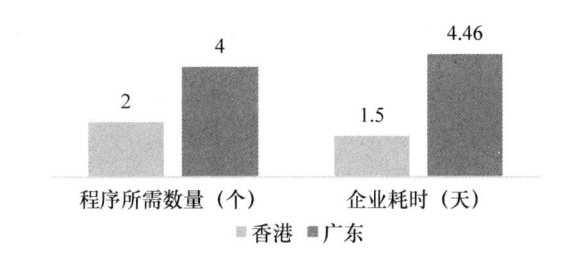

第三章　广东、新加坡、香港特区营商环境比较研究　　69

```
       2        4              1.5      4.46
  程序所需数量（个）         企业耗时（天）
         ■ 香港  ■ 广东
```

图 3-6　广东与香港特区"开办企业"便利化程度对比

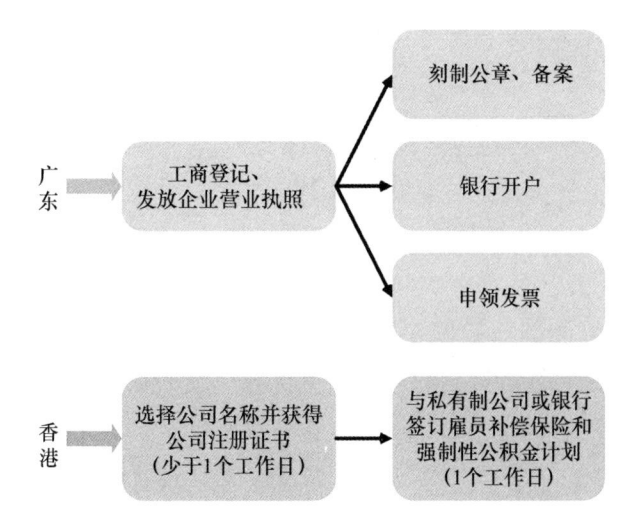

```
广东 → 工商登记、发放企业营业执照 → 刻制公章、备案
                              → 银行开户
                              → 申领发票

香港 → 选择公司名称并获得公司注册证书（少于1个工作日）→ 与私有制公司或银行签订雇员补偿保险和强制性公积金计划（1个工作日）
```

图 3-7　广东与香港特区开办企业流程对比

的程序总数为 8 个，时间为 69 天，成本为 0.3%，建筑质量控制指标为 15（满分）。办理施工许可证是开办企业所涉各类许可证申请程序中最为复杂的一项。对此，香港特区建立了货仓建筑牌照中心，为投资者提供一站式服务。该中心主要功能是整合部门、企业职责，与建筑相关的申请只需向其提出即可，整合前需要向 6 个政府机关、2 个私营公用事业企业（供电、电话）提出。同时，在检查监督方面，货仓建筑牌照中心还对这些部门和企业进行协调，联合开展建筑方面的检查。①

---

①　陈晓玲：《香港营商环境现状评价及经验借鉴》，《广东经济》2019 年第 5 期。

在我国内地，建设一个简易仓库的办理建筑许可需要经历 18 项手续，耗时约为 93—125.5 天，成本为 113580 元。对比之下虽然我国在营商环境中办理施工许可证方面的排名有所上升，但是与香港特区对比还有一定的差距。广东为提高企业办理施工许可证的效率也在不断做出努力，比如广州实行网络一站式审批，建立了广州市工程建设项目联合审批平台，主要适用于一些风险较低的工程项目。企业可通过这个平台办理相关许可，有关部门不能另行提出使用其他网站、到实体窗口申报等要求。企业可选择审批结果的获取方式，如自行下载、邮寄送达等。

**（三）香港特区对少数投资者保障有力**

《2020 年全球营商环境报告》中，在保护少数投资者方面，香港特区得到 84 分，排第 7 位，跨入全球前十之列。我国内地在这方面的得分为 72 分，虽然比 2019 年的评分高了整整 10 分，全球排名第 28，但这并不能遮掩我国在该领域建树不足的事实。从上述角度出发，法治化是香港特区营商环境取得优异成绩的重要原因之一，我们应当学习香港特区完善的立法、监管和执法机制，首先适时对《公司法》《证券法》等法律、法规进行修改，尤其是要注重强化对证券交易行为的监管、完善证券投资者保护基金的运作以及立法和司法之间的协同保护等。对于具体的个案，应当强调法院在审查过程中，要特别注意适用已有的法律法规和部门规章，尤其是注意《最高人民法院关于适用〈中华人民共和国公司法〉若干问题的规定（五）》中的最新规定。法官在对该类案件进行审查时，要把握好倾斜保护少数投资者利益规定的尺度，应该基于公司整体利益和市场资源配置角度，正确理解保护少数投资者的法律内涵，平衡各方利益关系，发挥良性的社会效应，要注意如何促使控股股东积极履行诚实信用的法律义务的同时防止少数投资者滥用诉权的情况发生。这些无不考验着当地法院和法官的司法实践经验和智慧。广东作为中国经济总量最大的省份，金融证券交易水平处于全国前列，应当进一步提升投资者保障的司法审查水平和能力。

### (四) 香港特区税收优惠政策吸引力强

在全球化竞争下,税负水平对企业的盈利空间有重要作用,税收优惠政策的科学性与透明度是吸引投资的重要方式。"以系统、科学、透明为特征的税收优惠政策,尤其公开透明的普惠和赋税减免条件,是吸引投资和就业的有效手段。""香港税种少、税率低,企业所得税为在港盈利的16.5%。"① 香港特区这方面的优势使其成为国际知名跨国公司聚集地。

《2020年全球营商环境报告》显示,香港特区纳税单项以年纳税3次、35小时、总税率和社会缴纳费率(占利润百分比)21.9%,报税后流程指标98.9,综合排名第2,香港特区的税制使其在投资方面具有较强的吸引力。一方面,香港特区实行单一的所得来源地税收管辖原则,征税范围较窄,主要包括来源于或者被推定来源于香港特区的所得。同时,作为自由贸易港,香港特区采取零关税政策,除酒类、烟草、碳氢油类和甲醇四类商品外,普通进出口货物无须缴纳关税。另一方面,香港特区税种少、税率低,直接税以利得税、薪俸税和物业税为主,不征收营业税、增值税,股利息、资本性收益、离岸收入等无须缴税。

在简单税制和低税率的基础上,2017年利得税的降低、研发开支免税额的提高两项新优惠和一以贯之的自由贸易政策,进一步扩大了税收政策的优势,提升了营商效率。香港特区和新加坡在纳税方面的特点一样,都主要体现在税基窄、税种少、税法简单。2018年4月,香港特区对税率进行调整,企业首200万港币盈利的税率由16.5%减半至8.25%,除此之外不需承担其他税负,中小企业流动资金压力大大降低。②

---

① 杭州市发改委课题组:《建设国际一流营商环境的六个路径》,《杭州(周刊)》2019年第16期。

② 王洋:《香港:创造全球优质营商环境》,《中国建设信息化》2019年第5期。

## 三 经验与启示

### (一) 新加坡营商环境建设经验

新加坡是国际一流自贸港,在优良营商环境的打造方面一直不遗余力,其成效也受到国际社会的普遍肯定,在世界银行发布的营商环境报告中屡屡名列前茅。对新加坡的制度与经验加以学习、吸收,能为广东探索出适合本土特点营商环境优化之道提供重要借鉴、参考。

1. 高度的法治化营商环境。营商环境与市场主体的经营活动息息相关,区域间经济发展潜力的竞争某种程度上就是营商环境的竞争,其涉及税收、公共服务、法律制度等方面,其中法治建设是营商环境中的核心部分。[①] 高度的法治化营商环境是新加坡在世界营商环境评价中取得"保护少数投资者"指数满分,税收环境优良,合同纠纷解决成本低、时间短、质量高等优异表现的重要原因。在英国法的影响下,新加坡建立了较为完整的法律体系。《自由贸易区法案》(Free Trade Zones Act)是新加坡经济领域的重要成文法,涵盖了自贸区的定位与功能、管理与监管体系、优惠制度等内容,在税收减免、投资政策、劳动制度方面有较大的优惠力度。同时,新加坡在行政管理与执法监管方面泾渭分明,通常是执法机构依法对市场主体进行监管,发现违法行为的及时追究其责任,没有对市场主体进行常规性的工商、环保、卫生等行政管理。新加坡完善的营商环境法治化体系主要体现在两个方面。

(1) 健全的商业法规体系。新加坡本身就是一个高度法治化的国家,目前共有500余项法令和近6000项附属法例。新加坡的商业法规体系可以分为七大体系,主要包括:商品贸易法规体系,如《竞争法》《商务法》《商品交易法》等;投资准入法规体系,如《公司法》

---

① 参见袁莉《新时代营商环境法治化建设研究:现状评估与优化路径》,《学习与探索》2018年第11期。

《银行法》《金融公司法》等;税收法规体系,如《商品和服务税法》《工资税法》《所得税法》《财产税法》《费用(物业税)令》等;人才引进法规体系,如《移民法案》《雇佣法案》《外国人力雇佣法案》等;自由贸易区法规体系,如《自由贸易区法》《自由贸易区条例》《自由贸易区(制造)法规》等;优惠政策框架,如《公司所得税法案》《经济扩展法案》等;优惠政策框架,如《防止贪污法令》《竞争(上诉)条例》等。新加坡知识产权法律保护体系由《版权法》《商标法案》《专利法案》等法律组成,被誉为拥有全球最为完善的知识产权法律体系的国家之一,知识产权保护水平高居世界前列。可见,新加坡在商务领域的不同环节均有相应的法律法规进行引导和规制。总的来说,新加坡有着较为完整的经济法律法规体系,且这些法律法规大多采用了国际规则,这为新加坡优良的营商环境提供了强有力的法治保障。此外,新加坡政府还重视法规与经济社会发展变化的适应性,早在2002年就设立了法规审查小组,后经逐步改革成为"精明监管委员会",公共部门执行的法规都要在每三到五年接受相关审查,从而确保法规能较好地与市场发展的新需求兼容,为营商环境保驾护航。

(2)完善的商务纠纷多元化解决机制。新加坡商事纠纷解决机制由司法诉讼、仲裁、调解和行政救济等构成。在商事实践中,诉讼和行政救济往往带来高昂的时间成本,因此仲裁和调解依然是优先选择的纠纷解决机制。在仲裁领域,新加坡仲裁的主要法律有:第10号法案《仲裁法》、第143A号法案《国际仲裁法》。新加坡仲裁机构主要包括:新加坡国际仲裁中心(SIAC)、新加坡海事仲裁院(SCMA)、麦克斯韦多元纠纷解决中心等。除了仲裁机构类型丰富外,机构间的联动也为纠纷当事人提供多元化选择。新加坡国际仲裁中心和新加坡国际调解中心(SIMC)联手提供仲裁与调解结合服务,形成"仲裁—调解—仲裁"机制。首先,当事人在新加坡国际仲裁中心启动程序后,可将仲裁暂停并通过新加坡国际调解中心调解纠纷。如纠纷能成功调解,新加坡国际仲裁中心可依据当事人达成的和解协议做出仲裁裁决,裁决可在《纽约公约》160多个签署国中得到承认、执行；如不能调解，仲裁程序将重新启动。在调解领域，新加坡主要依据的是《新加坡调解法案》，该文件对适用范围、通讯的保密性、强制执行力、外国律师参与等方面做出更具体的规定。为了解决"和解无用"的难题，法案规定当事人可以将经过调解的和解协议提交至法院，将其记录为法院命令（order of court），该命令具有强制执行力。此外，为了更好地适应国际贸易需要，该法案还放宽了对外国律师和调解员资格的限制，明确了外籍法律人员可以参与其中，并在特定情形下不受新加坡对律师资格的相关约束。新加坡重视建设仲裁和调解等制度，凭借着制度的灵活性、高效性助力新加坡的营商环境优化。[①]

2. 高效的现代化政务服务体系。新加坡开办企业、办理施工许可证等各项政务服务体现出来的高效率、高水平、高质量，是新加坡高效的现代化政务服务体系发挥作用的表现，也是其营商环境享誉全球的重要原因。新加坡是国际航运中心，其自贸港政务服务质量处于全球领先水平，这也是其营商环境优越的重要基础。新加坡自贸港区以先进的信息技术为基础，对贸易监管模式进行创新，在无须海关监管的前提下，海外与本地货物可在自贸港内流通。一方面，新加坡对通关程序进行全面简化，境外商品入关时报关人员在 Trade Net 贸易网络系统上进行操作，一刻钟即可完成清关手续。同时，可通过 Port Net 系统预约舱位和船只进出港服务，仅需半分钟左右集装箱即可通过大门。另一方面，在行政部门联动机制上，新加坡通过信息系统促进商品信息在相关部门间的共享，大大提高行政部门的监管效率，实现对港口的全面信息化管理。[②]

近年来，新加坡大力推动电子政务、数字政府的建设，已经成为电子政务和数字化政务服务的领先者。新加坡电子政务的建设紧紧围绕着"整体政府"的理念，公众可以通过登录政府网站即可轻易地办理所需事项，轻松享受上千项线上服务。同时，政府还提供"统一邮

---

[①] 参见黄一文、王婕《新加坡商事调解制度的发展及其启示》，《商事仲裁与调解》2020年第3期。

[②] 参见杨继瑞、周莉《优化营商环境：国际经验借鉴与中国路径抉择》，《新视野》2019年第1期。

箱""统一服务""统一信息"等服务，公众通过一个邮箱就可以收到来自政府所有部门发送的电子邮件，通过一个手机应用程序就可以办理社区事务；信息的统一使得政务系统中民众的信息、证明资料等都能得到保存，在申请各类在线服务的时候可以随时调用。此外，新加坡还在2013年开始实施了《个人资料保护法令》，这一系列的措施都使得民众的个人隐私和信息安全能得到有效的保护。在数字政府建设上，新加坡政府正在努力实现数字政府均等化建设，如通过设置"公民联络中心"，为残疾人、老年人和低收入群体免费提供政府网上服务。

3. 营商环境建设中的政府指引。中小企业的健康发展能为国家经济发展带来强大的驱动力，但是中小企业在发展过程中，也具有由于自身规模小、实力弱而导致抗风险能力差的通病，特别是2020年新型冠状病毒肺炎疫情暴发以来，如何扶持企业尤其是中小企业的生存和发展，提高其抗风险的能力，实现疫情后"营商环境再出发"，考验着每个国家政府的智慧。在此方面，新加坡有着自己的成功经验，主要体现在：

（1）注重引导性政策鼓励和支持。新加坡在优化营商环境方面，特别是扶持中小企业方面，更多的是采取税收优惠、现金补贴、信贷支持等引导性的政策进行鼓励和支持。新加坡给企业的补贴力度很大，可以高达80%，政府会以现金补贴的方式鼓励和支持企业提高生产力、创新或者开拓海外市场；在银行信贷方面，新加坡政府承担了企业在贸易融资、固定资产融资、营运资金以及并购等方面70%的银行贷款风险。新冠疫情之后，新加坡更是注重充分运用各种引导性政策，在今年商业活动几乎停摆的1月份至4月份之间就一共吸引到了130亿美元的投资承诺，远超往年全年的总额（一般是100亿美元左右）。在引导性政策下，新加坡企业新的投资方向主要集中在了电子制造、电子商务和高科技领域，形成新的产业集群，在振兴新加坡经济的同时，还为民众提供了更多的就业机会。

（2）运用政策指引积极推进企业国际化发展。在新加坡，政府经济推动企业国际化发展。企业用于拓展海外市场的费用可以享受

200%的税务减免,这些费用包含了海外考察、贸易展览、市场调查等各项开支。

(3)运用政策鼓励创新与转型——协同作战。整合资源,为调动政府部门、企业、行业协会的力量,新加坡制定了23个产业转型蓝图,使各方力量能够朝着共同的目标努力。

(4)主动采用数码科技。新加坡政府鼓励中小企业采取数码科技,通过提供津贴、税务优惠和贷款支持,抵消了企业大规模实行自动化、数码化的费用。疫情期间,为帮助企业渡过难关,新加坡先后推出了名为"团结""韧性""同舟共济""坚毅向前"四个用于抗击疫情的财政预算案,总投入929亿新元,相当于人民币4700多亿元。在执行方面,新加坡成立了"越战越勇工作小组",为企业提供符合实际需求的协助。

**(二)香港特区营商环境建设经验**

作为自由贸易港,营商环境排名世界前列的香港特区,下列经验值得广东借鉴。

1. 良好的法治环境。香港特区的司法体制较为健全,有着成熟的国际商事纠纷解决程序,对经济的发展起到了关键性的推动作用。可以说,香港特区优秀的营商环境离不开其良好的法治环境,完备的经济立法为香港特区发展提供充分的法治保障。[①] 香港特区在贸易方面的立法涵盖了投资、贸易、税务、金融监管、劳动保护、知识产权保护、通航自由等多个方面,使得经济贸易行为均能有法可依,同时香港特区有着一大批专业性高、国际化水平高的法律服务人才,能够为企业的商事法律活动提供高水平的法律服务。英美法系的传统也确保香港特区的判例法及时适应经济的变化而调整、发展。此外,香港特区政府还通过精明规管计划等不断地检讨有关的政策、法例和程序,以更好地适应国际发展的趋势,更好地管理和保障各方权益。

---

① 毛圣慧、王铁铮:《税收营商环境优化的国际经验借鉴及路径研究》,《河南师范大学学报》(哲学社会科学版)2020年第4期。

近年来，广东省在营商环境法治保障方面同样也不遗余力。2007年，《广东省促进中小企业发展条例》出台，为中小企业的发展壮大奠定基础。2012年，广东省制定了《建设法治化国际化营商环境五年行动计划》，为营商环境的全面提升进行总体布局。同年，广州仲裁委员会设立南沙国际仲裁中心对仲裁制度进行革新，当事人可以选择仲裁的语言、规则、仲裁员、地点，让港澳甚至是国外仲裁员进行仲裁，地点也不限于中国内地。① 深圳作为中国特色社会主义法治示范区，在前海对香港特区法律的适用进行探索与尝试，以实现营商环境的进一步法治化。

目前，前海法院主要受理涉外、涉港澳台案件，这些案件的当事人多数倾向于选择适用香港特区法律。前海法院的创新型举措极大地增强了香港籍、外籍当事人在前海投资创业的法治信心。为更好地满足港澳市场主体的现实需求，建立深圳和香港特区间的法律合作关系。前海不断完善公正高效的涉外、涉港澳台案件诉讼制度，打造具有高度公信力的司法形象，从目前来看取得了很好的效果，极大地保障和优化了前海的营商环境。如今，粤港澳大湾区的建设如火如荼地全面展开，优化粤港澳大湾区的营商环境，绝对离不开法治的保障。广东省作为粤港澳大湾区营商环境的重要主体之一，是带动区域发展的重要一极，前海经验的实践表明英美法系在我国商事贸易活动中也存在着很大的适用可能性，可以考虑进一步总结前海经验，将其适用到全省，进一步地吸引港商、外商到广东投资创业，为广东经济发展提供新的发展动能，带动更多的就业机会。

2. 浓厚的方便营商文化。在世界银行的营商环境评价指标中，虽然香港特区在开办企业、办理施工许可、获得电力等方面所需手续不是最简单的，但是其营商便利度和质量控制都做得很好，香港特区政府在2007年制定的"精明规管"计划功不可没。这项计划针对香港特区政府的监管流程进行调整优化，牵涉近30个部门，设有专职机

---

① 代中现、曾宪慧：《粤港澳大湾区营商环境法治化建设存在的问题及对策》，《探求》2018年第6期。

构负责营商工作，主要措施在于简化办事程序、提高工作效率、降低市场成本。"精明规管"计划会对所涉监管措施及其替代方案进行分析，研究所有的合规成本，对监管的影响进行跟进、追踪，发布更加清楚、简明的办事规则，并定期进行审查评估。① 2019—2020年，参与"精明规管"计划的决策局和部门共制定了145项方便营商的措施，其中包括改善执照申请指引54项、精简流程34项、应用信息科技33项、更新精明规管要求17项、加强支援服务8项。② 目前，香港特区已经完成道路挖掘、物业发展、食肆露天座位、游乐场等证照申请的改革，平均缩短办事时长20%—60%。"精明规管"的营商环境氛围，为企业的创立和发展提供了诸多便利，激发了市场活力，促进经济发展。此外，香港特区政府专门成立了营商联络小组，为市场利益相关主体与政府之间提供交流平台，表达自身合理诉求，也为政府改进工作提供方向。

3. 完善的政务服务体系。政务服务的效率和质量，历来是影响一国或者一地区营商环境便利度的重要指标。香港特区作为国际一流的贸易中心，在2020年全球营商环境评价中排名第三，与其完善的政务服务体系密不可分。香港特区政务服务体系的完善，主要体现在：一方面，政务服务的均等化。香港特区的企业优惠措施具有普适性，对内地或境外在香港特区注册的企业都能适用，因而能吸引大量企业在港营商。另一方面，政务服务的全面化。香港特区政府不断提升自身政务服务的能力与水平，多方面考虑企业的实际需求。例如，香港特区投资署在为投资者提供投资服务的时候，会结合市场环境的实际情况，帮助企业更加便利地在港创办和运营，比如推荐适格的会计、法律、人力等方面服务的供应商，协助企业联络政府部门，办理相关营业证照、工作签证等事务。

法治政府、服务型政府目前已经成为我国政府职能转变的重要理念和社会共识，但是在落实上还存在一些问题，影响了我国营商环境

---

① 罗黎平：《如何借鉴香港特区优化营商环境之道》，《湖南日报》2019年2月19日第10版。

② 数据来源：香港政府一站通，http://www.gov.hk，访问时间：2020年9月19日。

的优化。比如"简政放权在中央政府层面虽已启动并进展迅速,但在地方政府层面仍然存在明放暗不放,执行打折扣等现象,加上个别管理人员的权力寻租使法治化国际化的营商环境建设进展缓慢"。① 另外,个别政府办事部门存在办事效率不高的情况,比如广东建立了政务服务平台,公民可以随时登录查询办事流程,甚至是直接网上递交文件办理即可,无须多次往返政府部门。但是在实践中,同一事项在不同的地级市办理,政务服务水平差距明显,个别地市虽然在政务服务系统上列明了办事材料清单且明确对材料格式有所要求,但却未能提供相应电子模板,公民办事时只能来回往返于政府部门,实地进行办理和咨询。可见,我国地方政府在政务服务上的服务意识还不够强烈,未能从企业办事的实际角度进行思考,使得电子政务服务的作用大打折扣,因而广东在优化营商环境中也要警惕地方政府服务意识和水平不够的情况,学习香港特区在办理施工许可证、开办企业等各项政务服务中的先进做法和经验,进一步提升自身的政务服务水平。

---

① 董彪、李仁玉:《我国法治化国际化营商环境建设研究——基于〈营商环境报告〉的分析》,《商业经济研究》2016 年第 13 期。

# 第四章　广东、北京、上海营商环境比较研究

根据世界银行发布的《2020年全球营商环境报告》，在全球190个经济体中，我国排名跃居第31位，相比上一年度报告提高15位，连续第二年跻身"十大营商环境进步最快"名单。世界银行在分析某个经济体的营商环境时，通常选择该经济体的主要城市作为研究对象，从十个维度进行评价。世行在我国选取了上海（55%的权重）和北京（45%的权重）作为样本城市，参与全球排名。可以说，世行对中国的积极评价，也可以被视为是对北京和上海的肯定。广东、北京、上海营商环境的比较，将为进一步优化广东营商环境提供经验借鉴和实践样本。

## 一　广东与北京、上海营商环境的具体比较

作为首善之区，北京市认真贯彻落实"北京等特大城市要率先加大营商环境改革力度"的要求，深化"放管服"改革，围绕企业、群众诉求，聚焦重点领域、关键环节，推出一系列具有开创性和影响力的改革，减轻企业负担，激发市场活力，助力首都高质量发展。"十三五"期间，北京市出台了优化营商环境率先行动改革实施方案和三年行动计划，先后出台优化营商环境1.0、2.0、3.0、4.0版系列政策，其中，1.0版主要聚焦"减环节、减时间、减成本，增加透明度"；2.0版扩展到"减流程、优服务、降成本、强监管"4个方

面；3.0版强化商事制度改革、知识产权保护、司法保障；4.0版以坚决清除隐性壁垒、优化再造审批流程、加强事中事后监管和加快数字政府建设为重点。2021年8月20日，北京市人民政府印发了《北京市"十四五"时期优化营商环境规划》（以下简称《规划》），在"十三五"取得重大成就的基础上，进一步提出了"1+4+5"的目标体系，即全面建成与首都功能发展需要相一致的国际一流营商环境高地；打造"北京效率""北京服务""北京标准""北京诚信"4大品牌；实施市场环境、法治环境、投资贸易环境、政务服务环境、人文环境五大环境领跑行动。

2018年以来，上海市先后展开优化营商环境对标改革行动计划，先后出台了70多部专项改革政策和配套文件，共计推出286项针对性改革措施。上海坚持以办事便利为核心，以市场主体获得感为评价标准，以"一网通办"为抓手，践行"有求必应、无事不扰"的服务理念。一方面，通过开发、上线新的办事系统，提高政务服务的线上办理能力；另一方面，通过整合现有行政资源，对审批流程进行重新设计，畅通企业办事流程，大幅压减办事的时间、费用、材料、环节。上海在开办企业、获得电力、施工许可、跨境贸易、登记财产等方面对办事流程进行简化，将中间办事环节平均压缩了41%，办事时间平均压缩了59%，助力我国在全球190个参评经济体中名列第31位[1]，上海执行合同、获得电力等指标已达世界先进水平。

## （一）开办企业全程网上办，北京、上海企业开办时间更短

为了将北京建设成国际一流营商高地，北京市通过建立"问题清单+高位调度+督查整改"的模式，先后滚动出台优化营商环境1.0、2.0、3.0、4.0版系列政策，多创新、高强度、全方位地推出一系列改革举措。北京市积极拓展线上线下政务服务渠道，通过构建优化"e窗通"平台，助力更多政务服务事项网上办、轻松办、移动

---

[1] 数据来源：国家发展和改革委员会：《上海优化营商环境的国际对标分析》，https://www.ndrc.gov.cn/fggz/fgfg/dfxx/202107/t20210703_1285383.html，访问时间：2020年10月7日。

办、自助办，不断提升网上政务服务能力，为企业、群众提供办事便利。企业可以在平台上获得"一站式""零见面"的办事体验，完成开办企业申领营业执照、刻制印章、申领发票、用工信息登记、预约开通银行账户等多项服务。北京积极推广营业执照、印章、发票"三大件"的电子化，并出台政策助力其实现跨部门、跨行业、跨区域互认。目前，北京市的网上政务服务能力走在全国前列，网上可办率达到97%以上，电子营业执照下载用户及应用量居全国首。纳税人可在"e窗通"平台上申请开办企业，经工作人员线上审批合格之后，纳税人可选择现场领取或邮寄章证。企业开办完成后，无须领取法人一证通等CA证书，凭电子营业执照即可办理后续税务、社保、公积金、银行等开办企业事项。此外，市场监督管理局和公安局对刻制公章和公章备案流程再整合，通过前台"一窗受理"，后台"数据交换"，实现刻制公章与申请营业执照两个环节合并办理，营业执照、公章一起发放。纳税人可在提交申请后1天内领齐营业执照、公章、税控器和发票。

上海市依托政务服务平台，建立"一窗通"服务平台，为创业者打造数字化的"一站式"服务，将多个职能部门分管的企业开办涉及的业务转换成企业视角下的"一件事"，集成于"一窗通"政务服务平台，从而减少企业开办环节，打造创业者在一天内通过一个环节支付零费用的"110"上海企业开办模式。申请人仅需以一张表格申请开办企业，即可实现税务、市场监管、人力资源、社会保障等多个部门同步采集数据、并联办理业务、实时共享结果，让企业"少跑"甚至是"不跑"即可一站式办理营业执照、公章、税务、员工就业参保登记、银行开户等事项[1]，企业最快可在一天后获得纸质版营业执照、免费的实物印章、发票和税务UKey。

2018年11月，广东"开办企业一窗受理"系统上线运行，全链条开办企业办理时间从2017年的15.7日压缩至5个工作日内，效率

---

[1] 数据来源：上海市企业服务云：《厉害了！上海这些优化营商环境的典型做法将全国推广》，http://ssme.sheitc.sh.gov.cn/public/news!loadNewsDetail.do?id=2c91c29c6d43c682016d4c7687fc017a，访问时间：2021年10月6日。

有了极大提高。2019 年,广东省发改委印发《广东省进一步深化营商环境改革 2019 年工作要点》提出,广东要进一步压减企业开办时间,设置了 3 个工作日内完成商事登记、印章刻制、申领发票全流程。虽然广东省开办企业需要经过企业设立登记、印章刻制、申领发票三个步骤,手续从 13 道压缩为 3 道,办理时间从 15.7 天压减到 3 天内,政府实现零收费,成本仅刻章约 300 元,但是在企业开办时间方面与北京、上海相比依然存在差距,广东省企业开办时间和程序有进一步优化提升的空间。

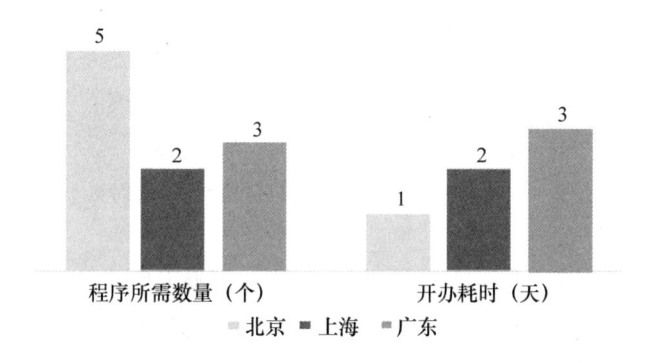

图 4-1 广东与北京、上海开办企业便利化程度对比

### (二) 北京、上海办理施工许可手续更便捷

根据 2019 年世行发布的营商环境报告,北京市办理建筑许可指标的环节共 22 个,时限为 137.5 天,成本占比为 3.7%,建筑质量控制指数得分为 10 分。为继续优化完善办理建筑许可流程,减少中间环节、减时限、降成本、控质量,北京市推出了优化营商环境"9+N"政策 2.0 版,通过政务公开和电子政务服务,提高城乡规划的社会知晓度,简化社会投资项目立项备案手续,取消社会投资项目的建设工程规划条件,豁免小型项目的立项备案。北京市充分发挥多规合一协同平台,按照审批分离原则,将审批人员派驻综合窗口,将审批监管系统内建设工程规划许可证的办理时限压缩至最多 11 个工作日。北京自 2019 年 3 月 15 日印发《关于推行建筑工程施工许可证网上审批的通知》起,建设单位申请办理建筑工程施工许可证无须到政务服

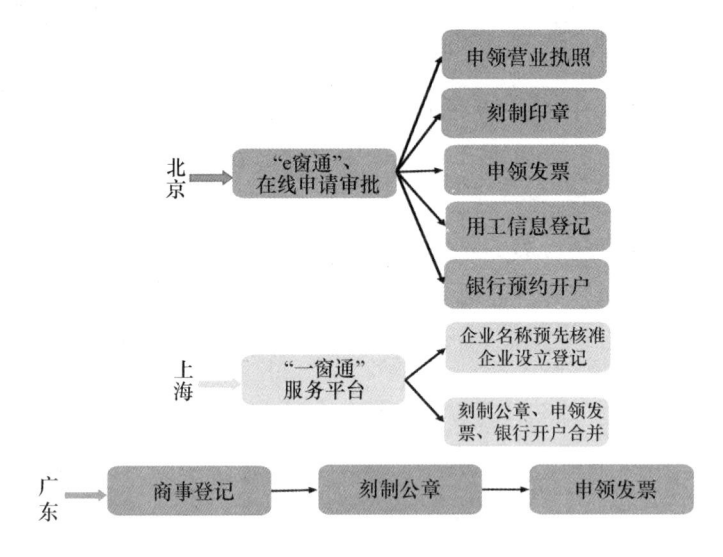

```
北京 → "e窗通"、在线申请审批 → 申领营业执照
                              → 刻制印章
                              → 申领发票
                              → 用工信息登记
                              → 银行预约开户

上海 → "一窗通"服务平台 → 企业名称预先核准企业设立登记
                        → 刻制公章、申领发票、银行开户合并

广东 → 商事登记 → 刻制公章 → 申领发票
```

图 4-2　广东与北京、上海开办企业流程对比

务大厅现场申请，可以直接网上申请并上传相关申报资料。5个工作日内，主管部门完成审批，企业可自行下载打印加盖电子签章的施工许可证，实现了从申请、交材料、审批到获取凭证全流程的电子化，减轻企业线下来回跑的负担。截至目前，共有1638个项目通过"全程网办"办理了施工许可证（不含变更事项）。北京市改变了传统的由各政府主管部门分别验收的模式，转变为"统一平台、信息共享、集中验收、限时办结、统一确认"的"五位一体"验收模式，解决了原专项验收时，建设单位要进多家门、报多项材料、程序烦琐、办理周期长等一系列问题[①]。按照原来的流程，建设单位从取得规划许可证到办理完施工许可证，全部程序至少需要78天，政府进行验收模式改革之后，全部流程仅需6个工作日，缩减了70多天的办理时间，时间成本和建设周期得到大幅压缩。

上海市着力于行政审批资源的整合优化，进一步压缩施工许可办理环节和时限，目前，施工许可证仅需2—3个工作日即可完成办理。

---

① 李天际、李佳:《施工许可证办理流程缩短70余天》,《北京青年报》2018年5月3日。

上海市政府以"一网通办"为工作抓手,积极优化全市建筑工程施工许可审批流程,完善"验登合一"流程,工程验收合格后,系统会自动接收到审批意见,并以此完成不动产首次登记。上海大力推进电子证照的普及应用,申请人可在政务平台就建筑工程施工许可证进行线上申请并提交电子版资料,线上审核通过后,工作人员在线核发电子施工许可证。企业可以自行下载经认证的电子签章及建筑工程施工许可证的电子证照,并可通过关注"上海建筑业"微信公众号,查询证件信息。此外,上海将不同的项目类型进行分类,通过风险矩阵对不同项目进行分类验收、差异化监管。对于低风险项目配合以最大限度的简政措施,一方面压缩办理环节至 4 个,降低办理费用,另一方面也要保持建筑质量控制指数为满分 15 分①。截至目前,已有超过 600 个项目在线获取了建设工程施工许可证。

广东省目前施工许可证办理实行分阶段办理,分为立项用地规划许可阶段、工程建设许可阶段、施工许可阶段和竣工验收阶段。从广东政务服务网中的工程建设项目审批可知,政府投资工程建设项目审批办理时间原则上需要 100 天,社会投资工程建设项目审批办理时间则为 60 天。广东省在办理施工许可证有进一步优化提升的空间。

**(三)广东获得电力更便捷惠民,但广东不动产登记效率有待提高**

1. 广东获得电力更便捷惠民

世行《2020 年全球营商环境报告》显示,北京市"获得电力"指标已经超过了部分欧盟国家,相较于东亚太平洋地区其他经济体更具有较大的领先优势。从获得电力环节来看,北京的获得电力环节为 2 个,相较于东亚及太平洋地区的 4.2 个少了 2.2 个环节。此外在获得电力时长、供电可靠性上,北京市的指标相较于东亚及太平洋地区也具有巨大的优势。这归功于 2018 年以来北京率先推出的"三零"

---

① 参见上海市工程建设项目审批制度改革工作领导小组颁布的《2019 年上海市优化施工许可营商环境工作总体安排》(沪建审改〔2019〕1 号)。

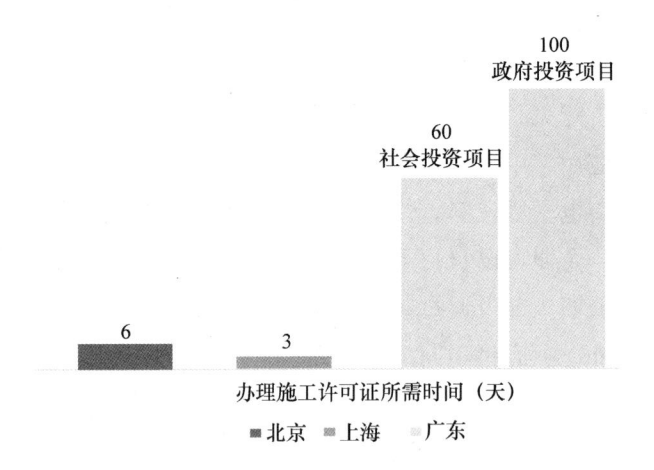

图 4-3  广东与北京、上海办理施工许可证所需时间对比

措施,即实现客户办电的"零上门""零审批""零投资",实现办电环节和时间的大幅压缩,持续提升用户用电获得感。此经验还和"双经理负责制"等措施被国务院列为推广借鉴的典型经验。此外,北京市发改委还出台了政策规定"电价调整提前一个月公示",用户可在线查询业务办理进程、电量电费、停电信息,评价服务质量。电网到用户电表(含电表)之间的工程费用,由电网企业承担,一系列举措极大提高了电费透明度及客户便利度。2020 年,北京还通过立法形式固化"获得电力"营商环境的改革成果。北京市十五届人大常委会第二十次会议表决通过的《北京市优化营商环境条例》,规定接入低压供电八个工作日,提供免费服务、财务遏制措施在全国率先被写入地方立法,用法律来保障民众"获得电力"服务。[1]

上海市推行"互联网+"营销服务,升级了线上办电功能并推出"掌上电力"APP 的双语版本(中英文版),客户通过线上渠道提交用电申请和接电装表位置等相关材料;公司通过 APP 推送供用电合同文本和告知短信,在线签订电子供用电合同,确定装表位置,实现客户报装在线化、透明化、定制化。2020 年以来,上海市小微企业接电

---

[1] 姜雨薇:《国网北京电力持续优化营商环境 推动"三零"服务再提升》,https://www.chinanews.com/ny/2020/05-26/9195427.shtml,访问时间:2020 年 5 月 26 日。

环节压减为2个环节,即申请签约和施工节电即可完成接电流程,大大减少客户线下往返营业厅次数。上海平均接电时间由2019年的4.21天压缩至3.95天,其中通过实施"掘占路审批一件事",协同政府部门将审批环节时间缩短至平均1.5天。小微企业涉电行政审批逐步向备案制转型(具备条件的小微企业当场核发许可),10千伏行政审批时长压缩至15天以内,实现小微企业平均接电时长压缩至10天内,10千伏、35千伏及以上客户平均接电时长压减20%以上。2020年,上海浦东新区更是在18个国家级新区中,"获得电力"指标排名第一,评分获97.39分的佳绩,年度接电容量为276.28万千伏安。① 国网上海电力将不停电作业作为目标,取消城市核心区计划停电,2020年共开展带电作业6558次,严格控制停电影响范围,减少对居民和商业用电影响。并且国网上海电力还加大隐患排查力度,及时维护电网薄弱环节,2020年全年共治理3299处隐患点,全年电网故障跳闸率较上一年减少32%,故障平均修复时间缩短至37分钟。②

广东获得电力更为便捷。广东省在《进一步深化营商环境改革2019年工作要点》中提出全省电网企业办理高压用户电力接入平均时间不超过40个工作日,办理低压非居民用户报装不超过3个工作日,珠三角9市电网企业办理高压单电源和双电源报装争取分别不超过15和20个工作日。目前,广东全省执行380伏及以下低压用电报装2个环节,10千伏高压用电报装3个环节。

2. 不动产登记一窗受理、广东不动产登记效率有待提高

北京市通过发挥互联网协同作用,敢于打破部门联动的障碍,积极推动不动产登记领域政府服务改革。通过设立综合服务窗口,将不动产交易的签约、备案、登记及税务等业务综合到一个办事窗口,对业务实行并联办理,民众还可选择"快递寄送"和"现场领取"两种方式领取相关证照,极大方便民众,让民众"只跑一次路"。对于

---

① 季晓莉:《上海浦东新区"获得电力"第一》,《中国经济导报》2021年7月14日。
② 陈昊南:《优化电力营商环境的上海实践——国网上海电力持续提升"获得电力"服务水平》,《国家电网报》2021年7月14日。

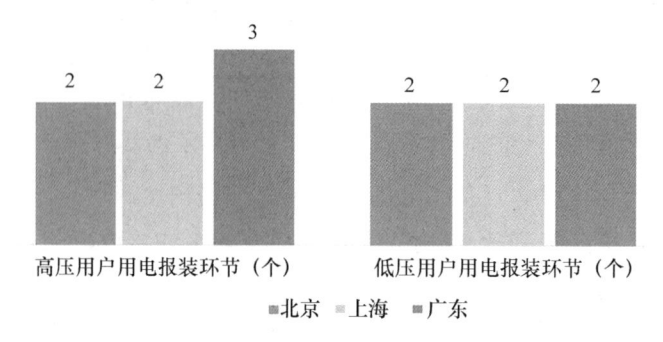

图 4-4　广东与北京、上海用电接入所需环节对比

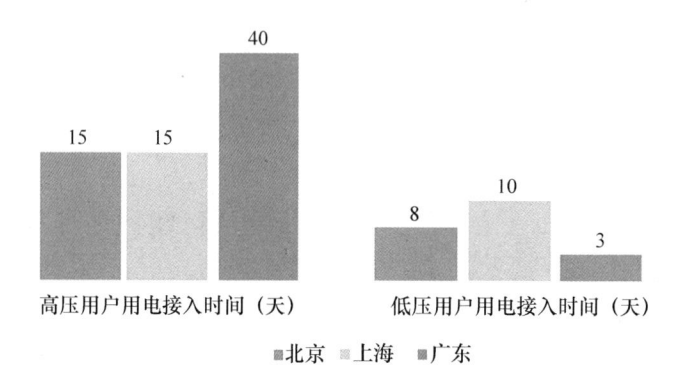

图 4-5　广东与北京、上海用电报装时间对比

符合条件的企业来说，还可以通过一窗口办理实现即时发证，将办理时间压缩至 1 个工作日①，极大降低民众的办事成本。

信息透明和信息公开对于民众来说也有重要意义，目前北京已经推出不动产登记信息网上查询和现场自助查询服务，不动产权利人、利害关系人均有权对不动产的权利状况、登记情况、抵押情况、查封情况等进行查询。此外，北京还为企业设置专门通道，安排相关工作人员引导办理，积极营造良好的营商环境，为企业保驾护航。

北京市税务机关，创新工作方法，调整税收征管模式。对具备办理条件的，即时受理，当日办结；不具备办理条件的，在留存相关涉

---

①　曹政：《梳理北京版营商条例亮点，不动产登记办理不超 1 天》，《北京日报》2020 年 1 月 2 日。

税资料后，亦可为纳税人当日办理纳税申报。此外，北京市自 2019 年 3 月 20 日还推出了不动产登记信息网上查询和现场自助查询服务。权利人、利害关系人等查询申请人均可通过登录北京市规划和自然资源委员会门户网站首页不动产登记信息查询系统，查询不动产登记的状况信息。在各不动产登记大厅设立不动产登记信息自助查询机，为相关人员查询登记信息提供便利。

2021 年，上海推出不动产登记服务改革 4.0 新政，将原先需要分别到交易、税务、登记 3 个部门才能完成的流程转变成一个综合窗口"一口受理、内部流转、并联审批"，受理窗口统一收件，房屋状况查询、税收征管和不动产登记内部流转办理，EMS 快递送达。上海还推出房屋状况自助查询服务，权利人可查询名下所有的不动产的状态，包括用途、面积、是否存在抵押、是否存在限制和地籍图等信息。此外，上海还设置工厂、仓库转移登记专窗，工厂、仓库类房屋转移登记实现当场办结（不超过 0.5 个工作日）。对于能够通过上海市大数据中心电子证照库或登记部门历史档案库调取的材料直接让申请者免于上传。上海积极推进证照的电子化，推动电子权证跨区域、跨部门的协同互认。线下办理时，对于能够通过"随申办"移动端进行电子亮证的证件不再收取纸质版材料。

广东在不动产登记方面的效率还有待提高。根据《广东省人民政府办公厅关于印发广东省压缩不动产登记办理时间实施方案的通知》，相关部门在办理不动产登记时，要最大限度精简优化办事流程实现信息集成、流程集成式不动产交易、缴税、登记"一窗受理"，不动产登记涉及税、费实现网上自助缴纳，所有地级以上市城区范围全面实现"互联网＋不动产登记"，全省实现一般登记 5 个工作日内、抵押登记 3 个工作日内办结，并争取实现一般登记 4 个工作日内、抵押登记 2 个工作日内办结。值得一提的是，截至 2020 年底，广深两市在涉及不动产预告登记、不动产登记资料查询、不动产抵押登记这三个事项已经可实现"跨省通办"。涉及国有建设用地使用权及房屋所有权转移登记、变更登记、注销登记这三项业务，截至 2020 年底，广深珠三市亦实现了国有建设用地使用权及房屋所有权转移登记、变更登记、注销登记三项业务的"跨市通办"目标。根据《2020年广东省营商环境试评价报告》，目前，广东省已实现企业办理一般登记5个工作日内、抵押登记3个工作日内。

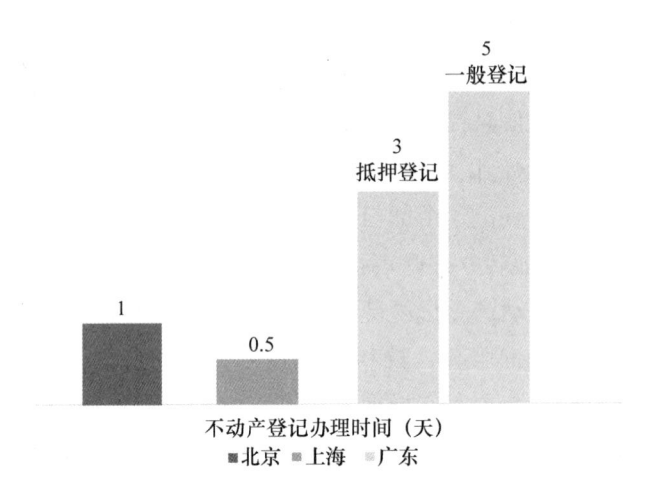

图4-6 广东与北京、上海不动产登记办理时间对比

### （四）税务办理上海走在前列，广东尚需努力

北京积极推进跨境贸易便利化和国际贸易"单一窗口"建设，在全国率先实现"单一窗口"出口退税"一站式"办理。企业所得税的会算、清缴、报税、退税进行合并，借助互联网平台在全国率先实现增值税留抵退税全程线上办理，通过数据抓取技术，百分之百减少资料填报，减少了一半的退保环节，节约了70%的退税时间，真正做到省时省力。目前，北京小额快速退税限额也由原来的500提升至5000元。截至2019年3月27日，北京单一窗口出口退税累计920票、首批试点企业166家，涉及报关单数8632票，累计退税金额4.34亿元。2021年6月至8月，北京税务局为全市4.1万户企业办理退税279亿元，全市留抵退税申请时间从8小时减少到1小时以内，位于国内前列。目前北京电子税务局平台具备313项办税功能，99%以上的业务均可线上办理。助力企业在疫情期间办理"非接触

式"出口退税服务①,这不仅对办事人来说更加便利,更是极大地解放了企业的生产力,使企业的人力资源得到更好利用。为减轻疫情期间企业的资金压力,北京市税务部门持续精准落实增值税留抵税额退还政策、社会保险费减免政策,帮助企业准确适用政策,缓解疫情期间企业的燃眉之急。为进一步提高出口退税效率,北京对风险可控的出口退税业务提供"先退后审"的"容缺"服务,虽然后续仍需要对企业的退税资料进行大量复核,但"容缺办理"可以加快退税进度,较好缓解了企业资金压力,确保了疫情期间企业出口退税款及时到账,帮助企业共度时艰。2020年1—10月北京非申报类业务的网上办理率为98.59%;申报类业务网上申报率高达99.55%。北京市引入智能AI系统之后,90%以上的线上税务均可以自动审批,线上服务24小时全天候不停歇,2分钟内即可完成全部审核流程。实行线上办结后,北京全市平均退税审核时间提速30%,"在线导办"业务咨询满意率高达98%以上。以前需要操作1个多小时才能完成一票国际贸易退税的业务,现在仅需5分钟,网上办税成为纳税人办税缴费的首选项。

上海市统计局公布的数据显示,2020年上海市进出口总值创历史新高,达到3.48万亿元人民币,比上年增长2.3%。其中,在全球货物贸易持续低迷的严峻形势下,上海市出口总值1.37万亿元,与去年基本持平。上海市税务部数据显示,2020年上海市共办理出口退税约740亿元,25000多家企业享受到出口退税红利。上海税务部门充分发挥网上办税优势,为外贸企业开辟"随到随审"的绿色通道,围绕受理、审批、退税三大环节同向加速,大大压缩企业办税时间。数据显示,2020年,全市退税业务办理平均时间不到5天,较税务总局要求的时限缩短4天,以超速领跑姿态,助外贸企业强劲复苏。此外,上海税务部门受理的17万户次、涵盖2000多万余条申报明细记录的出口退税业务中,非接触式网上申办占比已超过99.5%,退税申

---

① 崔翰超:《让纳税缴费不再等待——智慧北京税务打造营商环境高地》,https://news.sina.com.cn/c/2021-09-12/doc-iktzqtyt5477677.shtml,访问时间:2021年9月11日。

报渠道畅通无阻。2015年之前，申报出口退（免）税企业需要提供出口货物报关单、增值税专用发票（抵扣联）以及一系列申报明细材料。2015年5月，上海自贸区先行开始出口退（免）税无纸化管理试点工作。免除了试点企业提供各项申报资料、多种原始凭证的要求。无纸化改革一方面可以减轻企业办税负担，另一方面，税务部门的审核效率也大幅提升。据统计，无纸化试点让企业出口退税审核时间压缩4—5个工作日，提速近1/3。一系列改革后，纳税遵从度较高的出口企业，申报出口退税的办理时间已由最初平均15个工作日，压缩到了9个工作日内。今年以来，为了帮助企业尽快取得出口退税款、缓解企业资金压力，税务部门进一步创新出口退税管理举措，将办理时间再一次大幅压缩了近70%。上海市制定"最多跑一次"办税事项清单，发布办税指南和标准化材料清单，推出两批共318项"最多跑一次"涉税事项清单，其中249项可全程网上办，实现"一次不用跑"。办事人可通过线上申领发票，选择税务部门提供的专业配送服务，即可足不出户享有"规则＋规范""智慧化＋智能化"的电子税务服务。2019年，上海市税务部门持续精准落实增值税留抵税额退还政策，取消对留抵税额退税的行业限制，帮助企业准确适用政策，缓解企业资金压力。2019年留抵退税政策惠及上海全市1737家企业，退税规模达到107亿元。2019年，上海市的纳税时间为138小时，税收和总缴费率为62.6%。

广东省全面推行出口退（免）税无纸化管理，办理出口退税平均时间为6.44个工作日。优化完善"一企一策"机制，为大企业改制重组上市等提供精准优质服务。"银税互动"持续升级，实现省内主流银行全覆盖，受惠群体拓展至自然人纳税人，惠及纳税人超过23万户次，发放贷款860亿元。广东纳税环境较差，主要体现在税务办理时间上。《广东省进一步深化营商环境改革2019年工作要点》提出，大力推进纳税便利化改革，压缩办税时间，推行增值税小规模纳税人"一键申报"；打造税务电子证照和O2O体系，解决纳税人电子办税"最后一公里"；完善网上办税服务厅功能，实现纳税人自主查询和打印纳税记录；制定税费业务进驻政务服务中心标准；持续更新办税（缴费）事项"最多跑一次"清单，实现"最多跑一次"事项在省、市、县、镇四级全覆盖；实行涉税（费）资料清单管理，对各类涉税（费）证明进行全面清理，进一步简化涉税（费）资料报送；推动发票代开"零跑动"，实现税务机关网上代开增值税电子普通发票；取消一般纳税人增值税发票抄报税；支持广州"区块链+缴纳税费"改革试点；2019年底前全省纳税人年纳税时间压缩至130小时以内。2020年10月，广东省缴纳税费时间已降低至135.5小时。

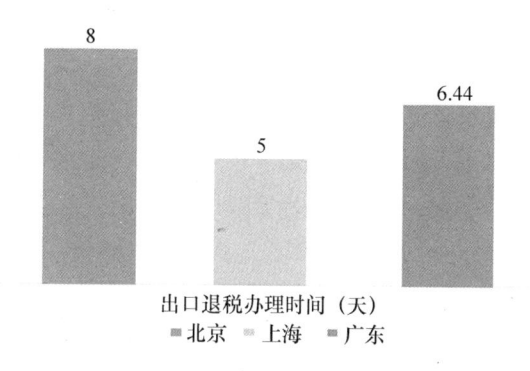

图4-7 广东与北京、上海出口退税办理时间对比

### （五）北京、上海破产制度较为完善

2020年印发的《北京市优化营商环境条例》83条有9条涉及破产工作，北京法院与13家政府部门、金融监管机构推出16项制度25项便利措施，联合破解破产查询难、办理难、处置难等瓶颈问题。2019年1月，北京市破产法庭挂牌成立，这也是国家首批成立的破产法庭。北京破产法庭自成立以来便把营造法治化营商环境作为第一要务，利用繁简分流不断提升审判质效。为压缩破产案件的审理时长，北京市制定了简单破产案件审理周期表，逐项明确19个环节办理时限，做到对审理时限的严格控制，将平均审限压缩至99天。北京市在全国率先出台16项破产管理人综合查询政策并设立破产信息查询窗口，破产管理人可一揽子查询企业注册登记、社保、医保等7类信息，截至6月份已办理查询超3100件，极大方便管理人信息查询，被称为"神仙窗口"，破产审判质效得到明显提升。此外北京还通过

给予破产管理人解除税务非正常户权限、处理机动车交通违法和解封解押等手续，加快落实办理破产便利化措施。在破产财产处置方面，北京市全面推行财产网上免费拍卖，2020年以来为破产企业债权人节省佣金1.17亿元。

《上海市优化营商环境条例》第六章第70条至第72条专门就如何推进破产案件的处置工作、建立破产案件财产处置联动机制、破产管理人履职等事项做出说明，有望进一步发挥破产案件的处理对优化营商环境的积极作用。此外，《条例》的第五章第56条特别针对企业社会信用修复进行了规定，响应了国务院推进社会诚信建设之目标的同时，也给濒临破产的企业带来了更加明朗的自救机会。破产案件是否能够得到公正、高效处理一向是评价营商环境的重要指标，2019年2月1日，继深圳、北京之后，上海破产法庭正式成立，也标志着上海进一步提升破产审判专业化水平、优化法治化营商环境建设的目标。上海破产法庭设立以来，切实贯彻立案登记制相关规定，畅通破产案件立案渠道，有力破解以往存在的破产案件"立案难"问题。截至2020年3月31日，上海破产法庭受理破产、公司强制清算、衍生诉讼等各类案件共计1407件，推动一大批"僵尸企业"依法有序退出市场。同时，积极促进有营运价值的企业及时获得重整或者和解救治，破产审判专业化集约化效应初步显现。按照上海高院推出的"简易破产案件简化审办案指引"，全市法院积极推进破产案件繁简分流，加大简化程序运用力度，适用简化审程序的案件占比达到50%。上海法院大力推广在线申报债权、在线召开债权人会议、网络公告等电子化办案方式的司法实践，充分运用信息化手段降低破产成本，提高司法工作效率。上海破产法庭研发上线网络债权人会议系统，截至2020年3月底，使用该系统共召开网络债权人会议102场，占同期召开债权人会议数的76.1%，1763户债权人通过网络参会，大大节约了当事人参与破产程序的时间和经济成本。在一系列改革措施的推动下，上海法院审结破产案件时间得到大幅压缩，一些较为简易的破产案件的审理周期压缩至一个月左右。破产管理人是大量破产事务的具体承担者，完善破产管理人制度对于提升破产质效意义重大。上海市破产管理人协会正式挂牌成立,标志着上海破产管理人行业步入了正规化、职业化、专业化新阶段,有利于促进管理人行业市场培育和自律管理,提高管理人的专业化能力和水平,促进上海破产审判更加规范高效。

广东省高级人民法院在2018年出台《关于为优化营商环境提供司法保障的实施意见》,提出要完善破产程序启动机制和破产企业识别机制,推动完善破产重整、和解制度,推动设立破产基金,妥善处理职工安置和利益保障问题,但是存在破产措施有待到位的问题。为避免等到企业资产耗尽无法挽救的局面,广东法院积极将破产重整的启动时间前移,利用执转破程序及时对执行中发现的困境企业进行干预。[①] 为推进企业破产清算案件的快速审理,早在2017年,广东高院就通过简化方式和信息化手段送达文书、召开债权人会议、设定最短法定期限等,为破产办理按下"快进键"。徒法不足以自行,破产管理人,作为破产企业的实际"操盘手",其能力水平很大程度决定案件推进质量和效率。为此,2017年底广东在全国率先建立全省统一编制、分级管理、跨地区执业的新型管理人制度,选拔出287个机构、70名个人管理人,进一步推动破产管理人队伍专业化、市场化,管理人与法院协同发力高效有序推进了破产工作。据统计,广东全省破产案件平均审理时间由之前的两年以上缩短为12个月以内,适用快审机制的一般在6个月内审结。根据世行建议,发展中国家围绕缩短办理时间和简化破产程序两个方面提升债权回收率。广州中院在缩短办理时间方面,严格对标世行评价体系,出台破产案件快速审理等指引文件,优化简易破产案件识别标准,明确通过压缩弹性周期、简化审理程序等方式实现快审。指引文件施行四个月以来,破产和强制清算案件快审适用率达62.9%,今年上半年平均审理周期同比缩短19.5%。在简化破产程序方面,及时出台破产财产处置实施办法,明确优先通过网络拍卖处置破产财产,提高破产财产处置效率,降低破

---

① 董柳:《广东法院近3年共审破产案平均审限降至12个月内》,《羊城晚报》2020年12月21日。

产财产处置成本。今年上半年，网拍成交金额超7000万元，一拍成功率达45%。而广东省其他地方的破产政策和措施仍处于低发展的状态，具有较大提升空间。

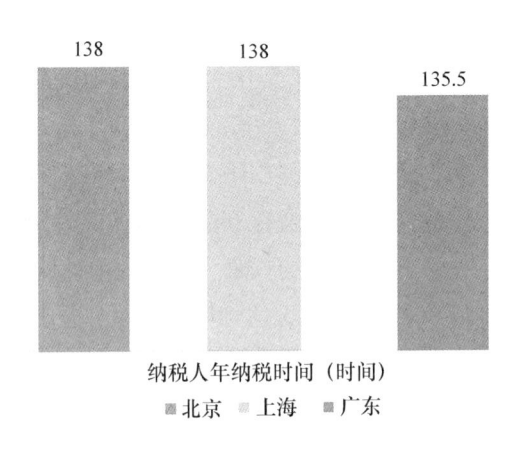

图4-8 广东与北京、上海纳税人年纳税时间对比

（六）北京、上海跨境贸易水平较高，跨境贸易环境优良

为优化口岸营商环境，京津两市联合推出146项改革创新措施，北京市率先设立国际贸易"单一窗口"，申报出口退税，累计退税额突破5亿元。进出口企业、口岸作业场会收到港口电子数据交换中心发送的查验通知，提高了通关时效可预期性。将进出口时间压缩187小时，减少73%，进出口成本降低755美元，降低54.4%。北京海关还精简报关单证，符合条件的企业可以在进出口申报时免交合同、装箱单等商业单证。对于生鲜类产品，在出入境时可予以优先审批。北京海关推行灵活查验，对于部分有特殊要求的货物可以采用下厂查验等方式进行灵活查验，减少货物搬运次数，提高查验作业效率。对于企业因技术原因导致的错漏，北京海关积极探索"提前申报容错""首错不罚"机制，允许企业在15日内进行自查。经自查发现少缴或漏缴税款的，企业主动补缴后被认定符合主动披露条件的，可以依法减免缴纳税款滞纳金，以此充分引导企业合法合规申报。若企业主动向海关披露企业自身违规行为并被海关视为主动披露的，可以从轻、减轻或免于处罚。通过多项通关措施改革，北京通关效率有了较大提

升,进口通关时间压缩至 30 小时以下,出口通关时间压缩至 1.1 小时以下。与 2017 年相比,进出口通关时间压减 70% 以上。在降低通关成本方面,京津口岸推行"一站式阳光价格",大幅压减了报关、货代、船代、物流、仓储、港口服务等环节收费。在此基础上,4.0 版改革进一步打造公开、透明的口岸通关环境,推出线上线下同步公开空港口岸经营服务收费清单,实现口岸通关综合费用压缩 20%。

上海从优化口岸通关物流流程、提高作业电子化水平、优化海关监督、规范口岸收费标准等多渠道多方式深化跨境贸易营商环境改革。上海企业在货物齐备、集装箱货物装箱完毕并取得预配舱单电子数据后,可将申报手续前置,在货物到关前 3 日内向海关办理申报手续。上海在保留原有申报模式的基础上,推广进口货物"两步申报"模式,企业进行"概要申报"后,对抵运货物进行风险排查、快速验收、放行,通过前置通关作业环节,缩短货物通关时间,提升通关效率。之后在规定时间内完成"完整申报"即可。此外,上海进一步推进口岸作业流程的无纸化。在物流方面,上海简化物流单证手续,鼓励航运采用电子提单,推动提单在线签发和企业自主打印。上海还推出电子放箱试点,对接各船公司电子箱管理系统,简化放箱手续,提供全天候无休的放箱服务。在世行发布的 2020 年《营商环节报告》中,中国的跨境贸易指派排名提升了 9 位,其中,上海的跨境贸易便利度在全球海运经济体中排名第五,这离不开上海国际贸易单一窗口的助力,该窗口功能丰富,处理的业务量也名列世界前列。货物申报、运输工具申报、许可资质办理均可通过这一单一窗口得到解决。除了传统的货物贸易专区,还设置有服务贸易专区,并且将服务贸易进出口退税业务一并开通,为企业提供全链条的可追溯的便利服务,实现"通关+物流+收费"一揽子政务服务,提高跨境贸易时间和成本的可视化程度。另一方面,上海积极推动落实港口建设费减负政策,将《港口建设费专用收据》缴纳金额的 20% 退还给缴款人。2019 年,上海多部门联合出台措施降低"一篮子"港口费用,港口企业搬移费降低 10%,港务费降低 15%⋯⋯一项项费用都产生了为企业减负的切实的影响。①

广东省政府 2019 年 2 月 3 日印发的《广东省优化口岸营商环境促进跨境贸易便利化措施》，主要采取规范和降低口岸收费、提高口岸通关服务水平、加强国际贸易"单一窗口"建设、推动粤港澳大湾区口岸通关管理模式改革创新和加强组织事实等措施。广东省仅广州市政府在 2019 年印发的《广州市优化口岸营商环境促进跨境贸易便利化工作方案》将"进口边境合规时间压缩至 40 小时，费用降至 332 美元；单证合规时间降至 8—12 小时，费用降至 110 美元"。将"出口边境合规时间降至 16—18 小时，费用降至 285 美元；单证合规时间降至 6—8 小时，费用降至 76 美元"。同时，"实现机场、海港口岸'7×24'常态化通关"。中国（广州）国际贸易单一窗口主要业务应用率达 100%。广东省的其他地方跨境贸易环境仍然较为落后。

### （七）北京、上海中小投资者权益保护机制更完善

《北京市优化营商环境条例》自 2020 年 4 月 28 日起施行。《条例》积极对标国际一流，立足北京实际，坚持问题导向。其中第 24 条明确规定了公司应当维护公司和中小股东的合法权益。2019 年 4 月 29 日，北京市出台《关于依法公正高效处理群体性证券纠纷的意见（试行）》（京高法发〔2019〕243 号）。《意见》针对群体性证券纠纷，特别针对最具代表性的证券虚假陈述责任纠纷的处理，探索在管辖权异议处理、证据调取、确立示范案件、全程全方位调解、引入专业支持、降低诉讼成本等程序性环节中，为中小投资人建立便利、快捷、高效的绿色诉讼通道，及时化解矛盾，保护中小投资人的合法权益。2021 年，北京建立了国内第二家审理金融案件的专门法院——北京金融法院，其主要管辖的案件与上海金融法院互相区分又互相补充。北京金融法院支持网上立案、线上提交起诉材料，并设有电子卷宗生成中心。在投资者保护方面，北京金融法院还设有专门的中小投

---

① 保税区管理局：《营商环境"一盘棋"带动上海跨境贸易大跨越》，http://www.pudong.gov.cn/shpd/gwh/20200113/023003005_6d229906-1c17-47b4-9ff2-7beba1ece2b7.htm，访问时间：2021 年 10 月 7 日。

资者、金融消费者保护工作站,为目标群体提供定制化司法服务。比如,对涉众型证券纠纷提供制式诉讼指引、自动校验诉讼主体资格、智能立案、提供金融纠纷调解组织和调解员备选名录、代表人诉讼的登记、公示、分组、推举、投票等。① 对于司法实践中的"执行难"问题,北京法检联合公安局、司法局四部门联合查询被执行人信息,畅通执行渠道,打击拒不执行行为。

《上海市优化营商环境条例》自 2020 年 4 月 10 日起施行。其中第 16 条规定了要加大对中小投资者的保护力度,保护其知情权、表决权、收益权和监督权,发挥相关机构在持股行权、纠纷调解、支持诉讼等方面的职能作用,切实维护中小投资者利益。② 对比国家《营商环境条例》,沪版条例多了"表决权、收益权和监督权"的表述,以及发挥中小投资者服务机构职能的内容。上海金融法院自 2018 年 8 月成立以来,对标国际最高标准,积极探索、先行先试改善上海营商环境的举措。上海金融法院 2020 年 3 月发布的国内首个证券纠纷代表人诉讼机制规定,为最高人民法院出台相关司法解释奠定了理论和实践基础。2020 年 7 月,最高人民法院颁布了关于证券纠纷代表人诉讼若干问题的规定,对这一制度创新予以固化。上海金融法院通过"示范判例 + 专业调解 + 司法确认"三把金钥匙建立对金融纠纷的完善解决机制,开启了有效保护中小投资者"大门"和司法救济新渠道,为优化营商环境提供有力的司法保障和支撑。上海金融法院通过借鉴德国司法审判的做法,在众多案件中选取具有共通的关键事实争议和法律争议的案件,通过先行判决来推动后续类似案件的调解和解决。这一方式既有利于树立统一的立案裁判标准,提高效率,又可以以此来降低中小投资者的维权成本,保护中小投资者的合法权益。2019 年至 2020 年 5 月,上海金融法院已有效化解涉群体性证券纠纷 4036 件,切实保护了中小投资者的合法权益。2020 年 3 月 24 日,上海金融法院制定出台全国首个关于证券纠纷代表人诉讼制度实施的具

---

① 人民法院新闻传媒总社:《今天,北京金融法院正式亮相》,http://www.court.gov.cn/zixun-xiangqing-291581.html,访问时间:2021 年 10 月 8 日。

② 参见《上海市优化营商环境条例》。

体规定。代表人诉讼机制对普通代表人诉讼制度予以细化,明确了实践中适用代表人诉讼制度的具体规则指引,细化了新《证券法》以"明示退出"为核心的特别代表人诉讼,明确了投资者保护机构参加诉讼的具体操作规范,进一步降低了投资者维权成本,具有补强证券民事诉讼的威慑功能。2020年3月,随着最高人民法院与中国证监会共同推动的证券期货纠纷在线诉调对接机制的落地实施,作为全国首家金融专门法院,上海金融法院率先通过该机制成功调解一批证券期货纠纷,投资者累计获赔金额300余万元。证券期货纠纷在线诉调对接机制的成功实践,也为上海金融法院进一步提高诉调对接工作的规范化、标准化水平搭建了更高层级的平台。2020年7月上海金融法院引入"中小投资者保护舱"这一科技成果,舱内设有虚拟法官"小金","小金"可以通过对后台大数据的搜集分析自动校验投资主体的诉讼资格,确认其具有适格被告身份后,"小金"可自动生成立案信息,投资者仅需输入诉讼请求金额,确认立案信息后,系统便自动生成诉状。此外,保护舱还可以回答投资者的各类诉讼服务问题,完成登记、无纸化立案、在线提交诉讼请求、诉讼风险分析、调解等工作,极大降低中小投资者的维权成本,解决维权渠道不畅通、维权手续复杂、耗时长、成本高等问题,提供高效率、智能化、定制化的全方位诉讼服务。该机制的有效应用,对资本市场的健康发展具有积极意义。

虽然广东省广州市制定了《广州市优化营商环境条例》《广州市科技创新促进条例》等地方性法规和规章,但是缺少了对全省范围内适用的中小投资者的保护政策和措施。

### (八)广东打击知识产权违法力度更大、上海合同执行力度强

1. 广东打击知识产权违法力度更大

根据WIPO发布的《2021年全球创新指数报告》,北京取得了在全球科技城市集群榜单排行中全球第3的佳绩[1],其优越的创新活力

---

[1] WIPO中国办事处:《重磅解读〈2021年全球创新指数报告〉》,https://www.wipo.int/about-wipo/zh/offices/china/news/2021/news_0036.html,访问时间:2021年10月7日。

和创新能力离不开北京对知识产权强有力的保护。北京市通过《关于强化知识产权保护的行动方案》《关于加强版权保护的意见》《北京海关知识产权保护工作办法》《关于联合开展落实食品药品安全"四个最严"要求专项行动的实施方案》《专利授权确权行政案件线上审理办法（试行）》等多个政策文件的出台，加强顶层设计，为全市知识产权保护营造了一个良好的政策环境。北京重视调解在解决知识产权纠纷中的作用，通过知识产权部门、司法行政部门等多个部门的协调联动，积极调解，据统计，全市调解的知识产权纠纷成功率为63.32%，北京的这一做法被国家商务部、知识产权局等多部门向全国推广倡导。北京还通过积极建设专利侵权纠纷行政裁决示范区，保护各类主体的合法权益，加大对知识产权犯罪的惩处力度，积极构建多样化的知识产权侵权纠纷解决机制。北京市知识产权保护中心还积极构建"一站式"纠纷解决机制，推动知识产权纠纷协同解决机制的完善。对于多次侵权、犯罪故意明显的主体，还设置有公示制度，对其在招投标和政府采购中做出限制，以作为惩处。[①] 为规避风险，鼓励企业创新，北京还创新性地推出由政府引导，由市场运作的知识产权保险试点工作。通过补贴的方式，重点扶持全市领先领域、前沿领域的专利投保。[②]

2020年，上海在国家首次知识产权保护工作检查考核中获评"优秀"等级；在世界知识产权组织（WIPO）发布的《2020年全球创新指数报告》科技集群中，上海的排名上升至第9位。在知识产权保护方面，2020年，上海办结知识产权执法案件2555件，涉案金额6264万元，移送司法机关案件58件。上海全市法院受理知识产权案件量同比增长70.54%，其中专利侵权纠纷案件1148件，同比增长293.2%。检察机关受理审查逮捕和审查起诉知识产权犯罪案件分别

---

[①] 国际科技创新中心：《"北京知识产权保护状况"新闻发布会》，http://www.ncsti.gov.cn/kcfw/hkt/fbh/202108/t20210813_40331.html，访问时间：2021年10月8日。

[②] 华凌：《北京：贴心服务科技创新主体 优化知识产权营商环境》，http://www.stdaily.com/index/difang/2021-08/31/content_1216411.shtml，访问时间：2021年10月8日。

增长 95.50% 和 40.10%；公安机关侦破侵犯知识产权案件增长 15.70%。中国（浦东）知识产权保护中心累计受理专利预审案件 1500 多件，近 800 件专利通过预审进入国家知识产权局快速审查通道，获得授权 500 多件。进博会举办期间，上海组织开展第三届进博会知识产权保护百日行动，在展会现场设立知识产权保护与商事纠纷处理服务中心，累计出动 234 人次驻场和巡查，为展商提供各类知识产权咨询服务 18 次，受理知识产权投诉 2 件。市场监管、知识产权、文化执法、城管执法、农业农村、海关等部门开展"蓝天""剑网""昆仑""龙腾"等执法专项行动，严厉打击知识产权侵权违法行为，持续助力上海营造尊重知识价值的国际一流营商环境和打造国际知识产权保护高地。自 2019 年 8 月起，上海依托智慧警务，调整、创新打击侵犯知识产权犯罪模式，通过建立大数据模型，强化感知、分析能力，实现了对侵权假冒犯罪线索的自动预警和精准分析。2018 年上海修订了《上海市专利资助办法》《上海市专利一般资助指南》，完成专利资助信息系统配套改造，简化了资助流程，进一步加大了对高质量专利和国际专利申请的扶持力度。除了强化高质量发展导向外，2019 年上海加强对知识产权进行跨部门跨地区的保护协作积极构建纠纷多元解决机制，开展快速审查、快速确权、快速维权。同时不断完善知识产权运营服务体系，推动国家知识产权运营公共服务平台国际运营（上海）试点平台正式运行；此外还强化外商投资企业知识产权保护，建立健全与外资企业的沟通对话机制，组织开展保护外商投资企业知识产权专项行动。2021 年 1 月通过的《上海市知识产权保护条例》通过地方立法形式加强对知识产权的保护。该条例聚焦"严保护"和"快保护"，《条例》对推进建立统一知识产权信息化综合服务平台、优化政务服务流程、加大侵权赔偿力度等均做了明确规定。《条例》聚焦构建制度完备、体系健全、环境优越的国际知识产权保护高地目标，明确了知识产权"严保护、大保护、快保护、同保护"的工作原则，并将知识产权保护作为政府绩效考核内容。加大对知识产权侵权行为的打击力度，多源头查处、多措施保护，对外商投资领域中的知识产权给予同等保护，帮助企业等知识产权权利主体快速维权。此外，上海市计划加快筹建中国（上海）知识产权保护中心，推动构建覆盖全市范围和更多产业领域的知识产权快速审查、快速确权、快速维权"一门式"公共服务平台。

广东省严厉打击知识产权违法行为。2019年广东省全年共查处各类商标、专利、不正当竞争违法案件1.1万件，罚没金额8326万元，移送司法机关63件；注重知识产权的司法保护，广东省法院不断完善知识产权民事案件"简案快审、繁案精审"审判模式。广州法院近年来多次通过禁令，及时制止侵权行为；对外观设计专利等案件采取速裁机制，当庭宣判率超过90%。广州互联网法院运用5G和区块链等最新科技成果，案件平均审理周期缩至35天。近日，广州更是出台了《关于强化知识产权保护的若干措施》，从行政执法、司法保护、仲裁调解、行业自律等环节，综合运用法律、行政、经济、技术、社会治理等手段，提出了一系列重要措施和有针对性的创新举措。

2. 上海合同执行力度强

根据世行发布的《2020年全球营商环境报告》，中国"执行合同"指标位列全球第5，排名上升1位。北京作为全国合同执行指标的标杆城市，其取得的成绩离不开规范有效的司法治理。北京法院为提高执行案件的处理效率，积极推动案件审理繁简分流，根据财产的可执行程度、当事人的配合度等六个指标将执行案件分三档难易程度，批量处理事务性工作，确保简单案件在5日内执行完毕，缩短平均结案时长。对于财产处置，则通过设置监督节点，由监督专员跟进财产处理进度，开展线上拍卖，提高财产流转速度，提升拍卖成效。对于已经执行完毕的财产，加快将案款返还当事人，严格遵循2日内认领，3日内返还的时间限制，对案款的发还进行每周通报，提升案款法案执行的透明度和公开度。针对消极执行的情况，北京通过悬赏被执行人的财产线索，有效克制被执行人转移、隐匿财产，借助社会力量查找被执行人的财产，将执行落到深处、落到实处。最后，北京市还严厉打击拒不执行的行为，通过公告形式发布"通缉令"，限期责令被执行人履行自身义务，形成长效震慑机制，畅通当事人通过刑事自诉维权的渠道。① 截至2021年3月，北京法院累计公布失信被执行人信息40.72万例，限制消费信息64.41万例，共限制371.53万人次购买飞机票，限制19.69万人次购买动车、高铁票，限制9.02万人次参加小客车指标摇号，8.76万名被执行人迫于信用惩戒压力自动履行了法律义务。②

上海合同执行力度较强。上海着力推进司法公开、法院信息化建设，有效提升司法公信力。上海在世界银行《2020年全球营商环境报告》中的执行合同指标总得分81.6分，排名第2。上海市高级人民法院对标世界标准，建设了专门的司法数据公开平台，向全社会公开结案率、结案时间等司法数据，促进司法公开常态化。对于拒不执行的被执行人，也会定期向社会公示，对当事人形成震慑，提高执行效率。2019年，上海法院诉讼服务平台入驻"一网通办"，成为全国首家入驻"一网通办"的非政府单位。通过科技赋能，上海法院对立案到法院审判、执行等流程进行精细化管理，当事人可在网上完成以上流程，有效提升了诉讼效率。在纠纷解决上，上海打通线上调解路径，拓展线上线下同步运行、规范高效的多途径纠纷解决途径。上海法院一审的商事案件中，从起诉立案到送达，平均耗时为15天，其审理时间平均为180天，执行时间平均为120天，其结案率及结案平均用时连续多年居全国前列。破产作为企业退出市场的常态化、法制化渠道，对破产案件的处理将切实影响企业及相关利益主体的利益。2019年上海破产法庭正式成立，集中管辖上海市的公司、企业的强制清算案件、破产案件及相关衍生诉讼案件。除了司法途径，上海市还正式成立破产管理人协会，旨在通过行业自律管理，规范破产工作的执行。③ 上海高院还建立了专门的司法数据公开平台，向社会公众定

---

① 陈瀚：《我院多措并举缩短执行合同用时助力优化营商环境》，http://fsqfy.chinacourt.gov.cn/index.shtml，访问时间：2021年2月18日。
② 赵岩、李航等：《北京法院重拳打击扰乱执行秩序行为》，《人民法院报》2021年4月25日。
③ 陈凤：《对标国际最高标准！看上海法院如何助力中国营商环境全球排名大幅提升》，https://www.chinacourt.org/article/detail/2019/10/id/4594322.shtml，访问时间：2019年10月28日。

期发布全市三级法院的司法数据,受理、审结、执结案件、平均审理执行时间等数据及案件的受理、立案、缴费等诉讼流程进展情况的相关信息。对于当事人及其委托代理人,亦会通过专门平台向其公开相关个案的审判流程信息。根据相关数据,中国企业家解决商业纠纷平均耗时496天,费用为索赔金额的16.2%,均好于东亚太平洋地区和经合组织高收入经济体平均水平。此外,上海市的法院、公安、市场监管等46个部门通过联动合作对被执行人财产实行网络联动查控,覆盖房产、存款等9大类财产信息,对失信被执行人在本市购买不动产、土地招拍挂、矿产资源开发、担任公职及公司高管,以及乘坐飞机和火车高级别席位出行等实行自动拦截限制。

广州对标世界水平、积极借鉴京沪的先进经验。积极推动网上立案无纸化、送达地址登记承诺制、民事案件繁简分流等措施。2019年广州市执行合同指标在全国评选中排名第5,在全市评选中排名全省第1。广州法院已与15家市级单位实现诉调联动对接,建立调解工作室75个,涵盖旅游纠纷、金融纠纷等12类纠纷类型,及时化解矛盾纠纷。在推进民事诉讼制度改革试点工作方面,广州法院试行商事案件先行判决,要求买卖合同纠纷、借款合同纠纷、金融借款合同纠纷、委托合同纠纷、承揽合同纠纷五类商事案件优先立案、审判、执行,明确总办理时长不得超过200天。此外,探索二审案件独任审理,试点以来,市中院二审案件适用独任制审理4724件,平均审理期限较民商事二审案件缩短18.87天,有效降低"执行合同"时间成本。广州以智慧法院为支撑,以机制改革为抓手,疫情期间建立涉疫情民商事案件快速处置机制和调解前置机制,68.5%涉疫情民事纠纷转入诉前联调处理,助力企业迅速复工复产。2020年上半年,广州两级法院通过诉前联调化解纠纷9436件,涉案金额12.5亿元。2020年上半年,全市法院新收执行案件127243件、执结84075件,执行到位金额115.2亿元,同比分别上升22.4%、20.2%和16.8%。每一个执行数据的增量效果都很显著,制度上得益于全市法院深化执行工作机制改革,推动"简案快执、难案精执"。广州法院持续开展强制清场专项行动,规范不动产拍卖。同时,强化执行案件流程管理,开展执行款管理、执行规范及执行纪律作风检查整改专项活动,通过超期预警等方式推动执行规范化建设。完善司法委托工作规定,实现对双方议价、网络询价之外财产评估的无缝对接,进一步规范委托鉴定程序,强化委托鉴定机构监督考评。在加强案件管理方面,规范随机自动分案,进一步优化随机分案系统设置。在强化审限管理方面,广州中院制定审判执行流程管理规定,明确审限延长扣除事项和审批要求。具体操作上是按月统计、分析并通报审判执行案件态势,并对执行工作进行专项通报。出台案件评查工作方案,将审限延长、扣除、中止等情形的审批以及延期开庭、重复开庭和多次开庭的时间间隔等情况纳入案件质量评查范围,对长期未结案件和超审限案件进行专项评查、逐一评查。

## 二 北京、上海的经验与启示

根据上述营商环境评价对比,以及课题组对北京、上海的实地调研,在以下方面,北京、上海的先进经验值得广东借鉴。

### (一)以告知承诺为基础,重点推进审批制度改革

2018年11月,根据《国务院关于在全国推开"证照分离"改革的通知》要求,"告知承诺制"由市场监管总局试点推行两年来,在食品经营许可、兽药生产经营使用等领域,各地不断创新,纷纷出台相关政策并落实。2019年企业投资项目承诺制在北京经济技术开发区展开试点。申请人只需要承诺符合行政机关办理审批事项的要求、标准和条件,行政机关便可直接办理,不再进行审批程序。系统收到企业的承诺信息,便进行自动校验和核准信息工作,整个企业开办登记仅需要短短15分钟便能完成。2020年,北京的企业开办承诺制试点范围得到了进一步扩大,已经在北京"三城一区"逐步推广开来。此外,疫情期间,北京市新办、变更食品经营许可证,可取消现场核查,实行告知承诺制。如西贝通过签订《承诺书》获得首张电子版

《食品生产许可证》，企业代表人承诺将严格履行食品安全主体责任。市场监管局则通过加大监督检查力度和抽检频次，持续对食品生产企业进行监督和帮扶。通过这一举措，大大提升了审批效率，为企业节省了时间和成本。2021年3月告知承诺制在上海得到全面推行，该制度破解了老百姓"要办事先开证明"的难题。除纠错成本较高、风险较大、损害难以挽回的事项外，办事人员均可用信用承诺代替证明材料，减少了不必要的跑动环节，大幅度提升办事效率，实现了"简政便民利企"的目的。

**（二）以信用为基础，加快推进监管制度改革**

2015年国务院印发《关于"先照后证"改革后加强事中事后监管的意见》，信用约束机制第一次被纳入企业事中事后监管。信用监管思路得以明确，并以此推动了信用监管制度的构建。2019年进一步明确差异化监管，对守信者"无事不扰"，对失信者"利剑高悬"，着力提升监管效能。诚实守信是企业发展的基石根本，北京对于信用良好的企业也给予了诸多优惠。以"信易贷"政策为例，为提高诚信企业成功获得贷款的概率，诚信企业的信息将由政府推送给相关金融机构。同时，为了引导企业诚实守信、依法经营，北京积极开展企业信用监管，及时更新企业的信用信息，为奖励或惩罚提供决策依据。同时积极开展差异化监管措施，通过企业信用风险等级高低灵活采取调整监管力度，对高风险企业实施重点监管，加强监管力度，使得发现问题的能力得到了有效加强。2020年北京不断推动企业信用风险分类指标体系的建立，着眼于信用监管制度的完善，并加强"双随机、一公开"监管，使监管的精准性和监管效能得到进一步彰显。建立信用修复机制和异议制度是实现信用监管的法宝，允许企业开展信用修复，能促进企业及时完成信用整改。

上海是建立事中事后监管平台的排头兵，为全国加快推进监管制度改革树立了标杆，2016年，上海区级企业信息数据中心的建立，加强了执法信息归集能力，使得事中事后监管业务平台得到了彰显，实现跨部门的共享应用，在允许企业"宽进"的同时，更要对企业实行

"严管"。综合监管平台的建立与运行，尽管仍有不足之处，但为事中事后监管中存在的信息壁垒、跨部门协同不足等问题提供有效解决方案，以此推动了监管制度改革。

**（三）以标准化为基础，深入推进政务服务制度改革**

对企业来说，所盼所需就是办事"再快点、再简单点"。北京为了更好地服务企业，不断规范政务服务事项和办事指南，共完成11类9300余项政务服务事项标准化的梳理，统一了全部政务服务事项的名称、类型、依据和编码。同时，积极简政放权，市级行政审批事项压缩79项，办理承诺时限压减60%。企业需要准备的申报材料比原先减少60%，638项高频政务服务事项实现"一次不用跑"或"最多跑一次"，企业办事需要跑动的次数减少了80%，办事人真真切切感受到了营商环境的改变。2020年北京深入推进政务服务制度改革，以服务标准化为目标，从管理规范、服务标准、工作流程和办事指南四大方面进行统一，不断优化办理环节，缩短办理时限，明确收费标准，畅通投诉渠道。服务效率是检验政务服务能力的重要指标，在北京办事所需的材料和承诺办理的时间较上一年继续进行了精简和压缩。联办事项的增加是实现政务服务改革的又一重大举措，北京又推出200个联办事项，真正做到了跨层级、跨部门事项联办。上海提出梳理一批高频公共服务事项进行流程再造，为企业和群众提供更多、更优质的公共服务。随着互联网在行政领域的应用，提升涉外政务服务体验是大多数行政机关面对的难题，而上海专门设立"一网通办"平台涉外服务专窗，使得外国人以及外商投资企业真真切切感受到了行政机关政务服务能力的提升。

"互联网+政务服务"是北京政务服务的一大亮点，如今，区级以上超过九成的政务服务事项实现网上可办，超过600项的服务事项通过微信、支付宝、百度等互联网渠道，市场主体便可实现自主办理。同时，区块链技术在不动产登记、企业开办等领域开始尝试运用。譬如，在海淀区开展的不动产交易区块链应用已初见成效，市级以上12类的信息数据实现了共享，办理时间得到了大幅度缩减。

2019年5月以来,在办理不动产交易时,涉及区块链技术的应用已超过1500笔,核验时间由原来的每笔15分钟降低至2分钟。为提升服务效率,提高市场主体的满意度,2020年北京不仅在企业开办、不动产登记领域继续推进区块链技术的应用,更是将该技术的应用拓展到房屋租赁、积分落户等20余个领域,新技术的应用使得政务服务事项"全程网办""掌上办"得以实现。同样,上海不断发挥其科技优势,走在信息共享制度改革的前列,率先打造了"一网通办"平台,构建全流程一体化在线政务服务平台,把服务事项全部纳入其中,仅设立一个网上总门户,市场办事主体仅需一次登录,便能做到全网通办。

**(四)以法治推进和保障营商改革**

加强法治建设是优化营商环境的重要举措,上海有诸多先进经验值得借鉴。

1. 从工作机制上予以保障,形成了合力。2019年上海通过了《关于建立上海市优化营商环境法治保障共同体的意见》和《上海市优化营商环境法治保障共同体实施细则》。要求政府相关部门、高等院校以及研究机构定期召开会议,针对营商环境中暴露出来的法治问题,进行交流讨论,共商解决方案,形成合力,促进法治保障共同体的建设。

2. 从制度建设上予以保障,形成稳定预期。2018年9月,为提高业务的协同办理能力,加强公共数据资源的整合,上海发布了《上海市公共数据和一网通办管理办法》,通过线上推出"全网通办",线下落实"最多跑一次",不断提升市场主体的政务服务满意度。2019年3月,为营造宽容审慎的营商环境,《上海市市场轻微违法违规经营行为免罚清单》公布,明确对涉及工商、质监、食品安全、消防等多个行政执法领域的34项轻微违法违规经营行为不予行政处罚,旨在为各类企业,特别是中小企业和新业态、创新型企业在发展初期提供更加宽容审慎的制度环境。

3. 重视市场主体的关切和感受。上海市政协以提升市场主体的获得感、满意度为着力点，定期召开企业家调研座谈会，对上百名在沪企业家进行深度访谈，获得了数以千计的关于上海营商环境的结构性评估问卷。

总体而言，无论北京还是上海，都有很多经验值得推广，也各有各的特点。譬如，北京重视与民间智库的协作，上海重视司法局在法治建设中的引领作用，都取得了不错的成效。两个城市都充分调动党政相关职能部门，并推动司法改革及相关制度规范的修订，通过法治的不断健全优化营商环境。

# 第五章　广东、江苏、浙江营商环境比较研究

作为广东之外两个发展潜力巨大的省份，江苏、浙江近年来的营商环境有着巨大改变，其营商环境建设的相关经验值得广东借鉴参考。

## 一　广东与江苏、浙江营商环境的具体比较

2019年12月，江苏省参照世界银行标准印发了《2019年江苏省营商环境试评价方案》，该方案不仅注重衡量企业全生命周期，而且聚焦"放管服"改革重点任务，重点围绕集中高效审批、优化网上服务、分类监管综合执法3个方面开展评价。由于设区市和县（市、区）的事权有所不同，江苏省分别设置了两套营商环境评价指标体系。设区市营商环境评价指标体系主要包括15项一级指标，包括开办企业、办理建筑许可、获得电力、获得信贷、获得用水用气、执行合同、跨境贸易、不动产登记、纳税、办理破产、知识产权保护、政务服务、市场监管、政府采购、招投标。其中跨境贸易、执行合同、政府采购、招标投标4项指标是观察指标，另外的11项属于参评指标。然而，县（市、区）则不包含跨境贸易、获得信贷、知识产权保护、政府采购、招标投标。浙江省借鉴国际国内先进经验，建立具有浙江特色的营商环境评价指标体系和评价机制。浙江省在宏观上分成了五个评价指标体系维度，分别是"服务企业全生命周期""促进公

平竞争""体现公正监管""优化服务供给""激发创新活力"。另外，浙江省同样根据设区市和县（市、区）的事权不同分成设区市、县（市）2套评价指标体系。设区市的评价体系由21项一级和90项二级营商环境评价指标构成，其中，开办企业、办理建筑许可、获得电力、登记财产、纳税、办理破产、保护中小投资者、执行合同、获得信贷、跨境贸易、政府采购11项一级指标，均为世界银行的评价指标。其余10项一级指标为获得用水用气、公共资源交易、市场监管、注销企业、市场开放、信用体系和信用监管、知识产权保护、政务服务、公共服务、服务非公经济等。县（市）评价指标体系则由20项一级和65项二级指标组成。广东借鉴世界银行2020年评价指标体系，建立了具有强烈广东本土特色的营商环境试评价指标体系。该指标体系由13项一级指标和62项二级指标构成，其中有10项一级指标与世界银行相同，具体为开办企业、办理建筑许可、获得电力、不动产登记、获得信贷、保护少数投资者、缴纳税费、跨境贸易、执行合同、办理破产，另外，增加获得用水、获得用气和政务服务3项一级指标；同时，该指标体系中的62项二级指标有32个指标来自世界银行，增加了30个能反映省内各地市之间差异的二级指标。

### （一）江苏、浙江开办企业耗时少，办理建筑许可证效率高

1. 开办企业江苏、浙江耗时少

江苏省在2016年开始进行"3550"改革，提出3个工作日内完成企业开办所有流程。2018年10月，江苏省政府办公厅在《进一步简化流程优化服务提升企业开办便利度的实施方案》中明确了要在2018年底全面实现3个工作日内完成开办企业的目标。从《关于贯彻实施市场监督总局等五部门〈关于持续压缩企业开办时间的意见〉的通知》可以知道，江苏省于2018年12月已经将企业开办时间压缩到2.38天，实现了"3550"改革的要求。2019年5月，江苏省企业开办时间进一步压缩到1.57天，其中，企业登记0.5天，印章刻制

1.5 天，初次申领发票 1.57 天。① 在此基础上，江苏省不仅在简化企业开办流程，而且还压缩开办时间，使得开办企业便利度得到了切实提升，其中包括"一表填报，实时共享机制"和"一站式受理窗口"等企业开办具体措施，具体而言，把工商登记的表和银行开户、办理涉税事项、刻制公章所要采集的数据整合为"一表"，让企业减少重复填表，大力推动公安、银行、税务等部门电子登记系统联网，实行工商登记、公章备案、发票申领、银行开户等事项全程网上办理，加快采集电子证件照，建立安全的电子证照库，由网上进行验证核对。同时，不允许提供"奇葩"证明的现象出现，依托电子营业执照实现企业的身份认证、电子签名、信息共享、电子调用等功能。

浙江省在 2019 年发布了《企业开办全流程"一件事"一日办结行动方案》，要求浙江省政务服务网上需要为企业单独设立专用平台，企业可以在平台上自主选择公章刻制单位、银行开户网点、税控设备服务单位。同时，该平台不仅具有电子签名的功能，还能够实现网络互通、材料共享，实现了一体化集成服务和企业开办业务集成办理。企业开办只需要经过"一次提交、一窗受理、一网办结"的环节。2019 年浙江省统计部门进行的两次营商环境快速抽样调查结果显示，2018 年浙江省企业开办办理时间平均是 6.9 个工作日，但自 2019 年实施企业开办全流程涉及的企业设立登记、公章刻制、银行开户、发票申领等四个联办事项组成"一件事"后，基本实现在"一个工作日（8 个工作小时）"内办结。较之于 2018 年，办事环节从平均 6.4 个减少为 3 个、办事材料由平均 13.9 份锐减至 5.5 份，全省已有 33 个市、县（市、区）通过公章刻制政府买单，实现企业开办"零成本"。②

2017 年，广东省还需要 15.7 天才能实现企业开办。2018 年 11

---

① 参见《关于贯彻实施市场监管总局等五部门〈关于持续压缩企业开办时间的意见〉的通知》（苏市监注〔2019〕167 号）。
② 人民网：《真快！在浙江开办企业一天搞定》，https://baijiahao.baidu.com/s?id=1651511199610504666&wfr=spider&for=pc，访问时间：2020 年 9 月 19 日。

月1日,广东"开办企业一窗受理"系统上线运行,开办企业的时间已压缩至5个工作日内完成。2019年,广东省发改委印发的《广东省进一步深化营商环境改革2019年工作要点》明确要求广东要加大力度压缩企业开办时间,使得商事登记、印章刻制、申领发票等环节能够在3个工作日内完成。虽然广东省企业开办包含了企业设立登记、印章刻制、申领发票三个环节,手续从13道压缩为3道,办理时间从15.7天压减到3天内,政府实现零收费,成本仅刻章约300元,[①] 但是依然在企业开办时间方面与江苏、浙江省存在差距,广东省企业开办时间和程序有进一步优化提升的空间。

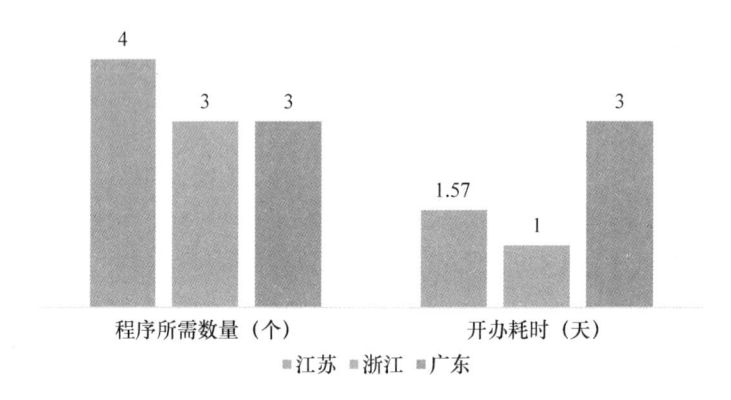

图5-1 广东与江苏、浙江"开办企业"便利化程度对比

2. 办理建筑许可证江苏、浙江效率高

江苏省于2019年实现了工业建设项目50个工作日内取得施工许可的目标,开发了"江苏省建筑工程一站式申报系统",成为全国首个通过"不见面"方式获得施工许可电子证书的省份。调研反映,江苏昆山出台23条营商环境新政,其中包括工业建设项目施工许可从50个工作日提速到30个工作日。[②] 此外,2019年6月2日,江苏省

---

① 王佳欣:《广东开办企业全流程指南!你get了吗?》,http://news.southcn.com/nfplus/nfsp/content/2019-12/12/content_189783685.htm,访问时间:2020年9月19日。
② 王敏等:《优化审批流程 提高审批效率 江苏进一步优化企业施工许可办理手续》,http://news.jstv.com/a/20190126/1548500711542.shtml,访问时间:2020年9月19日。

## 第五章　广东、江苏、浙江营商环境比较研究

**浙江**：企业开办网上平台设立登记 → 公章刻制／申领发票／银行开户／参保登记

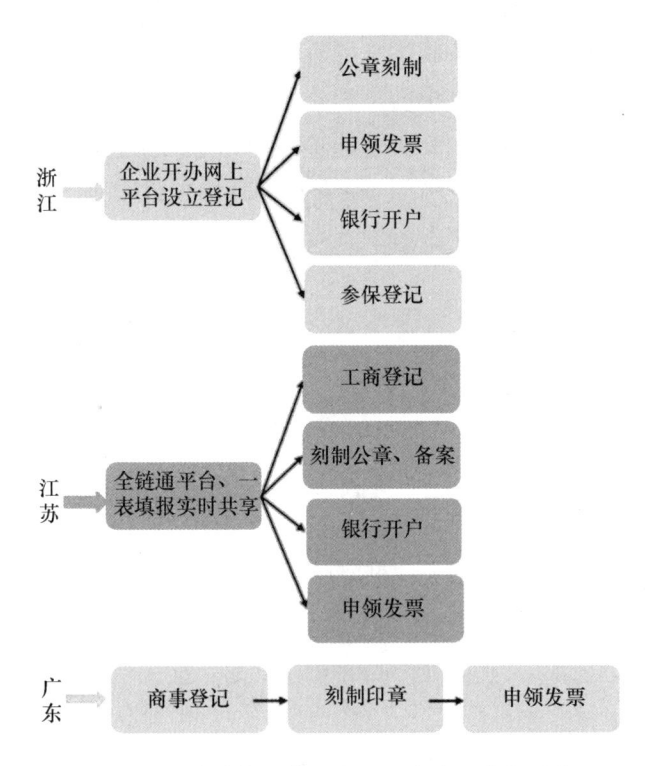

**江苏**：全链通平台、一表填报实时共享 → 工商登记／刻制公章、备案／银行开户／申领发票

**广东**：商事登记 → 刻制印章 → 申领发票

图 5-2　广东与江苏、浙江开办企业流程对比

在《江苏省工程建设项目审批制度改革实施方案》中针对工程建设项目审批制度提出了全方位的改革措施，统一审批流程、审批管理体系、信息数据平台和监管方式。浙江省早在2019年8月2日基本建成了本省行政区域统一的工程建设项目审批和管理体系，同时在《浙江省深化工程建设项目审批制度改革工作实施方案》中进一步提出要实现更高层次的"四统一"，即工程建设项目审批在审批管理体系、信息数据平台、审批流程及监管方式上进一步互联互通，打造最优的营商环境。实际上，在2019年底就已经把工程建设项目审批时间压缩到了90个工作日内，同时，全省统一的工程建设项目审批管理系统2.0版（投资项目在线审批监管平台3.0版）正式上线并且在全省范围内全面推广、运用，目前，工程建设项目审批事项除涉密项目外，其他都已经能够100%在网上办理。相比之下，广东省目前施工

许可证的办理，根据工程进度分为四个阶段，即立项用地规划许可阶段、工程建设许可阶段、施工许可阶段和竣工验收阶段，实行分阶段办理。从广东政务服务网中的工程建设项目审批可知，政府投资工程建设项目审批一般需要100天才能够办理完毕，社会投资工程建设项目审批办理时间则为60天。广东省在办理施工许可证方面有进一步优化提升的空间。

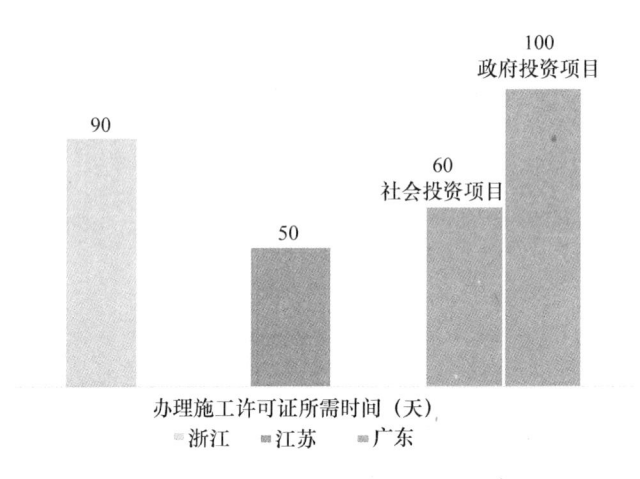

图 5-3 广东与江苏、浙江办理施工许可证所需时间对比

**（二）广东获得电力更为便捷，江苏、浙江不动产登记更为高效**

1. 获得电力广东更为便捷

江苏省自2018年以来高低压用户用电环节分别由9个缩减至4个，6个压缩到了3个；接电平均耗时分别压缩至68和12个工作日以内，缩短了24%和28%。[①] 浙江省在2020年5月强调要进一步优化电力营商环境，推出了"阳光业扩"十项服务工作，明确2020年底，实现低压小微企业客户全流程平均接电时间压缩至10天以内、办电环节压减至2个，10千伏及以上大中型企业客户全流程平均接电时间压缩至50天以内、10（20）千伏普通高压客户办电环节压减至

---

① 刘泊静：《江苏实施五大用电工程打造营商环境江苏样本》，http：//www.cpnn.com.cn/zdyw/201811/t20181119_1105051.html，访问时间：2020年9月19日。

第五章　广东、江苏、浙江营商环境比较研究　　117

4 个（有条件的压减至 3 个）。① 相比之下，广东省获得电力比浙江省便捷。广东省《进一步深化营商环境改革 2019 年工作要点》中就明确要求广东电网企业必须在 40 个工作日内办理完毕高压用户的接电流程。目前，广东全省范围内只要经过 2 个环节就能够完成 380 伏及以下低压用户用电，10 千伏高压用电报装则多了 1 个环节，低压非居民（小微企业）客户则需在 3 天内满足其用电需求。②

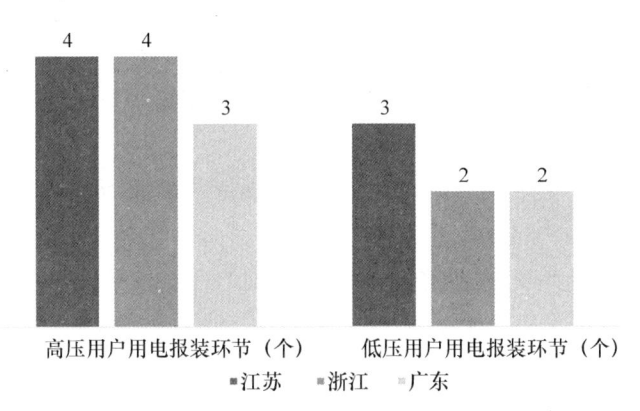

图 5-4　广东与江苏、浙江用电接入所需环节对比

2. 不动产登记江苏、浙江更为高效

2019 年 1 月 23 日，江苏省发布了《江苏省不动产登记条例》，明确提出在本行政区域内实行统一的不动产登记制度。另外，江苏省自然资源厅制定了《关于进一步优化不动产登记的行动方案》，提出要提高不动产登记效率，加大缩减不动产登记办理时间，打造高效顺畅的"江苏模式"。江苏省不动产登记办理环节 2.7 个、办理时间 1.6 天、申请材料 4 件，在 2019 年排名全国第一，也是我国率先在全省范围内达到常规不动产登记 5 日内办结的省份。③ 江苏省打造出不

---

① 陈丽莎：《国网浙江电力：着力打造"国内领跑、国际领先"的"获得电力"浙江样板》，http://biz.zjol.com.cn/zjjjbd/qyxw/202005/t20200520_11981504.shtml，访问时间：2020 年 9 月 19 日。
② 代国辉、沈甸：《优化营商环境　广东电力十足》，《南方都市报》2020 年 9 月 24 日。
③ 郝朦、李栋：《一窗受理集成服务　业务联动一站办结　江苏进一步优化不动产登记工作》，http://zrzy.jiangsu.gov.cn/xwzx/mtsy/2019/01/14171849772892.html，访问时间：2020 年 9 月 19 日。

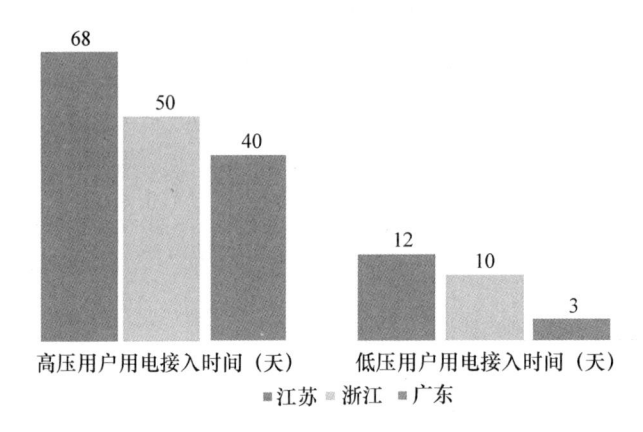

```
高压用户用电接入时间（天）    低压用户用电接入时间（天）
68  50  40                  12  10  3
■江苏  ■浙江  ■广东
```

图 5-5　广东与江苏、浙江用电报装时间对比

动产登记、房产交易和缴税全业务在同一平台办理，房屋交易、缴税、登记所需全部材料仅需递交一人即可完成，办事群众只需见一人，最多跑一次。浙江省 2019 年 7 月印发的《浙江省优化营商环境企业不动产登记"一件事"便利化行动方案》，要求全面推行"互联网+不动产登记"，实现所有不动产登记事项都可以通过网上申请；"一般登记 4 个工作日、抵押登记 2 个工作日内办结；一般商品房交易登记 1 个工作日内办结，登记申请材料不超过 4 件，办理环节压减至 1 个以内；异议登记、查封登记、地役权注销、抵押权注销、预告登记注销等事项当场'即时办理'"；"建立银行抵押贷款与不动产登记协同办理机制，实现抵押登记全过程'网上查、网上办''一次不用跑'"。相比之下，江苏、浙江不动产登记更为高效，广东在不动产登记方面的效率还有待提高。2019 年 8 月《广东省人民政府办公厅关于印发广东省压缩不动产登记办理时间实施方案的通知》要求"精简优化不动产登记办事流程，所有地级以上市城区范围全面实现'互联网+不动产登记'，全省实现一般登记 5 个工作日内、抵押登记 3 个工作日内办结，并争取实现一般登记 4 个工作日内、抵押登记 2 个工作日内办结"。"实现信息集成、流程集成式不动产交易、缴税、登记'一窗受理'，不动产登记涉及税、费实现网上自助缴纳。"此外，广东省还针对不动产登记历史遗留问题，提出制定政策措施，妥善处

理各类历史遗留问题。广东省在全省范围内开展不动产权籍调查，在建立完成安全稳定的不动产登记信息平台前提下，权籍调查测绘成果和不动产登记信息均需纳入数据库进行管理。加快推进不动产登记信息网上查询，在当地政府门户网站公开土地权属争议案件数据，发布一审法院土地争议审判数据。《2020年广东省营商环境试评价报告》显示，广东省目前已经能够在5个工作日内完成企业办理一般登记和3个工作日内办结抵押登记。

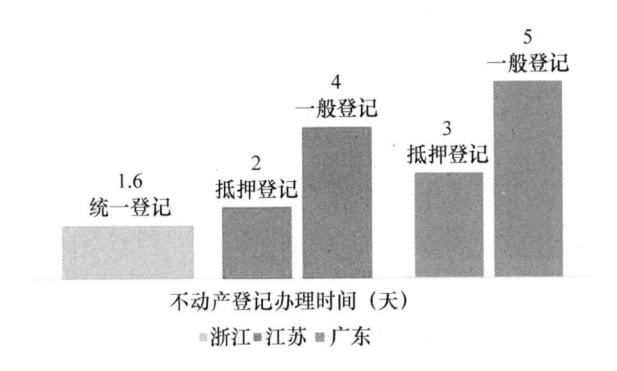

图 5-6 广东与江苏、浙江不动产登记办理时间对比

### （三）江苏出口退税位居前列，浙江纳税时间相对较短

2019年，江苏省减少了办税服务流程节点和提高了当场办结事项比例，办税服务流程节点减少164个，当场办结事项比例提高至71.7%。江苏全省出口退税平均在5个工作日内完成，进度位居全国前列；依托长三角政务服务网络集群，率先实现长三角跨区"一网通办"、新办和注销业务"一站式办理"；进一步深化"银税互动"，帮助纳税人获得贷款规模居全国第一。[1] 而根据浙江省《2020年浙江省优化营商环境工作要点》，浙江省要进一步优化电子税务局建设，要求网上办税率提高到85%，实行城镇土地使用税与房产税合并申报。推行纳税人网上解锁报税盘，优化增值税发票管理新系统，在全省范

---

[1] 邵生余、王建朋：《江苏税务亮成绩单 2019年新增减税降费超2200亿》，http://xhfmedia.com/newsdetail.htm?id=2001210034，访问时间：2019年9月19日。

围内纳税人的年纳税时间均压缩在 120 小时以内。以浙江省嘉兴市为例，嘉兴市税务局研发推出了"嘉兴市企业研究开发项目信息管理系统"。该系统简便实用，全过程都会有操作指引，企业只需在系统完成注册，录入科技项目计划书和相关财务数据，系统就会即时自动生成可享受研发费用加计扣除金额，申报所需时间由以前的约 30 个工作日减少到约 3 个工作日。截止到 2019 年，浙江省嘉兴市已有 2483 家企业在该系统中注册。2020 年，嘉兴全市研发支出总额 136.2 亿元，加计扣除总额达 99.4 亿元，较之于上一年度，加计扣除金额增长 55%。广东省全面推行出口退（免）税无纸化管理，办理出口退税平均时间为 6.44 个工作日。大企业改制重组上市等可以通过"一企一策"机制获得精准优质服务。"银税互动"持续升级，实现省内主流银行全覆盖，受惠群体从企业拓展至自然人，超过 23 万户次纳税人获益，发放贷款 860 亿元。[①] 相比之下，广东省税务办理时间、纳税优惠支持依然与江苏省存在差距。此外，与浙江相比，广东纳税环境较差，主要体现在税务办理时间上。《广东省进一步深化营商环境改革 2019 年工作要点》提出，大力推进纳税便利化改革，着力推行增值税小规模纳税人"一键申报"，进一步缩短办税时间；通过"税务电子证照和 O2O 体系"解决纳税人电子办税"最后一公里"；制定税费业务进驻政务服务中心标准；持续更新办税（缴费）事项"最多跑一次"清单，在省、市、县、镇四级覆盖"最多跑一次"事项；完善网上办税服务厅功能，纳税人可以自主查询和自助打印纳税记录；实行涉税（费）资料清单管理，进一步简化涉税（费）资料报送；推动发票代开"零跑动"，由税务机关在网上代开增值税电子普通发票；取消一般纳税人增值税发票抄报税；支持广州"区块链+缴纳税费"改革试点；2020 年 10 月，广东省缴纳税费时间已降低至 135.5 小时。

---

① 岳瑞轩、严丽梅：《广东税务大力营造服务新生态 惠民利企收获亮丽成绩单》，https://www.sohu.com/a/299672189_119778，访问时间：2019 年 9 月 19 日。

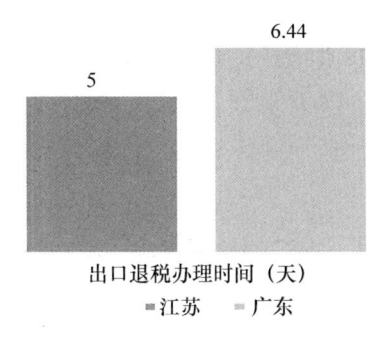

第五章　广东、江苏、浙江营商环境比较研究　　121

图 5-7　广东与江苏出口退税办理时间对比

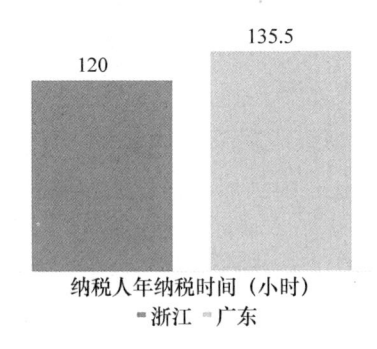

图 5-8　广东与浙江纳税人年纳税时间对比

### (四) 江苏、浙江破产制度较为完善

民营经济占据了江苏全省经济总量的"半壁江山"。据统计，目前，民营经济为江苏省贡献超过五成的 GDP、六成的税收、七成的企业研发投入和社会固定资本投资、八成的新增就业岗位、九成的高新技术产值。[①] 在市场经济运行过程中，破产清算让没有重生价值和可能的企业尽快走向消亡，从而将其拥有的土地等生产要素释放出来并通过市场化手段重新配置，可以有效地提高要素生产率；破产重整、和解等手段也可以让具有重生价值和可能的企业摆脱债务危机，继续经营，从而实现债权（务）人利益的最大化。2016 年至 2018 年，江

---

[①] 人民法院新闻传媒总社：《江苏：推动优化法治化国际化便利化营商环境》，https://www.thepaper.cn/newsDetail_forward_4842114，访问时间：2020 年 9 月 19 日。

苏省运用破产程序化解债权1754.49亿元，其中金融不良债权723.47亿元，妥善安置和分流职工34.33万人，清偿职工债权75.83亿元，盘活土地和房产3713.47万平方米，116家困难企业通过重整、和解手段得到挽救，长航油运、舜天船舶、无锡尚德等多家大中型企业获得重生。①

2019年8月30日，浙江省高级人民法院联合浙江省发改委、公安厅、财政厅等15个部门制定《浙江省优化营商环境办理破产便利化行动方案》，推出5大主要任务，包括加强部门合作，破解破产难题；创新工作机制，提高专业化水平；缩短破产案件简易审理周期；加强破产审批信息化建设，简化破产财产处置程序；提升和加强破产管理人履职能力、业务水平。

2018年，广东省高级人民法院出台的《关于为优化营商环境提供司法保障的实施意见》中虽然也提出了要完善破产企业识别机制和破产程序启动机制；完善破产重整、和解制度；推动设立破产基金，妥善处理职工安置和利益保障问题，但是目前破产措施依然存在不到位的问题。迄今为止，广东省仅有广州市中级人民法院在2020年与中国人民银行广州分行、广东银保监局签署了《关于进一步提升办理破产质效、合作优化营商环境的实施意见》，意见的核心内容有五个方面：一是"明确手续和流程，简化办事手续，提升办理效率"；二是"鼓励金融机构积极参与破产程序，有效防范化解重大金融风险"；三是"支持困境企业重整再生"；四是"规范破产重整企业信用修复的条件、程序，提高企业重整成功率"；五是"强化信息共享，有效遏制逃废债行为"。而广东省其他地方的破产政策和措施仍处于低发展状态，具有较大提升空间。

**（五）江苏、浙江跨境贸易水平较高，跨境贸易环境优良**

江苏省人民政府在2019年3月5日出台了《江苏省优化口岸营

---

① 朱旻、翟如意：《江苏：推动优化法治化国际化便利化营商环境》，http://www.js-fy.gov.cn/art/2019/11/04/23_98824.html，访问时间：2020年9月19日。

商环境促进跨境贸易便利化实施方案》，方案要求加大本行政区域内的改革力度，优化口岸通关流程和作业方式；强化科技应用，提升口岸信息化智能化水平；完善口岸监管，提升口岸服务效能；规范口岸收费，营造公开透明的口岸营商环境。

2019年7月，浙江省政府办公厅在《浙江省人民政府办公厅关于深化"最多跑一次"改革进一步提升跨境贸易便利化水平的实施意见》中提出，浙江省要在48小时以内完成进口方面的边境合规、边境合规费用需要进一步降到316美元以下，同时要在8—10小时完成单张合规、单证合规费用降到70美元以下；另外，浙江省要在16—20小时完成出口方面的边境合规、边境合规费用降到293美元以下，同时要在6—8小时完成单证合规、单证合规费用降到70美元以下。同时，浙江省也加大力度打造智慧码头，因地施政，减少通关全过程时间，建设国际贸易"单一窗口"，努力提升跨境贸易便利化水平。

广东省人民政府在《广东省优化口岸营商环境促进跨境贸易便利化措施》中明确提出要采取措施加强国际贸易"单一窗口"建设、规范和降低口岸收费、提高口岸通关服务水平、推动粤港澳大湾区口岸通关管理模式改革创新。相比较而言，江苏在通关流程、科技应用方面优于广东。广东省只有广州市人民政府在2019年出台的《广州市优化口岸营商环境促进跨境贸易便利化工作方案》中提出要在40小时完成进口边境合规，费用降至332美元；在8—12小时办结单证合规，费用降至110美元。在16—18小时完成出口边境合规，费用降至285美元；在6—8小时完成单证合规，费用降至76美元。同时，实现机场、海港口岸每日全天常态化通关。目前，中国（广州）国际贸易单一窗口主要业务已经在本市范围内全覆盖。对比发现，虽然广州市合规时间比浙江省短，但是费用比浙江省高。另外，广东省的其他地方跨境贸易环境仍然较为落后。

**（六）浙江中小投资者保护力度大，广东打击知识产权违法力度更大**

为进一步完善浙江辖区证券期货纠纷多元化解机制，浙江证监局在2019年联合浙江省高级人民法院出台了《关于证券期货纠纷诉调对接工作的贯彻实施意见》，另外，还与杭州市中级人民法院联合组建了"浙江证券期货纠纷智能化解平台"。该平台是全国首个证券期货纠纷诉调对接网络平台，为浙江行政区域内的证券期货纠纷提供了多种解决途径。相比之下，尽管广东省广州市颁布了《广州市优化营商环境条例》《广州市科技创新促进条例》等地方性法规和规章，但是缺少了对全省范围内适用的中小投资者的保护政策和措施，显然，浙江省对中小投资者的保护力度较大。

严格的知识产权保护，有赖于法律法规保驾护航。江苏省2019年共"查处商标违法案件2558件，罚没款4807.97万元；处理4352件假冒专利案件和3511件专利侵权纠纷案件，其中有3件案例入选全国专利商标十大典型案例"。① 相比之下，广东省更加严厉地打击知识产权违法行为，注重知识产权的司法保护，不断完善知识产权民事案件"简案快审、繁案精审"审判模式。2019年广东省全年共查处各类商标、专利、不正当竞争违法案件1.1万件，罚没金额8326万元，移送司法机关63件。

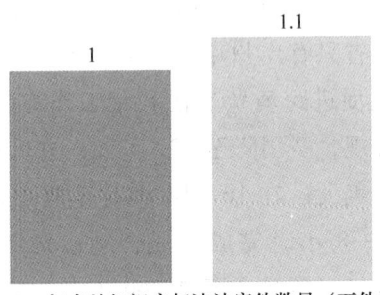

2019年查处知识产权违法案件数量（万件）
江苏　广东

图5-9　广东与江苏查处知识产权违法案件数量对比

---

① 缪礼延：《为创新创业营造优良营商环境！ 江苏全力构建知识产权"立体"保护体系》，https：//www.yangtse.com/zncontent/542393.html，访问时间：2020年9月19日。

第五章 广东、江苏、浙江营商环境比较研究

```
            8326
  4807.97
  
  2019年知识产权罚没金额（万元）
      ■江苏 ■广东
```

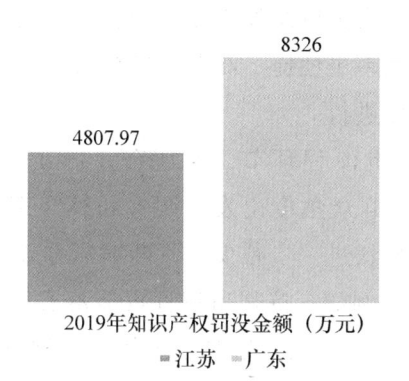

图5-10 广东与江苏知识产权违法案件罚没金额对比

## 二 江苏、浙江的经验与启示

根据上述营商环境评价对比，以及课题组对浙江、江苏的实地调研，浙江、江苏优化营商环境的以下经验值得广东借鉴。

### （一）注重深化"一件事"改革，强化营商环境便利化

便利化是优化营商环境的重要目标。为实现营商环境便利化，江苏、浙江两省不断深化"一件事"改革。"一件事"改革的目的就是为了政府更加高效便捷地为企业群众办实事，具体而言就是把企业群众需要到一个部门不同窗口、多个部门或需跨层级部门办理的一个事项在线上一个平台或线下一个窗口统一办理，如此通过整合事项、流程再造、信息共享，从而全面提升政务服务规范化、便利化水平。"一件事"改革的落脚点是不断优化营商环境。"一件事"改革看似简单，实则千头万绪，涉及多个部门联合，也包括众多事项。如开办一家美食店，需要经过市场监管、卫生健康、镇街等多个部门办理多个证件，如果要想真正完成线上一个平台或线下一个窗口将所有环节事项统一办理，就需要协调部门、联动整体、共享信息、融通线上线下。在"一件事"改革上优化营商环境，本质是简化体制机制、压实

政务服务和监管、加大力度激发市场活力，让材料提交更简单，办理流程更顺畅，办事效率更便捷。江浙两省在深化"一件事"改革过程中主要围绕两个方面进行。

1. 优化压减审批流程环节，实现企业群众办事"花最少的时间"。坚持从企业、群众角度出发，调整和整合多个部门审批环节，对办事环节、办事材料进一步减少、不断缩短办事时限，全力推动业务整合和流程再造。例如，杭州市流程再造落实"四减"，将"开办企业"固化为"5210"标准，分别是减材料（材料从23份压缩到至多5份）、减环节（环节从7个压缩到最多2个）、减时间（时间压缩至1个工作日以内）和减费用（免费送章、送税控盘，逐步实现"零费用"）。其中，杭州市高新区（滨江）开办企业所需时间已接近世行最佳，压缩在一个工作日之内，最快1.5小时之内办结，企业公章制作半小时之内完成。

2. 强化部门间材料协同共享，实现企业群众办事"交最少的材料"。江浙两省都在积极推进企业群众办事服务简易化，优化精简流程，减少重复、不必要的环节，凡是能够被法定证照、法定文书、书面告知承诺、政府部门内部核查和部门间核查、网络核验、合同凭证等涵盖或者替代的材料，不允许再向企业群众收取。江苏省苏州市行政审批局审批平台与本市电子证照库完成对接，划转审批局事项，率先推广身份证、营业执照等电子证照在线调用都不需要提交，企业群众办事提供材料减少；出台告知承诺制办法，对条件成熟的事项实行告知承诺制，出台《苏州市水电气配套工程授权备案和并联审批流程管理规定》，简化水电气报装流程，创新"5G"承诺审批，对中国移动、电信、联通、铁通等运营商的5G基站18个机房、5个铁塔的项目于当天办结。这些一系列深化"一件事"改革的举措都有利于提高企业群众的感受度、体验度和满意度。

## （二）注重"数字化"建设，强化优化营商环境的数据支撑

政府数字化转型不仅能够提高政府效率和政府公信力，而且还能够为进一步优化营商环境提供重要抓手。浙江省通过"互联网＋政务

服务"和"四张清单一张网"积极推动着政府数字化转型,为优化营商环境提供数据支撑。

1. 建立全省统一数据平台。"数字化"建设的关键是把统一的数据平台和各应用系统之间数据能够进行整合和交换共享。根据《浙江省深化"最多跑一次"改革推进政府数字化转型工作总体方案》的要求,浙江省要按照统分结合的原则,通过省市两级平台支撑、省市县三级应用开发和运行保障,建设与国家平台全面对接包含"四横三纵"("四横"是全面覆盖政府职能的数字化业务应用体系,全省共建共享的应用支撑体系、数据资源体系、基础设施体系;"三纵"是政策制度体系、标准规范体系、组织保障体系)七大体系的政府数字化平台。需要特别注意的是,浙江省打破条块分割、单部门内循环局面,按照公共组件集成和统一标准接口,以服务对象为中心,建立业务协同模型,在社会管理、经济调节、公共服务、市场监管、生态环境保护和政府运行六大领域上互联互通、数据共享、业务联动,建立了全省统一的可信身份体系、共建共享的数据资源体系、集约整合的基础设施体系和严密可靠的安全保障体系等统一开放的应用支撑体系,从而达到一体化支撑的目标;此外,浙江省还在电子证照、电子印章、电子签名、可信身份认证、电子档案等方面健全政策;《浙江省数字化转型标准化建设方案》明确指出,在数据汇集、数据平台、数据安全、数据应用等领域需要优先配套相应技术标准,在公共数据资源目录编制、公共数据管理、基础数据库建设和浙江政务服务网电子材料管理等方面统一标准规范,强化标准规范体系;在省政府数字化转型工作领导小组领导下,通过建立健全专家咨询机制,构建政企合作、管运分离的建设模式,探索组建混合所有制企业作为运营主体,不断完善组织保障体系。

2. 实行数据无条件归集。数据充分与否是统一数据共享平台能否发挥作用的前提条件。调研发现,为保障数据充分,浙江省全面实行政府数据无条件归集,也就是政府机关及其工作人员在依法办案的过程中制作或者获取的信息,除法律法规以及党和国家政策另有规定外,无条件统一归集到省统一数据共享平台。以杭州为例,2017年杭州市长徐立毅提出，所有政府数据将"无条件归集，有条件使用"。"无条件归集"要求政府各个部门能够把所有的数据拿出来共享。为此，杭州市数据资源管理局针对59个部门之间的数据打通工作做出了极大的努力，选择公民个人办事事项、不动产登记、"1+N+X"商事登记、投资项目审批四大重点领域作为突破口，认真分析需求，全面推进数据归集共享，信息互认。杭州市2017年8月启动"数据归集共享"大会战，截止到2018年1月，一共归集了59个部门近293.6亿条信息，杭州所有政务数据基本上都被收集入库，85%的新设企业可按"一件事"标准进行网上办理，公民仅凭"身份证"可办事项203项。截至2019年12月30日，杭州市大数据资源中心累计汇聚69个部门4274张表7万个字段1146.79亿条数据。

3. 实行数据按分类共享。浙江在实行数据无条件归集的同时，强调分类共享，以实现数据安全和数据开放的衡平。据调研反映，浙江省杭州市的所有数据资源包括非受限共享类数据和受限共享类两大部分。对非受限共享类数据，行政机关在使用时可直接通过政务数据服务平台选取。对于受限共享类数据，则按照编制管理部门设定的职责要求和法律法规规定，实行有条件共享。同时，24小时监控共享数据的实际使用情况，以"水印"方式对调阅数据全程留痕确保数据安全，使得政务数据安全监督检查和事件责任追究制度得到落实，推进政府数据共享。

4. 推动个人数据和政府、企业数据的深度融合。营商环境的进一步优化不能仅仅着眼于对政府、企业数据的收集、打通和运用，对个人数据的合理收集并使其与政府、企业数据产生互动并深度融合，会对大数据助力营商环境优化产生巨大推动作用。在浙江调研时发现，当地在注重打通部门间数据壁垒的同时，注重在法律允许范围内对个人数据进行收集，使得个人在后续办理各种手续时免去了烦琐的证明程序，奠定了"让数据多跑路，让百姓少跑路"目标的坚实基础。浙江杭州正是凭借互联网、大数据、云计算等技术手段对城市实施全域全程即时分析和管理的"城市大脑"，使城市治理体系和治理能力达到现代化水平，从而在《中国城市数字治理报告（2020）》中数字治理指数位居全国第一。

**（三）注重金融赋能，推动企业融资便利化**

良好的金融生态环境可以为市场主体高效有序运营提供便利条件，从而实现营商环境的优化，促进社会经济健康持续发展。企业融资活动在金融生态环境中是比较常见的一种现象。企业发展离不开必要的资金支持，通过一定渠道，为企业自身经营活动筹措必要的资金有助于企业实现利益的最大化。然而，在资金具体筹集过程中，融资难、融资贵、融资渠道不畅、融资方式过于单一等问题是很多企业都面临的问题。为解决企业融资难题，江苏重视金融赋能，采取了相关措施提升企业融资便利度。

1. 搭建企业金融服务平台，破解金融信息不对称问题。调研发现，为帮助企业融资，布局机构转型发展，早在2015年12月苏州综合金融服务平台已正式上线。苏州综合金融服务平台的功能主要在于解决金融机构的金融供给和企业融资需求信息不对称以及撮合二者间的业务。综合金融服务平台有60多项功能，主要是通过为企业和金融机构提供发布融资需求和金融产品渠道，实现企业、机构和主管部门间信息实时对接反馈、互联互动，让企业的融资需求与金融资源的供给对接起来。为丰富融资渠道，2018年8月股权融资平台上线，目前已引入100多家国内知名股权机构、基金管理人，为200多家初创型、成长型企业解决了80多亿元融资。据统计，截至2020年9月末，苏州综合金融服务平台注册企业累计6.9万多家，累计为2.4万家企业解决7521亿元融资。① 随着平台影响力的扩大，苏州综合金融服务平台微信粉丝量已近12万。2018年6月，江苏省综合金融服务平台南京市"子平台"作为江苏省首批上线试点运营。南京市"子平台"通过整合政府扶持政策、公共信用信息、社会征信服务、企业融资需求、金融机构融资产品等资源，为南京市中小微企业提供"一

---

① 和讯银行：《苏州综合金融服务平台创新多项政策 为2.4万家企业融资7521亿元》，http：//bank.hexun.com/2020-11-19/202463358.html，访问时间：2021年7月25日。

站式"综合金融服务。截至 2020 年 7 月末,平台共接入中小企业 35738 家,发布融资需求 6064 笔,金额 230.09 亿元,获得授信 3199 笔,授信金额 172.38 亿元,融资撮合率达 75%。

2. 发挥财政资金撬动作用,完善企业融资增信机制。为支持有融资需求,但缺少抵质押、担保的中小微企业,早在 2014 年南京市就研究制定了《南京市小额贷款保证保险试点工作实施办法》(宁政办发〔2014〕123 号);为进一步支持中小微企业融资需求,南京市还在 2019 年 3 月制定了《南京市关于加强小额贷款保证保险试点工作的实施细则》,为中小微企业提供了一种新的增信方式,即在向合作银行申请贷款时可以通过购买小贷险进行增信。截至 2020 年 6 月末,3 家试点保险公司与 9 家银行开展业务合作,今年以来共为全市 26 家科技中小微企业提供约 6600 万元信贷支持,保费收入 239.32 万元。

### (四) 注重规范行政执法,加快营商环境法治化

行政执法水平影响着经济活动的成本和市场主体的信心。江苏省和浙江省都十分注重行政执法行为的规范,不断提高行政执法水平和加强营商环境法治化。其中最具借鉴意义的是"包容"性监管和"审慎"监管。

1. 注重"包容"性监管。为打造"苏州最舒心"营商环境,2020 年 3 月江苏省苏州市颁布了《苏州市涉企轻微违法行为不予行政处罚清单、涉企一般违法行为从轻减轻行政处罚清单》,将亲商理念、柔性举措融入涉企行政执法。2020 年以来,嘉兴市综合行政执法局对企业信用修复工作主动履行职责,用"零次跑"贴心服务企业,以"三服务"为优化营商环境提供助力。截至 2020 年 6 月,嘉兴市综合行政执法部门协助涉及建筑施工、市政工程、工贸企业、商业流通等领域的 717 家企业办理信用修复申请,已完成信用修复企业 708 家,取得了阶段性成效。

2. 强化"审慎"监管。调研发现,苏州市各行政执法部门在处理企业执法过程中始终坚持宽严相济的法治精神,坚持严格审慎执法,充分运用政策辅导、走访约谈、行政建议、警示告诫、规劝提醒

等方式,强化对企业的行政指导力度,健全并完善"重大行政执法决定法制审核"等内部制约机制,以及"信用惩戒管理"等配套制度,依法维护健康良好的营商环境。2018年初,嘉兴市率先在综合执法系统先行先试"综合查一次"。"综合查一次"就是在多部门联合基础上完成多领域的同步,同一对象适用"一张清单""全科模式"的部门内综合执法检查和部门间联合执法检查。对同一对象实施"综合查一次",整合了执法力量,减少了入企检查频次,有效解决"执法扰民"问题,实现执法减员、企业减负。这也是落实"双随机"抽查监管工作要求,找准"放管服"改革后部门职能定位,深化浙江省综合行政执法体制改革实践,探索跨领域跨部门综合执法、联合执法的有益尝试。

**(五)注重政府指引,优化政府服务**

营商环境,"优"无止境。如何更好地发挥政府指引,将营商政策落到实处,让市场主体感受政策温度是优化营商环境的重要而紧迫的课题。调研中发现,浙江、江苏在合理规划布局、科学描绘蓝图、引领企业优化发展的基础上注重政府指引,创新政府指引方式,优化政府服务,助力营商环境优化。

1. 强化营商政策宣传,让市场主体感受政策温度。政策宣传不仅可以迅速提高国务院"放管服"改革的知晓率,还是政府各部门落实优化营商环境政策的重要举措。江苏不断创新政策宣传的方式,积极拓展政策宣传的渠道,扩大宣传覆盖面,提高营商政策的知晓度,让市场主体感受政策温度,全力助推营商环境高质量发展。江苏省在强化营商政策宣传方面结合线上与线下全方位、多角度、广镜头式进行宣传营商政策,宣传效果走在全国前列。一方面,江苏省利用数据手段加强政策宣传解读。例如,南京市在江苏政务网南京旗舰店"一栏通"设立的营商环境专栏,不仅对于已出台的涉企政策措施需要及时进行解读,并且需要提炼各个行政区域内的各个部门的经验和做法,加大全市营商环境改革成果和正面案例的宣传力度。另一方面,江苏省还利用多种线下手段加强营商政策宣传。例如,在司法政策宣传方面，江苏泰兴市司法局则通过开展全市《优化营商环境条例》解读培训、在办事窗口宣传、走进企业宣传、举办现场活动宣传、运用媒体广泛宣传，利用五措并举强化营商环境政策宣传力度，提高全市各级各部门依法履职水平，增强全社会的营商环境意识。

2. 强化营商政策具体指引，让市场主体活动更加便利。营商政策的落实需要具体指引。在强化营商政策具体指引方面，浙江省的经验值得借鉴。一方面，浙江省对市场主体进行了具体指引。2018年，浙江省出台了《浙江省企业投资工业项目"标准地"工作指引》（以下简称《工作指引》）。该《工作指引》不仅要求健全标准化的操作流程，而且还需要配套相关制度，保证企业投资项目最多在100天内实现开工。同时，为进一步提升"获得用水用气"便利度，浙江省出台了《浙江省供水和燃气报装接入技术导则》，为企业用水用气报装提供明确的指引。另一方面，考虑到政策落实需要双向合力，浙江省还对政府的工作人员的工作进行具体指引和规范。如浙江杭州市推行窗口"六不让"服务规范，对工作人员提出了"六项要求"，分别是"不让工作在我手中延误、不让文件在我手中积压、不让差错在我这里发生、不让群众在我这里冷落、不让规定在我身上走样、不让声誉在我身上受损"为群众提供更加规范、高效、优质的政务服务，打造人民群众满意的服务窗口。

### （六）注重多措并举，推动亲清新型政商关系构建

政商关系是一个复杂并且重要的问题，利益关系很难处理。良好的政商关系有利于社会经济的发展，消极的政商关系将极大地阻碍社会经济发展。党的十八大以来，部分政府公职人员怕担责，怀有"只要不出事、宁可不做事"的思想，引发了庸政、懒政、怠政等情况。为此，浙江多措并举，推动亲清新型政商关系构建。

1. 建立政商交往清单制度。为加快构建政商"亲""清"关系，浙江省委、省政府专门出台了《关于构建新型政商关系的意见》，界定各级党政干部和企业合情合理、合法合纪交往的边界，倡导政商关系"亲不逾矩、清不远疏"。明确规定"各级领导干部在与非公有制

经济人士交往中,严禁向企业乱摊派、乱检查、乱收费、乱罚款、乱募捐";"严禁在市场准入、证照办理、项目审批、土地征用、工商管理、税收征管、金融贷款、财政补贴等环节吃拿卡要、以权谋私"等8条不得触碰的"红线",对领导干部在政商交往中各种违纪违规行为"零容忍"。杭州市先后出台清廉杭州建设意见和非公有制企业清廉建设意见,将构建亲清新型政商关系纳入建设清廉杭州总体部署,在负面清单基础上建立了政商交往中"正面倡导"七项行为清单,如公职人员上门服务企业或开展调研活动,确有需要的,可按员工就餐标准在企业食堂安排工作餐,解决了困扰政商双方已久的"去企业能不能吃饭"的难题。另外,杭州各区县也结合地方发展实际,纷纷推出构建亲清新型政商关系个性化"套餐"。

2. 构建亲清新型政商关系数字平台。调研发现,作为杭州"城市大脑"重要组成部分的"亲清在线"数字平台2020年3月正式上线。"亲清在线"是"一键通"的新型政商数字协同系统,是政府帮扶支持企业发展的重要平台,也是数字赋能政府服务的创新探索。作为"城市大脑",平台前端可以向企业、政府部门提供政策兑现和互动交流服务等操作功能。后端就是通过"城市大脑"中枢系统,与政府各部门及区、县(市)业务系统进行数据协同,实现政策服务、在线互动和决策支持。嘉兴等市加强同"浙里亲清""96871"等企业政务服务平台的沟通协调,进一步加强常态化疫情防控和国际形势严峻下的企业困难问题走访收集,大力地解决困扰企业发展的各类疑难问题。

3. 发布浙江省新型政商关系亲清指数,强化社会监督。据调研发现,从2019年开始,浙江工商大学浙商研究院等民间机构在政府相关部门支持下,每年对浙江省11个地市的政商关系从"亲"和"清"两个维度进行评估分析,联合发布"浙江省新型政商关系亲清指数",设定"亲清指数"评价标准,构建"亲清指数"评价体系。新型政商关系"亲清指数"评价体系的实施强化了"亲清"新型政商关系的社会监督,并成为助推亲清新型政商关系形成的重要动力。

### (七) 注重营商环境区域一体化，助力区域营商环境整体提升

党的十八大以来，江浙两省在推动本省营商环境优化的同时，高度重视营商环境区域一体化整体提升长三角区域营商环境。

1. 区域市场体系联建共享，一体化建设步伐加快。江苏、浙江两省开拓创新，聚焦市场体系一体化的重点领域和关键环节攻坚突破。调研发现，2019年1月，江苏、浙江、安徽和上海四省市就共同签署了《长三角地区市场体系一体化建设合作备忘录》，达成"三联三互三统一"共识，共同推动"营商环境联建、重点领域联管、监管执法联动，市场信息互通、标准体系互认、市场发展互融，逐步实现市场规则统一、信用治理统一、市场监管统一"。

2. 区域商事制度一体化进程加快。据调研发现，江苏和浙江联手推动开设长三角地区政务服务"一网通办"专栏，推进全流程、跨区域线上办理，全面清理各类办事程序和材料清单，率先实现全国一体化在线政务服务平台，促进长三角地区政府之间政务服务、市场监管等工作效力互认。江苏省苏州市在2019年5月成功办理了第一张线上跨省办理的电子营业执照。长三角的青浦、嘉善、吴江三地市场监管部门多次召开"长三角一体化市场准入一体化机制"恳谈会，通过反复商讨、论证，最终签订了《长三角一体化示范区市场准入合作备忘录》，在市场准入"跨区通办"、建立统一的市场准入登记负面清单、统一使用住所用语表述、优化统一的新型产业指导目录、推行市场监管许可事项"证照联办"、构建市场准入登记多元化干部交流平台、探索企业服务共享数据平台等十项内容上达成共识。

3. 法治长三角建设合作交流机制初步形成。调研发现，上海、江苏、浙江、安徽四省市展紧密合作，共同制定了《沪苏浙皖政法系统关于推进更高质量平安长三角法治长三角建设的总体方案》。根据"总体方案"在区域间建立了32个接边跨界调解委员会化解跨边界矛盾纠纷，创建区域间司法业务部门沟通联络机制，实现重大事项主动沟通，并在法律服务、监管执行、队伍建设、信息化建设、数据共享等领域展开合作，明确的首期重点合作项目有20项之多。

4. 长三角金融集聚生态圈基本形成。据调研发现,长三角地区一方面根据中国人民银行等五部门印发的《关于进一步加快推进上海国际金融中心建设和金融支持长三角一体化发展的意见》,推进各省市在金融服务实体经济、深化改革发展等方面展开务实合作,不断完善多层次金融合作机制;另一方面,签署了《长三角金融办防范区域金融风险合作协议》,推进区域金融风险联防、宣教联动、监管联手,合力打击逃废债、非法集资、地下钱庄等违法违规行为,进一步完善各省市金融风险联防联控机制,共同维护长三角地区良好的金融生态环境。

# 第六章　广东优化营商环境建设的问题分析

广东优化营商环境建设取得了巨大成效，但与国内国际双循环互动发展新格局对营商环境的要求相比，还存在一定差距和不足。本章着重对广东优化营商环境建设存在的问题展开分析。

## 一　营商环境政策存在不足

营商环境建设是一项涉及经济社会等诸多领域的系统工程，因而需要系统思维、系统展开。但从调研情况以及相关信息来看，近年来广东出台的营商政策并没有完全落实到位。营商政策兑现难、营商政策不管用的现象依然存在。现有营商政策主要有三个方面的不足。

### （一）营商政策系统性有待加强

优化营商环境建设是一项系统工程，必须从整体出发，以整体视角加以系统考虑。然而，从调研的情况反馈来看，广东营商政策的系统性有待加强，主要存在以下问题。

1. 顶层设计有待加强，统筹协调相对延迟。优化营商环境的顶层设计涉及广东各级政府及其有关部门、不同所有制形式的市场主体等。部分改革更是触及深层次利益的调整。系统性设计规划的欠缺，无法打通企业本级到市级、省级甚至国家级层面整个流程和落实机制的痛点、难点、堵点，提升制度供给质量。例如，系列税务政策的出台虽然使部分大型企业享受到政策优惠，但实际上，众多中小企业非但没有获益，税负甚至不降反升。这是由于实行"营改增"后，人工成本支出无法取得增值税专用发票，不能抵扣进项税额，造成了许多以企业纳税额为标准才能享受的优惠政策均处于"空转"状态，尤其是中小企业根本达不到申报资格，使得这些政策性补贴都流向大型企业，加剧了中小企业的缴税负担。对此，《优化营商环境条例》已明确要全面评估政策效果，避免对生产经营活动造成不利影响。对标这一要求，广东营商政策还有待进一步加强统筹协调，以真正释放营商环境政策利好。

2. 营商政策过度注重对标世界银行标准，忽视企业现实需要。世界银行自2003年开始发布《营商环境报告》，从十个方面形成对营商环境的评价标准。这是一套已获得市场和各国普遍认可的衡量各国营商环境的指标体系。作为国内先行对营商环境进行系统研究和实践的省份，广东营商环境评价指标主要参考世界银行评价标准而设定。在营商环境建设的初期，通过对标世界银行评价标准，不仅可以满足企业发展普适性要求，而且有利于促进我国与国际社会的沟通，建立良好的外部环境。然而，世界银行评价标准只是关注微观层面，忽视宏观层面，而影响营商环境的既有微观因素，更有宏观因素；只注意企业的普适性需求，忽视各国特殊国情下企业的特殊需求；只关注了监管的程序、时间、成本，忽视了监管的积极作用和质量要求。因此，随着我国营商环境建设进程的深入，营商政策过度注重对标世界银行评价标准，使企业一些特殊的现实需要被忽视，导致在优化营商环境方面政府需要与企业需要脱节，从而影响国内大循环的有效运行。从实践来看，部分地区已经结合自身实际对世界银行评价标准做出修正。例如，调研中发现江苏省的营商环境评价指标设置既注重衡量企业全生命周期，又聚焦"放管服"改革重点任务，重点围绕集中高效审批、优化网上服务、分类监管综合执法三个方面开展评价积极。对此，广东省也有必要积极做出调整。

3. 营商政策社会公开有待加强。"优化营商环境是一个系统工程，这其中，政务公开是基础性的因素。与实际需求相比，政务公开还有很多工作要做,也有很多工作可以做。"①《广州市优化营商环境条例》明确规定"制定产业引导政策并向社会公开"。然而,从广东营商政策公开的整体情况来看,虽然各地方政府及有关部门都出台了不少营商政策,但由于缺少统一的营商政策发布、咨询、查阅平台和渠道,全省也没有形成体系化的营商政策网络平台,造成营商政策的透明度不足,或其公开呈现出碎片化状态,引发了营商政策查找难、问询难等诸多问题,导致不少企业都未能充分了解营商政策,也没有实际享受到有关惠企政策所带来的福利,进而难以推动形成营商环境建设和优化的规模性政策效应。

4. 营商政策只关注企业服务,忽视个人服务。个人服务的优化可以促进内需的有效产生,推动国内经济大循环,因此,营商政策不能只关注企业,同时也需要采取措施,提高个人服务,促进人才队伍的稳定与发展,也为激发社会活力注入强大动力。如城市入户手续的便利不仅使当事人有着城市主人的感觉,还会增加相应的消费支出,促进经济内循环。与此同时,人是社会群体的重要组成部分,是一个地区、一个国家的重要战略资源,企业、社会团体也是由人组成的,个人服务的优化无疑会提高企业员工的幸福感,进而提升企业营商环境的获得感。在浙江调研发现,浙江并未严格区分企业服务和个人服务,而是普遍将两者统筹考虑,在制定营商政策时既考虑企业服务,又考虑了个人服务。然而,除个别地市外,广东现有营商政策基本上只关注企业服务,有意无意忽视个人服务,没有形成政府服务一盘棋,也没有协调统一好营商政策服务对象的关系。

### (二) 营商政策前瞻性、连续性有待加强

推动新兴行业的发展是优化营商环境的应有之义,也是营商政策的重要内容。如"互联网+"等新兴行业,由于技术创新常常超前于经济社会发展,前沿技术常常处于无人区,这就要求营商政策制定要

---

① 后向东:《论营商环境中政务公开的地位和作用》,《中国行政管理》2019 年第 2 期。

有前瞻性。它既要防范和规制新兴行业可能引发的风险，也要考虑新兴行业的发展需求，并将两者统一起来，保证营商政策的连续性，避免时紧时松。但从调研反映来看，面对营商领域的各类新事物，当前出台的一些营商政策陷入"一哄而上、一管就死"的怪圈，没有有效实行"审慎监管"。以互联网金融行业为例，在其出现之初并没有及时设定准入标准，导致各类互联网金融企业一哄而上、良莠不齐，造成各种违法违规问题频繁发生，各项整治政策先后出台。然而，诸如验收、备案等整治政策一时间又"用力过猛"，极大加重了互联网金融企业的负担，影响了行业的正常发展，使不少合规企业也难以为继。此后又叫停了有关监管政策。可见，营商政策缺乏前瞻性的情况仍较为严重，尤其是营商政策滞后于行业发展的实际，一时紧一时松，使得企业难以适从。如此循环往复，营商政策的科学性、连续性和公信力都会受损，最终将不利于形成稳定的营商环境。

### （三）营商政策可操作性和指引性有待加强

营商政策的落地是营商政策制定的最终目标，但营商政策可操作性和政府指引不足使得营商政策的精准落地成为难题。"实践是检验真理的唯一标准"，造成营商政策可操作性不强的首要原因主要是政府制定政策缺乏充分调研，没有从当地的实际情况出发制定营商政策，导致营商政策内容与实际存在距离，影响营商政策的可操作性。以人才引进的政策制定为例，企业一般认为年龄越大专业经验越丰富，因而希望引进的人才年龄结构偏大，但有的地方，比如肇庆制定的人才补贴政策对引进人才年龄做出过于僵化的限制，导致企业试图引进的高层次人才往往因不符合年龄要求而得不到人才补贴。为此，这些高层次人才自然也就选择政策福利更好的地方就业，造成了一些地方人才引进困难或人才流失严重，使得人才补贴政策难以落地生根。导致营商政策可操作性不强的另一重要原因是技术标准不统一、数据难以共享。以审批制度改革为例，业务上提出并联审批的工作要求，但实现难度极大。产生这种情况的原因有三点：（1）由于业务在不同部门之间流转的系统标准不统一，性质各异，致使并联审批的可操作性低。(2) 对数据权属关系、容错机制、数据立法等未进行明确规定，职权不明晰致使各个部门普遍存在不敢共享、不能共享、不愿共享的心理，是行政不作为。(3) 由于数据质量管控标准规范缺乏、数据质量沟通机制不完善、数据质量管控流程不明确、数据质量监管方式不全面等，往往导致实践中存在数据质量差、标准不统一、数据难使用等问题。另外，政府的指引和宣传也会影响营商政策的落地。据调研反映，广东省近年来虽然陆续出台了多项惠企政策措施，但由于政府指引不足，宣传贯彻还不到位，政策主动解读和配套措施做得还不够，企业知晓度、获得感还比较低，如广东省大力推进的"粤商通"平台，目前注册数仅200万左右，仅占全省商事主体的六分之一。

## 二 竞争中性有待加强

自李克强总理在2019年政府工作报告中明确提出"要按照竞争中性原则推进经济改革"以来，竞争中性原则已经成为营商环境的新标尺。竞争中性原则的本质是公平、公正，消除资源配置的不平等，确保各类市场主体能够平等竞争。某种意义上，国有企业的"改革史"和民营资本的"放开史"，是我国市场主体关系的缩影。因此，竞争中性原则的实践集中体现在对国有企业与民营企业的关系处理上。尤其是如何在要素获取、准入许可、经营运行、政府采购和招投标等方面对国有企业与民营企业平等对待，是实现国有企业与民营企业良性竞争的前提和基础。这是由于能否通过提升市场透明度、加强有效的法律服务保障等推动市场的公平竞争，将直接影响企业在进入市场后能否依靠合法竞争获得商机，从而使市场机制得以正常发挥，推动大中小型企业共同发展。在调研中发现江苏省已经搭建了中小微企业金融服务平台，通过整合政府扶持政策、公共信用信息、金融机构融资产品等资源，为企业提供一站式服务，破解企业信息不对称的壁垒，而广东在市场运作过程中对一些企业的"隐形歧视"问题依然突出。根据2019年广东省政协《关于促进我省民营经济发展的调研报告》，这些"隐形歧视"主要表现在以下三个方面。

## （一）民营企业市场准入门槛高

市场准入门槛作为产品或服务进入市场所必须达到的最低标准，它关系着民营企业能否进入市场以及进入市场后能否被同等对待。准入门槛是民营企业在市场准入方面面临的最大问题（占比30.8%），但接近一半的企业在市场准入方面认为仍然存在着不同所有制企业差别对待、隐性地方保护等不平等对待问题，其中不同所有制企业的差别待遇（27.4%），隐性的地方保护（22.0%）等问题比较突出，虽然国家和省已经出台市场准入原则性规定，但切实可行的实施细则并未出台，"准入不准营"、政府采购等方面民营企业参与条件不平等的现象仍然存在，如深圳建筑行业市场被央企、国企垄断的现象突出，民营企业难以中标或参与项目。

## （二）民营企业融资难

不同于国有企业可以享受基准贷款利率，民营企业申请银行贷款平均利率较高。而且，针对民营企业的贷款风险把控往往门槛高、手续繁，银行对于民营企业更乐于"锦上添花"而不是"雪中送炭"。再加之国内经济增长速度放缓、国际贸易摩擦等经济大环境因素，企业销售额和利润不足，而银行又主要根据其经营状况进行贷款能力评估，所以往往难以追加贷款且需要压缩贷款额度，从而将压缩贷款规模等宏观政策带来的不良影响转嫁给民营企业，甚至随意抽贷断贷。这使得不少民营企业只能通过借民间高利贷等方式维持运转，因而承担较高的经验风险。在深圳、韶关、湛江、肇庆等地区，中小企业融资困境尚未得到根本破解。中小微企业发生信用违约形成不良风险的概率较高，较难获得信贷持续支持。金融服务的下沉力度不够，政策支持门槛偏高，最急需资金的初创企业难以得到融资支持。而且融资渠道仍不畅通。大型金融机构投入和配置不足，数量和规模有限。这都直接或间接地造成了民营企业融资困难。

### (三) 民营企业利润空间小

在项目招标上,不少大项目都是大型国有企业中标后再分包给民营企业,民营企业实际上难以直接进入此类市场。由于现实的准入门槛问题,造成不同企业实际上被差别对待。因而,从整个生产过程来看,民营企业所处的环节和地位较大程度上即决定了其可能获得的利润较为有限。在产品销售上,由于不少招标文书都指定了使用的品牌,这使得民营企业产品的市场空间受到压缩。这些情况都压缩了民营企业的利润空间,不利于良性市场竞争环境的营造。而在对肇庆的调研中发现,有的企业在财务报表的编制上出于避税的考虑,将账面利润做亏,隐藏真实的经营情况,造成政府难以精确评估企业的经营状况,使得政府对中小企业扶持政策研究的难度也大大增加。而政府对中小企业的认识偏差,引发其对中小企业在宏观调控和政策引导上的职能缺失,进一步加剧了中小民营企业的发展困境。典型如中小企业的税收与扶持待遇之间的反差。

## 三 营商环境优化的科技支撑不足

随着现代信息技术发展,人类社会进入智慧时代。国内大循环中推动以 5G、大数据、物联网、人工智能等新技术、新应用为代表的新基建,以个性化需求为基础的新消费,以技术要素引领的新业态等数字经济和实体经济深度融合发展也迫切需要数据支撑。切实把握时代特征,以服务企业需求为导向,构建以"数字政府"为技术支撑,政府组织体制、运行机制与之相适应的智慧政府是广东进一步优化营商环境的基础。近年来,广东优化营商环境始终贯彻"以人民为中心"理念,以服务公众需求、服务企业需求为导向,以向公众、企业提供智能、全面、优质、个性化的公共服务作为首要目标,按照用户体验便捷性优先于政府管控有效性的要求,全面贯彻落实《广东省"数字政府"建设总体规划(2018—2020年)》,全面推行"指尖计划",尽快建成整体、移动、协同、创新、阳光、集约、共享、可持续的"数字政府"。广东在优化营商环境数据支撑上取得明显进展,但仍然出现一些堵点和难点,存在数据支撑不够的难题,主要表现在以下三个方面。

**(一)政府间数据资源共享不充分**

有效的数据信息共享是推行"互联网+政务服务"的前提。为此,浙江建立统一的政府数据平台,实行无条件归集(即所有政府信息都统一归集到省公共数据管理部门,法律法规以及党和国家政策另有规定的除外),按数据分类共享(即对非受限数据及时共享,对于受限数据按照各政府机关履行法定职责的需要共享),以打通部门界限,优化业务流程,为企业、群众提供集成服务,并创建区块链电子票据平台,实现电子票据全过程"上链盖戳"。而且,浙江还与江西联合推进数据共享,实现身份证等11本证照跨省互认。有学者曾指出,目前,广东各地各部门的网上政务服务平台大多是从自身业务需求出发,在已有网络基础设施、业务系统和数据资源的基础上,采用独立模式建设。因而,部门与部门之间、地区与地区之间信息孤岛仍较普遍存在,主要表现为:(1)行政管理所需的基本信息处于碎片化状态,跨部门、跨地区之间未实现共享或共享程度低。(2)行政管理所需共享的信息资源底数不清,缺乏公共数据资源目录编制、政务服务网电子材料管理、公共数据管理等统一的基础标准规范,重复采集、一数多源、特事特办等情况较为普遍。(3)各地区对上级职能部门信息和垂管系统数据共享的需求未能得到满足,信息共享进度缓慢,供需矛盾突出。这是由于缺乏数据统一标准的格式化归统、难以实现历史数据的数字化归统和公共治理数据的融合化归统所造成,从而凸显了数字政府建设过程中政务数据标准化与政务服务标准化的双重缺失。[①] 对此,南京市和苏州市都已经加快信息系统对接联通的步

---

① 参见周雅颂《数字政府建设:现状、困境及对策——以"云上贵州"政务数据平台为例》,《云南行政学院学报》2019年第2期。

伐，解决同一事项多平台录入问题，在此基础之上进一步提高代办服务水平，完善网上"中介超市"平台。相比之下，汕头、湛江、韶关等市因政务各部门数据共享力度不足，数据壁垒造成数据管理部门难以整合现有平台资源。国垂、省垂系统与市政务系统因事权问题尚未完全实现对接，网上审批存在"二次录入"问题，审批效率较低。如广州白云区入住宾馆不仅要查验身份证件，还需要分别录入"平安白云""反欺诈中心""白云健康码"三个小程序，非常烦琐。

### （二）政府公共数据社会开放度不高

当今时代是一个信息时代，数据已成为促进经济高质量发展，推动技术不断创新极其重要的驱动力。在我国，政府掌控着最丰富的数据资源，政府公共数据的开放对经济社会发展的推动更是难以估量。一方面，政府数据共享和信息公开有助于深化政府民主和保障公民知情权，是新形势下服务型政府和透明政府建设的重要体现。另一方面，政府公共数据社会开放体现的是政府数据的再利用，其市场价值巨大，可以产生新的商业机会，为消费者提供更多的商品选择，是促进营商环境优化的有力抓手。据调研，浙江在确保安全的前提下对政府公共数据社会开放实行分级分类管理，至今全省共开放9050个数据集（含4602个API接口），39684项数据项，143400.71万条数据。反观广东，在数据公开的数量上，政府机关履职过程形成的大量数据，仍被"深藏闺中"，其经济价值仍未被挖掘，其资源利用率低。在数据公开的内容上，数据公开多从政府角度出发，政府公共数据范围开放窄，缺乏与民众的良性互动，公开的数据不是公众最需要、最想要的信息数据，与此同时，很多领域数据还处于未公开状态，即使不涉密，社会成员获取难度也很大。在数据公开的时效性上，政府平台数据缺乏实时更新而基本是一年更新一次，其频率缓慢、时效性差，不符合动态数据的发展要求。即使是政府公共数据社会开放代表城市——深圳市，虽然建设了统一的政府数据开放平台，也借助"开放数据应用创新大赛"等方式鼓励政府数据共享应用，在全国走在了前列，但是相对浙江、新加坡等地，公共数据开放程度仍然较低，公共数据开放时效性和跨区域性有待提高。

### （三）网上业务技术支持不足

为进一步优化营商环境，许多城市多措并举，用线上"数据跑"替代线下"人工跑"，努力让"一次都不跑"成为新常态。对于政务服务，尤其是跨地区、跨部门、跨层级业务的办理要做到"全程网办""一网通办"，是全国各地营商环境建设的重要目标。广东在这两个方面取得一定进展的同时，也表现出以下不足。

1. "全程网办"业务系统技术支持有待加强。以广州市为例，目前广州区块链技术应用还未实现，跨部门信息共享还不充分，不能实现申请信息、共享数据和登记结果等内容的不可篡改和可追溯，在网上业务技术支持上有待加强。然而，南京在建设综合自助服务系统方面，已对接10个部门112个数据共享接口，开发完成10个部门74个涉民生、企业事项，在一台综合自助设备实现自助办理，推进全市78个24小时自助办理点布局成网投入运行。南京市政务办提出加快推进"四端融合"。推进数据共享复用，实现政务服务PC端、移动端、自助端、窗口端服务同标准受理、同标准考核，夯实"一网通办"工作基础，提升网办实办率。而且，对政务服务APP、自助机以及窗口全部按照网办的标准办理，实现入口统一、渠道多元，并以流程为导向，实现傻瓜式操作，真正实现了"全程网办"，为民众和企业提供了更好的服务。反观广东，"全程网办"业务系统技术支持仍需要加大投资，提升技术支持，才能更好地为民众和企业服务。

2. 广东各市"一网通办"平台在与配套系统衔接上仍存在障碍。据调研反映，广东各市"一网通办"平台在与配套系统衔接上仍存在障碍，与省系统衔接不畅的问题尤为突出。以"广州市开办企业一网通"平台为例，该平台目前通过消息总线方式与税务系统衔接，经市政数局和省政数局跳转，中间数据在省政数局落地，环节较为烦琐，实时性、稳定性较差，而且该平台与省公章备案管理信息系统还没有完全实现衔接，并未完全实现"一网办理"，实现线上网络办理的便利性、便捷性。反观嘉善作为长三角一体化示范区，在跨区域统一企业注册登记标准上取得了一系列成效。体制机制上，形成了三地市场主体准入一体化十项意见。青浦、嘉善、吴江三地市场监管部门多次召开"长三角一体化市场准入一体化机制"恳谈会，通过反复商讨、论证，最终签订《长三角一体化示范区市场准入合作备忘录》，在实行市场准入"跨区通办"、建立统一的市场准入登记负面清单、统一使用住所用语表述、优化统一的新型产业指导目录、推行市场监管许可事项"证照联办"、构建市场准入登记多元化干部交流平台、探索企业服务共享数据平台等十项内容上达成进一步共识。

## 四 人才创新创业环境有待进一步改善

人才创新创业环境是一个地区营商环境的最主要组成部分，尤其需要通过制定政策、完善载体、做好服务，优化人才创新创业环境。人才是营商的主体，没有良好的人才环境，就不可能创造一流的营商环境。因此，营商环境问题从本质上讲是人才环境问题。按照习近平总书记的新要求，借鉴国内外成功经验，广东深入推进人才发展体制机制改革，优化提升重大人才工程，加快建设创新型人才高地，加强人才服务保障，在营造人才创新环境方面取得了不少的成绩。中外城市竞争力研究会公布的2019中国最具人才吸引力城市排名，该项排名考量的指标体系包括人才吸引政策、人才吸引规模、人才生活环境、人才就业条件四项一级指标和二十六项二级指标组合，十座上榜城市中广东省的深圳、广州位列第一、第二名。① 从另一组数据来看，2020年智联招聘和恒大研究院联合推出的"中国城市人才吸引力排名"报告显示：从人才吸引力指数观察，2019年深圳、广州人才吸引力位居第二、第四名，上海连续三年第一②。这表明，广东在营造

---

① 排行榜网：《2019中国最具人才吸引力城市排名 前三甲有两个广东城市》，https://www.phb123.com/city/tese/38871.html，访问时间：2020年11月2日。
② 陈海峰：《报告：中国城市人才吸引力排名 上海连续三年第一》，https://www.chinanews.com/cj/2020/04-28/9170739.shtml，访问时间：2020年11月2日。

吸引人才、留住人才的创新创业和聚集发展良好环境方面取得了一定实效,但距离最优最好还有一定的差距。究其根源,就是在人才创新创业环境方面有待进一步完善。

### (一) 人才发展政策体系有待进一步完善

2017 年,广东省印发《关于我省深化人才发展体制机制改革的实施意见》,明确了要加强人才制度体系建设的要求。一方面,部分地方和单位人才优先发展意识有待提升。由于人才工作的考评机制不健全,缺少制度刚性约束,导致一些地方对人才工作重要意义认识不到位,对人才发展缺乏长远眼光和战略意识,没有将战略人才培养工作与打造人才创新创业环境进行系统地融合。另一方面,近年来,国际形势发生了深刻变化,世界多极化和经济全球化在曲折中发展,人才在竞争中的地位和作用更加凸显,针对人才创新创业的政策扶持也需要与时俱进,需要根据国际国内环境及本省的实际情况不断创新发展。对于广东而言,伴随粤港澳大湾区建设的契机,如何进一步推动人才体制机制改革,仍面临不少挑战,如人才政策可操作性及实施效果方面也有待进一步提升。

### (二) 人才服务保障有待进一步优化

人才服务保障是吸引、留住人才的软环境,也是形成人才竞争力优势的有效措施。但广东人才服务保障工作仍然有待进一步优化提升。一是人才服务保障区域不平衡。由于广东省内地区间经济社会发展不均衡,人才服务保障的水平差异性也很大。全省高层次人才集聚在珠三角地区,粤东西北地区人才吸引力不足。据统计,2010 年至今,来广东省就业的大学毕业生仅有约 15% 流向粤东西北地区,其中绝大部分为本地生源。究其根本原因,是经济发展水平的因素决定了人才服务保障水平不足,尤其是粤东粤西粤北地区由于自身经济发展水平及条件限制,人才服务保障能力不足,难以吸引人才。其二是人才激励不足。这主要表现在对于以基层实用人才、紧缺人才为代表的其他人才队伍关注较少,缺乏普惠性人才政策,政策覆盖面也不够,而且在人才激励措施的落实方面,还有一些痛点和堵点,部分地方人才激励措施还仅仅停留在政策的层面,并没有真正兑现,或者由于政策衔接配套不足,导致人才激励与服务保障打了折扣。例如,肇庆市尝试通过人才补贴政策引进人才,但是其对引进人才年龄做出了过于僵化的限制,导致企业试图引进的高层次人才往往因不符合年龄要求而得不到人才补贴,致使人才补贴政策流于形式,没有发挥出其应有的作用。

## 五　社会信用体系建设有待加强

近年来,广东省社会信用体系建设取得了许多成果,与此同时社会信用体系建设也出现了诸多问题,与国际一流营商环境相匹配的信用体系建设仍有待进一步加强。湛江、肇庆、韶关等地,大型商业银行机构仍存在"重大轻小,重短轻长"的倾向,中小微企业所需要的中长期贷款难以有效解决。信用服务市场发育滞后,信用信息应用场景少。根据对韶关的调研反馈,全社会信用体系建设相对滞后。当前,与更具竞争优势的营商环境相匹配的信用体系仍有待进一步加强,以信用为核心的监管体系还不完善。信用体系建设工作缺乏重视,个别单位对社会信用体系建设认识不到位。信用服务市场发育滞后,信用信息应用场景少。全社会诚信意识还有待进一步提高,依法守约诚实守信的良好风尚还没有完全形成。

### (一) 政务诚信有待加强

《社会信用体系建设规划纲要(2014—2020年)》提出,"充分发挥政府的组织、引导、推动和示范作用。"可见,政务诚信是社会信用体系建设的重中之重和首要目标。国务院《关于加强政务诚信建设的指导意见》提出,"要建立健全守信践诺机制,准确记录并客观评价各级人民政府和公务员对职权范围内行政事项以及行政服务质量承诺、期限承诺和保障承诺的履行情况。各级人民政府在债务融资、政府采购、招标投标等市场交易领域应诚实守信，严格履行各项约定义务，为全社会做出表率。"政府诚信建设对于优化营商环境至关重要。但截至目前，一些政府及其部门离诚信政府的要求相差甚远。一方面，部分政府及其部门在兑现政策承诺上往往"打折扣"。根据调研发现，苏州市在"放管服"改革期间，清理整顿涉企收费，加强对收费单位的违规收费行为的监督和检查，包括行政审批中介服务机构、行业协会和商业银行的收费以及惠企政策落实情况进行检查。但是，广东省部分优惠政策受地方政府换届等因素影响，要么没有兑现，要么中途腰斩，使得企业无所适从，甚至造成企业因政策变化遭受损失，使得优惠政策反而成了"不优惠"政策。另一方面，有的政府及部门还存在拖欠企业账款的情况。这不仅使得企业生产难以为继，也给企业经营者带来了较大的法律风险。一旦因资金短缺拖欠员工工资，企业经营者很可能会面临刑事追究。但由于政府的欠款即便通过司法途径也难以实际追回，企业也就陷入两难境地。不仅如此，调研中还发现，"新官不理旧事"、不践诺履约等政务失信问题仍时常出现。2019 年以来广东先后组织开展两轮专项治理行动，督促 198 个存在失信问题的政府机构完成整改。这也在一定程度上说明政务诚信问题仍是广东社会信用体系建设中的一大难题。

### （二）信用监管难以实现

2019 年，"信用监管"首次写入政府工作报告。同年，国务院办公厅印发《关于加快推进社会信用体系建设　构建以信用为基础的新型监管机制的指导意见》，明确信用监管是提升社会治理能力和水平、规范市场秩序、优化营商环境的重要手段。据调研，苏州市建立了以信用为基础的新型监管机制，实现了抽查事项全覆盖，针对符合条件的企业也开展了企业信用修复工作。而根据对肇庆市的调研，了解到其分级分类监管和信用的结合仍不够紧密，信用联合奖惩在一些行业领域未实现真正落地，信用服务市场未有效激发，"信易+"惠民便企应用场景不够丰富，信用信息应用还有很大提升空间。根据对深圳调研的反馈来看，信用信息共享渠道不畅通，信息归集不完善，修复耗时较长等，导致信用监管难以大规模推广应用。

信用监管就是要根据市场主体信用状况实施差异化监管。一方面，促使监管资源配置在重点领域、重点环节和重点对象上，以有效提升监管效能，降低市场交易成本。另一方面，深入推进失信联合惩戒，大幅提升失信违法成本，维护公平有序竞争。因此，有别于传统监管，信用监管在注重采用大数据、"互联网+"等手段有效整合各类信用信息的基础上，要求强化地区间、部门间协同监管，实现信用监管机制协同、业务协同、信息化系统协同，并支持社会力量积极参与，借助行业组织、第三方信用服务机构的功能发挥，整合形成全社会共同参与信用监管的强大合力。但调研中发现，广东各地市信用信息共享渠道不畅通，信息归集不完善，修复耗时较长等问题时常存在，信用服务市场发育滞后，信用行业发展滞缓，信用信息应用场景少，导致以信用为核心的监管难以大规模推广应用。在较大程度上造成信用监管仍缺乏必要的信息基础，使得信用监管难以真正地立足于分类监管而全面展开，以信用为核心的监管实际上也难以大规模推广应用，信用监管的适用范围十分受限。

## 六　新型政商关系仍待完善

政商关系是一个复杂重要的问题，其涉及的利益关系很难处理。政商关系不仅关涉营商环境，而且反映党风、政风和社风。健康的政商关系，是社会经济发展的强大动力；扭曲的政商关系，是社会经济发展的重大阻力。党的十九届四中全会《决定》提出"完善构建新型政商关系"，在优化营商环境背景下，就是要完善亲清新型政商关系，把亲和清统一起来，亲则相敬如宾、清则公私分明，促进经济社会健康发展。[①] 在《中国城市政商关系排行榜（2018）》对全国地级市的政商关系评价中，广东省东莞市的政商关系健康指数连续两年排

---

① 参见人民论坛《把亲和清统一起来》，《人民日报》2020年6月17日第4版。

名全国第一。按省份归属,广东省表现最为亮眼,其所属城市有5个(深圳、中山、广州、佛山和珠海)进入前20名。① 与2017年版的排行榜相比,广东省和江苏省新入排行榜的城市是最多的,这表明广东省2018年的政商关系有长足的进步。广东省虽在政商关系上已取得了不错的成绩,但亲清新型政商关系仍未完全构建,仍有待完善。

**(一)政商关系边界把握不准**

党的十八大以来,部分政府公职人员由于怕担责,怀有"只要不出事、宁可不做事"的思想,引发了庸政、懒政、怠政等情况,"新官不理旧账""为官不为"等现象较为常见。部分干部"谈商色变",不愿见企业家;部分干部当了和尚不撞钟,面对企业家,当面客客气气,事后见机行事"做样子",对支持与服务企业发展避重就轻。究其原因,在于不少干部对政商交往边界把握不准,担心有瓜田李下嫌疑,对企业敬而远之,退避三舍。这导致企业得不到正当的支持和服务,"中梗阻"现象成为堵点。显而易见,这就是一种"不作为"的表现。对于政商关系从"乱作为"走向"不作为"的问题,一项针对广州市越秀区的调研显示,33.3%的政府部门工作人员、34.4%的企业家认为越秀区政商关系中存在"党政干部懒政、不作为"问题,存在着舍"亲"而保"清"的现象。②

可见,当前政商关系又开始走向了另一个极端,由过去的"亲而不清""勾肩搭背"变成"清而不亲""背靠着背"。更有甚者谈商色变,与企业经营者保持"安全距离",不到企业调研,推脱企业的诉求,从而造成了政商关系的失衡,引发了政商关系的另一种畸变。防止官商勾肩搭背,并不是要把官商隔离。政商关系的边界不仅是官员摸不清,一些企业家也感到方向不明。调研中有企业家反映,党的十

---

① 参见人大国发院政企关系与产业发展研究中心《中国城市政商关系排行榜(2018)》,https://www.thepaper.cn/newsDetail_forward_4836212,访问时间:2020年9月16日。
② 参见丁少英等《广州市越秀区构建亲清新型政商关系的实践研究》,《探求》2018年第6期。

八大开始高压反腐以来,自己认识了十多年的一些干部打电话不接、发短信不回,完全切断了与企业家的联系。这造成部分项目推进缓慢,也使得一些企业相关问题久拖不决,从而影响了企业的正常发展。这根本就是本末倒置,反腐不应该成为政府"不作为"的借口,从而导致政商关系的另一个极端的出现。

### (二)政商交往缺乏有效途径

根据调研反馈可知,嘉兴市加强同"浙里亲清"、"96871"等平台的沟通协调,进一步加强常态化疫情防控和国际形势严峻下的企业困难问题走访收集,致力于解决困扰企业发展的各类疑难问题,加强"企业服务直通车"的宣传力度。有的地方推行在政府食堂进行"早餐会"的政商交往方式,领导干部和企业家同桌吃早餐,谈问题、说想法,商量解决问题的办法。有企业家认为早餐会"搭建起了政商、政企之间的直通车"。[①] 而广东省的企业对政策的获得感还不强,广东省虽然陆续出台了多项惠企政策措施,但宣传贯彻还不到位,政策主动解读和配套措施做得还不够,没有坚持需求导向,提升惠企政策的精准性,由此导致社会各界对营商环境工作的参与度和满意度都比较低。如广东省大力推进的"粤商通"平台,目前注册数仅200万左右,仅占全省商事主体的六分之一。针对广州市越秀区的调研显示,55.6%的政府部门工作人员、37.5%的企业家认为越秀区"党政干部和企业家都不知道该如何交往",44.4%的政府部门工作人员、46.9%的企业家认为越秀区"缺少政商交往的途径和渠道"。[②] 可见,政商交往途径的缺乏在政府和企业之间形成了无形的屏障,使得企业经营者对政府产生了门禁森严、讳莫如深的影响,甚至使他们在经营过程中感到无所适从,有合理的诉求也难以向政府有效表达,更难以得到政府的充分支持。这严重打击了企业经营者的积极性。

---

① 人民论坛:《把亲和清统一起来》,《人民日报》2020年6月17日第4版。
② 丁少英等:《广州市越秀区构建亲清新型政商关系的实践研究》,《探求》2018年第6期。

## 七 营商环境一体化水平较低

广东经济发展不平衡，区域内部营商环境存在较大差异，优化营商环境区域统一协调机制尚未形成，营商环境一体化水平较低。

### （一）各地营商环境发展水平差异较大

根据《2019年广东区域经济发展情况分析》，珠三角核心区地区生产总值占全省比重80.7%，同期东翼、西翼、北部生态发展区12市地区生产总值合计仅为珠三角核心区的23.9%。经济发展的差异也直接表现在营商环境建设水平上。广州、深圳以及珠三角其他7市优化营商环境建设情况良好，走在了全国前列。广州的"广州速度"、深圳的"不见面，零跑腿"、东莞的"证照分离"亮点纷呈。但广东其他地市优化营商环境进展相对缓慢，在广东粤东西北一些地区，由于地处偏僻，经济发展市场化程度比较低，一定程度的地方保护主义仍然存在，从而导致广东省内区域制度环境差异明显，法治化水平不一，各地政策不一现象较为普遍，不同跨区域政策衔接困难，甚至出现"打架"现象，异地办理困难重重。2019年省发改委进行的营商环境试评价中广州市91.84分、潮州市72.64分，综合得分最大差距为19.2分。

反观长三角地区，在公共服务等方面完善相关流程、缩短办理时间，取得一系列成效，如上海的"一网通办"、江苏的"不见面审批"、浙江的"最多跑一次"等，简化了企业办事流程，提高了办事效率。根据调研，嘉兴市嘉善作为长三角一体化示范区，制定了跨区域统一企业注册登记标准，签订了《长三角一体化示范区市场准入合作备忘录》，在实行市场准入"跨区通办"、建立统一的市场准入登记负面清单、推行市场监管许可事项"证照联办"、探索企业服务共享数据平台等十项内容上达成进一步共识。可见，长三角地区作为跨省区域尚且能够推进营商环境一体化，因此，对于广东省而言，理应以实现全省范围内的营商环境一体化作为目标，而不仅仅局限于珠三角或珠三角核心地区的营商环境一体化。

### （二）优化营商环境区域统一协调机制尚未形成

根据调研得知，浙江由于区域协同联动机制的建立健全，不仅实现了本省内政府间公共数据的共享，还实现了杭州、金华、嘉兴与上海、苏州、合肥、芜湖、宣城、松江九市"G60科创走廊，一网受理，九城通办"。在长三角一体化示范区中，已经设立了服务专区，为企业提供保姆式服务，启动了三地市场主体准入干部常态交流，深入掌握各地规范，发现三地在市场准入登记上的政策和标准差异，为今后助推长三角一体化高质量发展奠定坚实的人才基础。然而，广东由于"一体化"意识不足，"全省一盘棋"主动性不够，优化营商环境区域协同机制尚未形成，各地市优化营商环境建设基本没有考虑区域协同问题。省发改委2019年进行的营商环境试评价中也未将区域协同纳入评价范围。由于优化营商环境区域协同机制缺失，区域制度环境差异明显，跨区域的办事流程没有实质变化。

可见，目前广东省缺乏以"一体化"意识和"一盘棋"思想在全省范围内加强重大区域的顶层设计和统筹协调。广东营商环境一体化的实现，有赖于建立协同联动机制，深化政府信息共享，但是广东省还处于要深挖数据资源的状态。其次，在软件服务上，还只是部门之间临时性协调，未全面实现跨部门之间的沟通。最后是统一营商环境指标体系的形成，但从目前的情况来看，尚且不说全省统一的营商环境指标体系，即便是在珠三角九市之间，都难以形成相对统一的区域营商环境指标体系。这表明，在广东营商环境一体化的进程中，各地不仅存在现实发展水平的差距，也缺乏一致的对标目标。

### （三）区域营商环境一体化评价机制缺失

现阶段，广东省营商环境建设主要由各地市以所辖的行政区域为范围展开，因而在很大程度上仍是"各自为战"。经济发达地区在营商环境建设中"先拔头筹"，但经济相对落后地区则在营商环境建设方面显得"内外交困"。这些地区的营商环境建设既受制于自身的经济发展情况,也难以和发达地区在人才引进、招商引资等方面相互竞争,从而使得广东省内的营商环境水平参差不齐。造成这一问题的重要原因在于,目前广东省对于营商环境建设的评价仍是以行政区域为限,缺乏区域营商环境一体化评价机制,未能对营商环境建设采取一种相对整体的评价标准。而且,已有评价标准也未能充分考虑公众满意度。这造成了各地仅仅关注自身营商环境的优化,而未能从整体出发来考虑一定区域范围内的营商环境建设。即使在一体化水平较高的珠三角地区,也主要是广州、深圳两市的营商环境建设处于全国领先水平。相较而言,其他七市的营商环境水平仍有一定差距。立足广东全省考察,则更不乏诸多营商环境建设的后进地区。这势必有碍于广东省营商环境水平的提升。因此,广东整体营商环境的优化,必须高度重视区域营商环境一体化评价机制。可以先着力建立健全珠三角九市区域营商环境一体化的评价机制,并以此为参照,逐步推进形成全省范围内的营商环境评价标准,从而形成对广东营商环境一体化的统一引导。

# 第七章　广东省优化营商环境的对策建议

国内国际双循环新发展格局并不是自我封闭，也不是要减少国际市场开拓力度，而是要求市场主体实现国内市场与国际市场的一体化布局与运营。这就要求广东省进一步优化营商环境必须以粤港澳大湾区建设为契机，与"双循环"新发展格局相适应，系统有序有针对性地推进。

## 一　坚持四大原则，全方位整体推进营商环境优化

广东省进一步优化营商环境是一个系统工程，不能单兵直入，必须坚持四大原则，全方位整体推进。

（一）优化营商环境必须坚持高标准，既要"对表"又要"对标"

高标准优化营商环境是广东省实现新发展格局，推动经济高质量发展的现实需要。为此，广东既要"对表"又要"对标"。"对表"，即广东优化营商环境要对照世界银行营商环境评估主要指标，制定具体优化营商环境的目标和优化措施。2004—2020年，世界银行每年都发布全球营商环境年度报告。世行年度报告的评价指标体系囊括了企业开业阶段、建设阶段、融资阶段、日常运营阶段和容错处理阶段等

## 第七章 广东省优化营商环境的对策建议

企业全生命周期,得到了标普、穆迪、世界经济论坛等重量级国际机构的充分肯定,对全球投资者预期和资本流动带来了实质性的影响。"对表"世界银行营商环境评价标准,进一步优化营商环境,不仅可以满足企业发展的普适性要求,而且有利于促进广东与国际社会的沟通,建立良好的外部环境,促进营商环境的国际化。"对标",即要对照新加坡、中国香港、上海、北京、浙江、江苏等国际国内一流营商环境国家或地区的标准,根据企业全生命周期的发展和管理要求,制定完善相关市场准入与退出制度以及政府监管体系和政府服务标准等,推动营商环境法治化、市场化、便利化和国际化。

**(二)优化营商环境必须坚持全面性,既要"对上"也要"对下"**

党和国家优化营商环境的方针政策、法律是对优化营商环境社会实践经验的科学概括与提高,决定着营商环境优化的方向。企业的现实需求是党和国家优化营商环境方针政策、法律实施的现实基础。因此,广东优化营商环境既要"对上"也要"对下"。"对上",即要树立长远和战略眼光,坚持以习近平中国特色社会主义思想为指导,紧紧围绕"双循环"新发展格局,全面贯彻执行中共中央、国务院《关于构建更加完善的要素市场化配置体制机制的意见》、国务院办公厅《关于进一步优化营商环境更好服务市场主体的实施意见》等党和国家优化营商环境政策以及国务院《优化营商环境条例》等相关法律法规。"对下",即要对标广东的现实问题,对标企业的现实需求,以问题为导向,切实回应广东各类企业关切,有的放矢地解决企业发展的痛点、难点、堵点,满足企业现实发展的特殊需求,确保企业对优化营商环境建设有真切感受和真实收益。

**(三)优化营商环境必须坚持竞争中性原则,既要"对外"也要"对内"**

"竞争中性原则是推进我国市场经济深入发展的重要指针,其核心意涵在于反对政府及其部门对市场竞争的歧视性干预,其价值目标则在于推进市场公平竞争机制的有效实现。"① 2020年实施的国务院《优化营商环境条例》以推进经济高质量发展为宗旨，以市场主体平等规则为主线，构建了全面系统的营商环境法治保障规范，首次以行政法规形式对竞争中性原则加以贯彻实施。为此，广东优化营商环境既要"对外"也要"对内"。"对外"，即全面执行国家市场准入负面清单，以高水平对外开放，吸引外资、外企和开展外经外贸活动，要与国际规范、国际惯例接轨，打造国际合作和竞争的新优势，建设更高水平开放型经济新体制。"对内"，即要遵循竞争中性原则，外企、中企，国企、民企，大中小微企业等各类企业依法享有公平竞争的权利，政府从政策、法律制定到监管服务都应当平等对待，不得以各种理由予以歧视。

**（四）优化营商环境必须坚持全方位，既要"对企"也要"对人"**

任何企业都是由人所构成的，是人的集合体。个人服务的优化可以促进内需的有效产生，推动国内经济大循环。个人服务的优化也会提升企业营商环境获得感。为此，广东优化营商环境既要"对企"也要"对人"。"对企"，即政府要为企业服务，要根据企业全生命周期的发展需要，完善营商法规政策体系，全面规范和优化政府监管与服务，实现企业办事的便利化、法治化。"对人"，即政府要为公民服务、要为社会服务，全面优化社会治理、社会服务，并要将其作为优化营商环境建设的有机组成部分加以统筹考虑、一体化推进。

## 二 强化"数字政府"建设，为优化营商环境提供数据支撑

如何进一步推动政府数据与社会数据对接融合，通过不同属性、

---

① 赵树文、侯一凡、王嘉伟：《经济法视阈下的竞争中性原则解析》，《河北经贸大学学报》2020年第4期。

## 第七章 广东省优化营商环境的对策建议

不同类型数据的跨界融合，释放更多数据红利，是优化营商环境、促进数字经济和实体经济深度融合发展的现实需要。而通过"数字政府"建设，实现政府间信息共享是优化营商环境的重要路径。为此，应当根据广东实际，多措并举，强化"数字政府"建设。

**（一）完善省统一信息平台，实现政府间数据共享**

"政府信息共享机制理应成为一个各省市、各部门、各系统、各环节稳定有序衔接运作的有机整体"。[1] 然而，在广东，由于经济社会发展的不平衡，不同区域、不同领域内政府间信息共享并不一致。为此，广东应当在现有广东省政务服务网的基础上，加快大数据的统筹整合，建立健全相关制度机制，全面完善统一信息平台，打破政府间"信息孤岛"，打通优化营商环境的"经脉"，"在全国率先形成大平台共享、大数据慧治、大系统共治的架构，全面推进'数字政府'建设。"

1. 借鉴浙江"无条件归集"经验，完善信息收集制度。信息收集是信息共享的基础。没有全面的信息收集，就不可能存在完善的信息共享。"无条件归集"，即只要没有法律、法规和国家规定不得上网的情形，所有政府信息都必须归集到统一的信息平台。要实现"无条件归集"，必须建立相应的奖惩机制，并纳入公务员年度考核。同时，必须实行信息收集的标准化和规范化，统一技术标准、信息编码，"网络系统的设计、应用及网上信息传输、交换、存取等有关的技术，均应遵循国际通用标准，以保证网上信息资源开发利用的质量和效率""网上信息资源的采集、分类、识别、存贮、传递和应用的标准化；网上信息技术的条件、方法、工作程序、信息安全的标准化、规范化。"[2] 用共同的信息技术和信息语言为健全政府信息共享机制打下坚实基础。

2. 利用大数据技术，完善信息内容开发制度。现代管理学之父彼

---

[1] 吴昊：《大数据时代中国政府信息共享机制研究》，博士学位论文，吉林大学，2017年。

[2] 陈秀珍：《政府信息资源管理与开发利用》，《学会月刊》2002年第4期。

得·德鲁克在《21世纪的管理挑战》中写到:"任何一个国家在信息系统和信息化建设中,都应该将信息内容的建设摆在突出位置,否则信息系统和信息化建设就很有可能会成为无源之水、无本之木,再高级再先进的网络技术平台也会显得毫无价值。"① 信息收集制度解决的是政府间数据共享的原始信息材料问题。信息内容的科学开发才能使政府间数据共享成为可能,也才能使优化政府服务成为可能。为此,必须充分利用大数据技术,考虑以下几个方面因素完善政府信息内容开发制度:② 一是公众需求导向,即围绕政府的基本公共服务供给来规划政府信息资源开发利用的重点。二是业务需求驱动,即根据来自政府职能转变产生的业务需求和来自公众的应用需求,不断深化政府信息资源的开发,以提供优质有序的信息产品和信息服务,实现最大限度的信息资源共享。三是内容资源分类即根据内容管理自身特点(结构化与非结构化数据转换、可视化操作、内容与表现形式的分离等)制定基础内容资源分类标准和目录体系,合理控制内容产生、流通和存储的规范性需求,以利于将来形成一套针对内容管理与服务的规范化标准体系。四是内容集成与个性化,即"基于内容管理要能够满足政府自主实施集群门户网站建设与管理的需求,为用户提供丰富的应用,帮助政府部门构建基于Web内外网一体化的信息管理体系。同时,根据政府信息服务具有差异化、个性化的特点对政府信息内容开发策略进行调整和创新。理顺政府在CMS设计过程中的内容、用户、运营3个维度之间的关系,完成内容资源的结构与智能代理等结构特点的对应。"③ 另外,完善信息内容开发制度,还必须建立健全及时准确的收集网络信息的机制。随着新媒体技术的不断发展,"各种网络平台承载的信息资源极为丰富,内容覆盖面非常广泛,几乎涉及社会政治、经济、文化等各行各业领域的所有事务,这些信息不仅是政府信息重要的来源,而且也能够真实反映社会各行各业的发展现

---

① 转引自聂永瑜等《政府网资源的开发策略》,《工业工程》2002年第2期。
② 参见朱锐勋著《政府信息资源开发模式比较研究》,国家行政学院出版社2016年版,第164页。
③ 窦林卿:《"内容资源管理系统"的2.0时代(上)》,《出版参考》2011年第9期。

状,这就要求政府部门……应该及时搜集各种与之相关的网络数据信息,并做到及时补充更新。"①

3. 借鉴浙江"有条件共享"经验,完善信息共享制度。高质量发展是安全的发展。信息共享中,安全是必需的。过度信息共享,必会涉及信息安全的问题。为此,应当借鉴浙江"有条件共享"经验,完善信息共享制度,实行政府各职能部门以及其他法律法规授权的组织依照法律法规授权的职权范围共享相应的数据,其他组织和个人依法共享相应的数据。

**(二)利用省统一信息平台优化政府服务**

"发展的目的是造福人民"②,是为了"让全体中国人民过上更好的日子"。③ 强化"数字政府"建设,不仅仅是为了提供行政效率,更重要的是为了优化政府服务,造福人民,为营造良好营商环境提供数据支撑。

1. 政府权责清单全流程网上公开。政府权责清单全流程公开是优化政府服务的前提。应当紧紧依靠省统一信息平台,进一步完善广东政务服务网,将权力置于阳光下,将政府部门的权责清单,以及所有事权的法律依据、负责单位、办理流程、办理期限、投诉举报等信息完整准确地向社会公布,让群众按图索骥即可办事,审批人员依职权依法办理,社会公众随时可以依法监督。

2. 政府服务全过程信息化。全过程信息化,是优化政府服务的技术基础。应当紧紧依靠省统一信息平台,进一步完善广东政务服务网,深化"放管服"改革,取消各类无谓的证明,简化各种烦琐的手续,加快推行审批事项全过程电子化工作,实现申报材料、审批过程、审批结果三位一体的全过程数字化、信息化。同时,构建全省行政执法信息平台和行政执法监督网络平台建设,实现智慧执法。

---

① 吴昊:《大数据时代中国政府信息共享机制研究》,博士学位论文,吉林大学,2017年。
② 习近平:《共担时代责任,共促全球发展》,《人民日报》2017年1月18日第1版。
③ 习近平:《习近平谈治国理政》(第3卷),外文出版社2020年版,第134页。

3. 依托"互联网+政务服务"改革政府服务模式。有了前提和基础，并不等于已经实现。要优化政府服务必须根据大数据技术要求改革政府服务模式，全面推广集中式审批、"一站式"窗口办理，用"信息跑路"替代"群众跑路"，不断提升政务服务智慧化水平，实现"一门在基层、服务在网上""零跑动"政务服务，使企业和群众办事像"网购"一样便利，最终实现所有事项"全省通办"，高频事项"跨省通办"，公众足不出户即可办事，提升群众获得感和满意度。

## 三 以政务诚信为抓手，加强社会信用体系建设

"社会信用体系建设，是以法律法规为依据，以信用活动的参与者为主体，以信用活动者的信用记录为基础，规范信用数据的收集和使用，形成激励守信、惩戒失信的机制，是覆盖全社会的诚信系统工程。"① 政府取信于民，恪守诚实信用原则，是现代法治政府的基本要求，也是社会信用体系建设的重要基础和示范。因此，我们应当以政务诚信为抓手，多措并举，全力推进社会信用体系建设。

### （一）全面推进政务诚信建设，为社会信用体系建设提供标杆

政务诚信，是现代法治政府的基本要求，也是社会信用体系建设的重要基础和示范。在推进法治政府、透明政府、责任政府的进程中，我们应当全面推进政务诚信建设，为社会信用体系建设提供标杆。

1. 建立健全营商政策稳定机制。营商环境优化很多时候是通过营商政策来实现的。政策信用直接关系到政务诚信。而政策相对于法律而言，其优势在于其灵活性。在当前新冠疫情和中美贸易争端双重叠

---

① 王雅洁：《全力推进社会信用体系建设》，http：//news.163.com/12/0427/08/803710QN00014JB5.html，访问时间：2020年10月10日。

### 第七章 广东省优化营商环境的对策建议

加,经济触底爬升的情况下,应当建立营商政策稳定机制:凡制定涉企政策,都应当严格遵守《广东省发展改革委关于企业家参与涉企政策制定实施办法》的规定,认真、充分听取市场主体、行业协会、商会的意见;凡是执行上级政策,应根据政策本身的情形有的放矢地执行,对约束性政策严格遵照执行,既不自行放宽,也不层层加码,对指导性政策应当吃透上情、摸清下情,从政策精神和地方实际出发精准、科学抓好落实;凡涉及环境保护、安全生产等技术标准调整的,应当经过专家、市场主体、行业协会等的充分论证;凡新制定涉企政策时,必须同时明确新老政策如何衔接,为市场主体留出适应调整期。

2. 建立营商政策评估制度,定期对营商政策落实情况开展"回头看"活动。营商政策集中体现了地方政府优化营商环境的意志和行动。营商政策的调整、终止都会直接影响市场主体的切实利益。营商政策的实际效果如何,有无达到预期目标,是否产生了预期效应、效益,是否需要延续、调整、终止,以及营商政策出现问题原因何在等一系列问题都不是一目了然的,都需要相关的科学评估来实现。营商政策评估是提高营商政策质量和实效的基础性措施。因此,应当建立健全长效化、规范化、科学化的营商政策评估制度,定期对营商政策实施情况进行评估,开展"回头看"活动。

3. 政务诚信建设必须建立健全"政府承诺+社会监督+失信问责"机制,强化政府信用。凡政府对社会、对企业的承诺事项,都必须遵守,及时提醒纠正承诺多、践诺少的政府部门,严肃处理影响恶劣的典型,从而防止政府不作为、乱作为、慢作为,让承诺按期落到实处;凡是行政协议、政府债务,政府机关都应当严格依法履行,不能"新官不理旧账",并采取各种措施着力解决各种历史遗留问题;凡是因政府政策变化、规划调整以及政府政策失误等可归结于政府的原因造成市场主体合法权益受损的,政府都应当依法予以补偿救济;将政务诚信实施情况纳入公务员,尤其是负责人年度绩效考核之中,从而促进政府率先垂范、力行引领。

## （二）全面贯彻实施《广东省社会信用条例》，强化社会信用体系建设

"建设社会信用体系，是完善我国社会主义市场经济体制的客观需要，是整顿和规范市场经济秩序的治本之策。"① 2021年广东省人大常委会制定了《广东省社会信用条例》，对社会信用管理的基本原则、社会信用环境建设、社会信用信息管理、守信激励与失信惩戒、信用主体权益保护、信用服务行业规范与发展等做出了具体规定，为广东全面推进社会信用体系建设提供良好的法规保障。为此，应当全面贯彻实施《广东省社会信用条例》，不断加强广东社会信用体系建设，打造信用广东。

1. 不断完善《广东省社会信用条例》的相关配套制度。地方性法规的实施很多时候还需要相应的配套制度的支撑。根据《广东省社会信用条例》的规定，相关配套制度的完善主要是两个方面：（1）政府及其职能部门应当完善以下主要配套制度：一是各级人民政府应当建立健全政务诚信的监测治理体系以及政府失信的责任追究机制，全面提升政府公信力。二是建立健全政府守信激励措施清单制度，贯彻实施失信惩戒制度，从而实现在行政许可、行政确认、行政奖励、行政监管、政府采购、政府招投标、财政资金补助、国家工作人员招录等工作中全面应用社会信用信息。三是健全信用信息异议处理制度，在现有法律规定基础上对信用主体提出异议的处理时限、程序等进行细化，确保信用主体的救济权合法使用。四是社会信用主管部门以及有关行业主管部门建立健全信用修复机制，明确信用修复的方式和程序。（2）企事业单位、社会组织应当完善以下主要配套制度：一是社会信用信息归集、采集、公开、共享和应用主体应当建立健全信息安全管理和保密制度，履行信息安全管理的主体职责。二是承担公共信用服务的机构建立信息查询使用登记和审查制度，明确信息查询使用权限和程序，并通过门户网站、移动客户端、查询窗口等

---

① 王雅洁：《全力推进社会信用体系建设》，http://news.163.com/12/0427/08/8037IOQN00014JB5.html，访问时间：2020年10月10日。

渠道向社会提供便捷的查询服务。三是市场信用服务机构、信用服务行业组织以及其他企事业单位、社会组织应当建立健全市场信用信息异议处理制度，明确异议处理的渠道与规则，并向社会公开。四是市场信用服务机构、信用服务行业组织以及其他企事业单位、社会组织应当建立健全与市场信用信息相关的信用修复制度。

2. 加强《广东省社会信用条例》宣传教育。《广东省社会信用条例》的宣传教育是全面做好条例贯彻实施的基础工作。全面贯彻执行《广东省社会信用条例》，必须加强《广东省社会信用条例》的宣传教育：一是邀请《广东省社会信用条例》起草人员或者相关专家，为社会信用体系建设的相关职能部门及其工作人员全面解读《广东省社会信用条例》的制定背景、依据、特色、具体内容等，从而真正实现执法人员学法、知法、懂法、用法。二是组织相关专家、社会信用体系建设的相关执法人员上门入户对重点信用主体进行宣传，引导信用主体严格遵守《广东省社会信用条例》等法律法规，积极参与社会信用体系建设，主动落实信用建设主体责任。三是充分利用政府门户网站、新闻媒体、网络平台等，向社会广泛宣传《广东省社会信用条例》目的、意义和主要内容，提高广大群众社会信用意识，营造社会信用体系建设的浓厚社会氛围。

3. 加快培育信用服务市场发展。信用服务市场是广东社会信用体系建设的有机组成部分。在经济高质量发展的今天，广东加快培育信用服务市场发展显得尤为重要。为此，广东应当尽快完善征信数据库建设和相关制度建设，在确保国家秘密、商业秘密和个人隐私的基础上，依法加大省信用平台向信用服务机构信息公开力度，从而有效降低信用服务机构的产品成本；制定鼓励境内外自然人、法人和非法人组织在广东省投资设立信用服务机构的相关政策，加强相关专业信用服务机构的培育、引进，培养一批高素质信用服务从业人员；鼓励信用服务机构依法依规开发、创新信用服务产品，加快培育、开拓信用服务市场，有效提升信用服务的供给水平，满足信用服务多元化、专业化的现实需求；强化相关行业协会自律管理，健全信用服务机构准入退出机制，规范信用市场发展，推动信用监管等信用治理的实施。

4. 充分运用省统一信息平台，加快推进信用监管。信用监管是一种最具竞争力的全新的市场监管工具。广东应当以省信用平台为基础完善信用体系平台，实现全省信用信息的共建互通共享，借鉴浙江衢州经验构建闭环监管机制，全面运用大数据和信用监管新手段，建立以联合奖惩为核心的信用监管运行机制，推进信用监管①：（1）通过系统数据仓"一仓两空间"建设，打通互联网+监管、市场监管、信用信息、绿色金融服务等平台，全面归集法人库、人口库、电子证照库、信用库等各类数据，形成涵盖监管对象的各类主题数据库，实时共享数据库资源。（2）通过平台信用承诺管理系统建设，归集企业承诺信息、履约信息，关联信用主体信用记录，并实现与互联网执法监管平台的互联互通。将承诺履约记录等信息推送至执法监管平台，形成"双随机"抽查库，检查结果情况反推回信用信息平台，实现信用监管、精准监管、智慧监管。

## 四 改进和完善人才创新创业环境

在创新驱动发展和发展动能转换大背景下，区域人才竞争日趋激烈，人才政策和人才投入比拼白热化，区域中心城市人才集聚的"虹吸效应"更加明显②。当今综合实力竞争在一定意义上是人才的竞争。面对新形势，广东应当加强改革和创新，重视和把握人才竞争的新规律、新特点，进一步改进和完善人才创新创业环境。

### （一）健全人才发展的制度体系

中共广东省委印发的《关于我省深化人才发展体制机制改革的实施意见》明确了广东人才发展的前进方向，其中最主要的是坚持问题导向、需求导向和目标导向，完善广东人才发展制度体系。为此，我

---

① 参见何玲《数字赋能 智慧监管 多元应用 加快建设衢州特色"信用示范之城"——访浙江省衢州市市长汤飞帆》，《中国信用》2020年第8期。
② 孙锐：《区域人才工作创新发展的经验与启示》，《中国人才》2019年第1期。

们应当对表对标世界一流和先进地区水平,及时修订、优化广东省人才发展的全链条管理制度,为人才创新创业提供良好的制度环境。

1. 建立健全开放的人才引进制度。习总书记强调,一个国家对外开放,必须首先推进人的对外开放,特别是人才的对外开放,要以更加开放的视野引进和集聚人才。广东应当借鉴港澳吸引国际高端人才的经验和做法,及时修订、完善广东省人才法规和政策,以更积极、更开放、更有效、更具竞争力和操作性的人才引进政策,创造更具吸引力的人才引进环境。

2. 建立健全人性化的人才培育制度。人才引进、培育、使用、流动是一个连续的过程。人才培育机制是人才发展全链条管理制度的基础性环节,也是评价人才环境好坏的重要标准。创新人才培育机制是广东实施人才强省的现实需要。为此,我们应当建立健全人性化的人才培育制度[①]:一是要建立个性化的合理的人才选用机制。习近平总书记指出,行行出状元,任何一份职业都很光荣,要聚天下英才而用之。正确选人、用人是事业发展的重要保证,科学的个性化人才选用机制是造就千百万人才群体的制度保障。个性化人才选用机制强调注重人才的个性和特长,注重扬其所长,避其所短;科学的人才选用机制强调人才选用公平、公正、公开。二是要在发展的实践中培养人才。坚持人才工作与事业发展相结合,让人才创业有舞台、创新有机会、发展有空间,让人才工作与事业发展相互协调、相互促进,让人才在享受事业发展乐趣中获得更大的发展空间。三是要带着深厚的感情抓人才管理。要坚持以人为本的理念,把合适人才放在合适岗位,最大限度地发挥人才的积极性、创造性。要坚持正确的人才观,坚决打破论资排辈的传统观念,打破门户之见和文人相轻的陈旧观念,打破部门、地域的界限,不求所有、但求所用,把实践、把事业发展作为衡量人才的根本标准,作为发现和识别人才的根本途径。四是建立激励机制。习总书记强调,要建立灵活的人才激励机制,让做出贡献的人才有成就感、获得感。五是建立领导干部直接联系人才的机制。

---

① 参见韩汉杰《创新人才培育机制 高效培养人才》,《经济师》2013年第8期。

推动各级领导干部树立重视人才发展的意识，通过各种方式切实解决人才面临的实际困难。同时，加大人才工作的宣传力度，在全社会树立识才、爱才、敬才、用才的良好风气。

3. 建立健全科学的人才评价机制。习总书记强调，要用好用活人才，建立更为灵活的人才管理机制，完善评价这个"指挥棒"。健全和实施科学的人才评价机制，应着手做好以下几方面工作[①]：一是树立科学的人才评价观。科学的人才评价观是"大人才观"，即坚持"人人有权利成才、人人有机会成才、人人都可以成才"的理念，营造适合创新型人才茁壮成长的良好环境，使每一个人都能够成为社会有用人才；科学的人才评价观是"全面发展观"，即人才培养要重视人才的全面发展，既要重视专业知识的传授，更要重视创新思维、创新素质、创新能力的培养，还要重视政治素养、社会责任和爱国情操的培养；科学的人才评价观是"动态发展观"，即不要静态地看待人才，要关注人才的发展潜力和创新能力的动态演进。二是科学分类设置人才评价标准，破除"唯论文、唯职称、唯学历、唯奖项"现象。习总书记强调，要防止"帽子满天飞"、按贡献评价人才。根据人才发展规律，在对人才科学分类基础上，突出代表性成果评价，注重业绩和潜力评价、过程和结果评价相结合，突出人才评价的中长期目标，建立健全容错免责制度，打造鼓励创新、宽容失败、潜心研究的良好人才环境。同时，建立动态调整机制，鼓励人才在不同领域、不同岗位做出贡献，实行差异化评价，避免对不同学科领域、不同成长阶段的人才"一刀切"式的评价，彻底消除"唯论文、唯职称、唯学历、唯奖项"现象。三是建立以同行评价为基础，市场评价、社会评价等多元主体共同参与的人才评价治理体系。四是注重不同类型人才工作能力，发挥人才的主体作用和用人单位的主导作用，合理使用评价结果，促进人才评价与培养、使用、激励有效结合。五是完善人才评价的配套措施，将人才评价改革落到实处。其内容包括简化评价

---

① 参见刘云《推动建立新时代科技人才评价体系》，《中国社会科学报》2021年6月8日。

程序，建立健全规范化、专业化的评价管理系统；畅通评价渠道，完善非公有制经济组织、社会组织和新兴职业等领域人才申报评价渠道；优化人才评价环境，建立健全评价专家责任和信誉制度；不断提高人才评价的公信力，建立健全人才评价公示、反馈、申诉、督查、回溯等制度，实行人才评价全过程痕迹化管理。

4. 建立健全有序便利的人才流动机制。人才流动是社会主义市场经济的必然产物，是人尽其才的重要途径。建立健全有序便利的人才流动机制，应着手做好以下几方面工作：一是完善人才流动在服务期、竞业限制、知识产权保护、科技成果转化收益分配等方面的制度规定，健全有序便利的人才流动制度体系，防止人才无序流动。二是贯彻实施国务院《人力资源市场暂行条例》，全面落实用人单位自主权，建立健全规范、统一的人力资源市场体系，实现人力资源的有序流动和优化配置。三是畅通人才流动渠道。建立健全国家机关、企业事业单位、社会组织人才跨部门、跨领域、跨行业、跨区域、跨所有制便捷有序流动机制，促进人尽其才。四是建立健全政府人才流动宏观调控机制。根据国家建设与发展需要，建立健全科学高效的政府人才流动宏观调控机制，引导、鼓励相应的人才向国家重点发展领域、艰苦边远地区、城乡基层有序合理流动。

### （二）优化人才服务保障体系

完善人才服务保障体系，能够有效激发各类人才干事创业热情。当前，广东营商环境建设过程中，应当积极完善人才创新服务保障体系，设计契合粤港澳大湾区建设的高端人才创业服务体系，对人才的创业发展方向进行引导，打造良好的投融资环境，积极提供创业资金服务，为新创企业提供组织、物质、制度等各类保障。

1. 充分发挥政府的支持与保障作用。政府应当加强人才服务保障的顶层设计和统筹规划，建立一体化的人才保障公共服务体系，大力支持粤东粤西粤北地区的人才发展工作，营造公平公正的人才发展环境，重点在政府扶持、创业辅导、载体建设、产学研体制设计、创业资金服务、企业发展服务等方面，为人才发展提供强有力的支持和保障。

2. 优化产业环境，发挥产业集群对人才服务保障作用。人才的生产要素性质是人才集聚和人才成长的内在动因。① 广东应立足不同地市的功能定位和产业优势，结合产业集群发展的客观需要，针对性地引进相应的高层次人才，促进产业集群发展与人才发展相协调，并探索建立健全企业分配、激励与人才工作业绩相挂钩机制，激发人才队伍积极性，优化人才发展环境。

3. 强化软实力建设，营造人才发展的良好软环境。各级人民政府要高度重视软实力建设，优化公共服务，切实提升教育、医疗、出行等"软实力"。简化办事程序，全面实施"最多跑一次""跑零次"改革，为用人单位和人才提供高质量的公共服务。引导企业完善绩效评价体系，传承和培育工匠精神，塑造良好的企业文化。改进人才福利保障制度，建立健全人才保障机制，启动人才跟踪服务，采用"人才服务专员""一对一"等方式，为引进人才营造良好的、有益的"软环境"，为人才发展免去后顾之忧。②

4. 推进人才流动公共服务便民化。推动人才服务管理体制改革，建立人才流动公共服务标准体系，健全人才流动公共服务体系，完善相关制度规定，强化"互联网＋人才流动公共服务"建设，推行人才流动公共服务"一门式办理"，不断提升人才流动服务水平。

## 五 建立政商交往负面清单制度，构建亲清新型政商关系

在中国特色社会主义现代化建设中构建亲清新型政商关系，是时代要求。为此，一要建立政商交往负面清单制度，为构建亲清新型政

---

① 吕宜之：《宁波海归人才创新创业环境现状及优化策略》，《宁波经济》（三江论坛）2016年第12期。
② 参见杨雪飞《杭州市临安区优化人才创新创业环境的措施及建议》，《人才资源开发》2021年第7期。

商关系提供一种新的制度管理模式和法治思维视角;二要建立亲商机构,个性化解决企业问题。

### (一) 建立政商交往负面清单制度

借鉴行政审批领域成功实践的负面清单制度,建立政商交往负面清单制度,以负面清单形式公开列明违纪违法言行举止的具体范畴,以此划出一条清晰、严格的"红线"或底线,使亲清新型政商关系不仅"清白",更要"明白"。

1. 政商交往负面清单构建必须坚持以人为本原则。人是制度的主体和目的。"马克思的终极目标是要帮助人们从不合理的社会现实枷锁中彻底挣脱出来,而不是加重对人们的束缚"。① 政商交往负面清单构建的目的也应当如此。政商交往负面清单构建要以习近平中国特色社会主义思想为指导,要与现实相对接,强化分类设定,其目的在于建立有助于经济社会高质量发展的亲清新型政商关系。

2. 科学合理确立政商交往负面清单。确立政商交往负面清单是确立政商交往的禁区,是底线思维、红线思维的重要表现。科学合理确立政商交往负面清单,应当从以下几方面着手:(1)省监察委应当在中国广东省委领导下根据党内法规、国家法律法规确立政商交往负面清单的基本内容。(2)各地区、各部门应当根据本地区、本部门的实际,确立本地区、本部门的政商交往负面清单。负面清单的确立必须坚持以人为本原则,符合常识,符合公众的接受度。(3)建立政商交往负面清单动态调整机制。任何制度不可能是尽善尽美的,都需要在实践中不断完善。为此,必须建立政商交往负面清单动态调整机制,严格规范调整程序,明确制度调整的时间、方式、步骤、条件等,从而既保持负面清单的相对稳定性,又能始终保持负面清单的现实可行性。

3. 健全政商交往负面清单的保障机制。政商交往负面清单制度并

---

① 吴增礼、黄春凤:《构建社会主义核心价值观践行的负面清单制度》,《马克思主义研究》2020年第1期。

非简单的清单目录列举，而是一项集管理、监督、问责、奖励于一体的系统工程，需要一系列的制度保障：一是建立严格的政商交往负面清单问责机制，保证任何违反负面清单的行为都将受到制约和惩处，从而确保政商交往负面清单的"红线"功能、底线功能。二是建立政商交往容错机制。对于负面清单之外政商交往中出现的为社会道德或者政策不允许的行为，应当予以适度包容，为不断完善亲清新型政商关系留下一定的试错空间。当其试错超过适度包容的底线，可以通过动态调整机制，完善政商交往负面清单。

### （二）建立健全亲商机构，个性化解决企业问题

新加坡有着设立"亲商小组"优化营商环境的成功经验。新加坡贸工部牵头成立"亲商小组"。"亲商小组"一方面通过设立最佳建议奖、对政府部门亲商水平年度评估等方式，鼓励企业家提出相关政策的完善建议，鼓励政府机构积极响应企业建设；另一方面通过先行者计划，奖励想出创新创意使用和运作政府资产的企业家，并邀请不同监管机构官员到亲商小组挂职，帮助官员们了解企业需要，增强本部门亲商工作。而在构建亲清新型政商关系方面，广东也有成功经验。2016年，惠州市先试先行首创"首席服务官"制度，个性化解决企业问题。之后，在中共广东省委办公厅、省政府办公厅印发的《关于促进民营经济高质量发展的若干政策措施》中也明确提出："推广企业首席服务官制度，'一对一'跟踪协调解决企业发展中的困难"。因此，应当在"首席服务官"制度的基础上借鉴新加坡经验，聚焦企业需求，完善亲商机构，明确亲商机构的职责，加强政府政策引导；完善亲商机构工作机制和工作方式，包括"建立健全企业困难和问题协调解决机制、帮扶和支持机制，通过定期走访、每月追踪、列出清单、做好台账、强化督办等方式，及时了解和掌握企业动向、诉求、困难"[①]，抓好政策落地执行，细化量化帮扶措施，个性化解决企业的痛点、难点、堵点，从而全面优化广东营商环境。

---

① 陈清：《推动构建亲清政商关系》，《人民日报》2020年4月28日。

## 六 构建区域协同机制，提升营商环境一体化水平

营商环境一体化水平是影响广东能否实现高质量发展、提升广东省整体营商环境水平的重要因素。因此，广东必须构建优化营商环境区域协同机制，协调各地市关系，使之分别制定符合自身发展需求又有助于整体营商环境优化的政策和战略，降低区域企业的制度成本，提升营商环境一体化水平，实现广东整体营商环境的最优化。

### （一）明确优化营商环境区域协同的目标

目标是优化营商环境区域协同的航向与明灯，是优化营商环境区域协同的动力源泉。广东各地优化营商环境的主动性、积极性都非常强烈。但要形成合力，必须实现区域协同。而在优化营商环境中，各地市要实行区域协同，就需要有明确优化营商环境区域协同的目标。世界银行营商环境评价所重点关注的是制度性交易成本。所谓制度性交易成本"是指因政府的各种制度工具所带来的成本，可以简单地理解成是企业在遵循政府制定的一系列规章制度时所需付出的成本，例如各种税费、融资成本、交易成本等等"。[①] 世界银行营商环境评价强调"良性法律+良性执法=良好的经济绩效"，以降低制度性交易成本为主线的，实现"以更美好的制度构造更美好的生活"。国务院《优化营商环境条例》相关制度设计的目的是通过优化"政府之手"以降低制度性交易成本。因此，优化营商环境区域协同的目标是降低跨区域制度性交易成本。

---

① 张卫国、蔺栋华著：《深化供给侧结构性改革问题研究》，山东人民出版社2017年版，第113页。

## (二) 明确优化营商环境区域协同职能部门工作职责和岗位责任制

优化营商环境是一个涉及多部门的纷繁复杂的系统工程。优化营商环境的区域协同，使得这一纷繁复杂的系统工程更为复杂。为了促进优化营商环境区域协同的实现，必须明晰具体负责的职能部门。根据广东实际情况，明确省发改委为优化营商环境区域协同职能部门，其所属区域经济处为优化营商环境区域协同职能机构，并明确规定其具体优化营商环境区域协同职责，建立相应的岗位责任制，实现优化营商环境区域协同职能部门责权利相结合，确保工作到位。

## (三) 推动营商环境政策衔接与规则互认

针对目前各地营商环境建设"各自为政"，缺乏区域合作，以及存在无序竞争等情况，有必要协调各地营商环境政策，从而立足区域整体推动各地区政策的衔接。其中，重点是要强化各地区合作理念，在制定政策时充分考虑区域内各地区的实际情况，整合政策资源，推动各地区实现优势互补，尤其是经济发达地区要适当扶持、带动不发达地区，以逐步提升不发达地区的营商环境水平，避免人才引进、招商引资等方面"无底线"优惠政策的盲目比拼而形成"政策洼地"。

优化营商环境也要注重推动各地区营商环境的规则互认。随着2015年《立法法》的修改，各地级以上市都享有地方立法权限，都可以制定相应的地方性法规和规章。基于本地发展需求，不同地方立法主体制定的地方性法规和规章必然存在差异。而优化营商环境区域协同的目标是降低跨区域制度性交易成本。因此，各地要注重推动营商环境的规则互认，尤其是在各类证照、资质审批等方面实现区域乃至全省互认，实现政务服务"全省通办"，减少企业在省内跨地区经营的障碍，真正实现广东整体营商环境的优化。

优化营商环境还要注重广东与港、澳营商环境政策的衔接和规则互认。粤港澳大湾区融合发展是国家发展战略。推动区域经济协同发展，"建立活力充沛、创新能力突出、产业结构优化、要素流动顺畅、生态环境优美的国际一流湾区和世界级城市群"是《粤港澳大湾区发展规划纲要》确立的粤港澳大湾区融合发展的重要目标。因此，优化营商环境还要注重大湾区营商环境政策的衔接和规则互认，实现商事规则互通，以更好地发挥粤港澳大湾区在区域发展中的核心引擎作用。

### （四）充分运用全省统一信息平台，促进营商环境便利化、均等化

习近平总书记强调"投资环境就像空气，空气清新才能吸引更多外资"。便利化是优化营商环境的重要内容，实现企业制度性交易成本降低的重要表现。均等化是优化营商环境区域协同重要目标，是广东整体营商环境优化的重要表现。为此，广东应当充分运用省统一信息平台，建立跨地市数据资源共享清单，完成政府信息系统的改造对接，统一营商环境领域业务受理方式、数据格式、证明材料、服务流程等市场准入与政府监管服务要求，避免相关业务的重复申报、重复办理，减少企业跨地区业务办理的"壁垒"，从而降低企业的区域制度性交易成本，实现广东省内营商环境公共服务一体化和均等化。

## 七 健全营商环境评价制度，为进一步优化营商环境提供制度动力

"国内国际实践经验充分表明，开展营商环境评价，是推动落实优化营商环境政策、鼓励积极探索创新的有效抓手。评价引导、助力改革，有助于推动各级政府部门持之以恒优化营商环境，为建设现代化经济体系、推动高质量发展提供重要支撑。"[1] 同时，"政绩，是一个地方、部门或单位在一定时期内所取得的施政业绩。有行政管理就有政绩考核。"[2] 由于优化营商环境中地方政府处于核心地位，政绩考

---

[1] 国家发展和改革委员会编著：《中国营商环境报告2020》，中国地图出版社2020年版，第6页。

[2] 刘国中主编：《〈中共中央关于全面深化改革若干重大问题的决定〉职工学习问答》，中国工人出版社2014年版，第132页。

核机制常常会激励或扭曲着地方政府与其他利益相关者之间的关系，成为影响营商环境建设的一个重要变量。因此，广东应当进一步优化营商环境评价制度，完善对 21 个地级市的营商环境评价，充分发挥营商环境评价的评价、引领和督促作用，以评促建、以评促改、以评促优，有序推动各地进一步优化营商环境建设，从而以更好的营商环境促进双循环新发展格局的构建，推动广东经济社会高质量发展。

### （一）构建科学完备的营商环境评价指标体系

营商环境评价指标体系是优化营商环境建设的"指南针"，是营商环境水平提升方向的目标和重要参考。"一套合理的营商环境评价体系的设立不仅便于政府部门更准确地为区域的商业项目定位，从而制定更好的商业政策，还为投资者制定投资战略、进行区域选择、确定投资行业和投资方式提供依据"[①]。我国是一个有着长期人治传统的国家。在人们的血液和骨髓中一直都渗透着官本位思想和对权力的迷信。虽然经过改革开放的洗涤，公民权利意识有所觉醒，但权力崇拜并未消失。优化营商环境建设主要是依靠国家权力，尤其是政府权力的自我推动。在这种现实国情下，不同的营商环境评价指标体系将发挥不同的效用。根据世界银行《全球营商环境报告》的理念，营商环境建设更多的应当是关注中小企业营商的便利程度，但由于外资、大型企业的立竿见影的效果，吸引外资、大型企业已成为地方政府优化营商环境建设的一项重要任务和政绩考核标准。可见，构建一套科学完备的营商环境评价指标体系，是建立健全营商环境评价制度的基本前提，是进一步优化营商环境建设的"指挥棒"。

营商环境评价指标体系是各地市政府部门进一步优化营商环境建设的"指挥棒"。营商环境评价指标体系的设计代表着广东省政府优化营商环境建设的方向和目标。同时，营商环境评价指标体系设计是一种专业技术，应当有专业人士的参与。因此，广东营商环境评价指

---

[①] 冯淑君、魏农建主编：《上海商业发展报告 2015》，复旦大学出版社 2016 年版，第 196—197 页。

标体系构建应当在省政府的统一领导下,由广东省人民政府发展研究中心会同省司法厅、发改委等相关职能部门组织相关专家,以习近平关于优化营商环境重要讲话精神为指导,根据党的十九大和十九届二中、三中、四中、五中全会精神以及国务院《优化营商环境条例》规定,以国家发改委设立的营商环境评价指标体系为基础,科学借鉴世界银行营商环境评价指标体系合理因素,结合广东实际,聚焦企业和群众办事创业的"痛点""堵点"和"难点",构建以指导优化营商环境实践、引领高质量发展为目标,以市场主体和社会公众满意度为导向,以国际化、市场化、法治化、便利化为支撑的系统完备的具有广东地方特色的营商环境评价指标体系,并在实践基础上不断调试修改完善评价指标体系。

### (二)建立政府保障的独立第三方评价机构

营商环境评价主体的确定不仅关乎营商环境评价运行模式,也关乎营商环境评价结果的公正性、客观性。当前营商环境评价主要有两种模式:一是以世界银行为代表的独立第三方评价模式;一种是以发改委为代表的政府部门牵头,第三方参与,部门协同的政府评价模式。

独立第三方评价具有中立性,能够客观公正做出评价。第三方评价机构一般是利益相关者外的其他机构或者个人,由于不直接涉及自身利益,第三方评价能够尽可能地保证评价结果的客观公正。独立第三方评价具有专业性,能够提供更科学可靠的评估信息。第三方评价机构,一般是专业机构,如世界银行,具有熟悉营商环境的相关专家和专业工作人员,具有较强的专业调查分析能力,能确保评价结果的客观公正。独立第三方评价具有规范性,有着相应的程序保障。第三方评价机构,一般是专业评价机构,一般都有自身比较规范的评价程序制度,确保营商环境评价有序规范进行。但是,在广东由独立第三方进行营商环境评价也存在三大难题:一是在搜集资料、调查数据方面,第三方机构不如政府部门便利,部分数据难以取得,从而影响评价的真实性、科学性和客观性;二是第三方评价机构一般都缺少相应的经费保障；三是由于第三方评价机构本身缺乏权威性而导致评价结论缺少说服力，最终导致评价结论被束之高阁。政府评价模式的优点在于在搜集资料、调查数据方面比较便利，不存在相关障碍；一般都有相应的经费保障；其结果容易得到运用。但政府评价也有局限性：一是牵头的政府部门，如发改委，一直在组织、负责优化营商环境工作，对各地市优化营商环境已经形成了较为稳定的意见，容易产生先入为主的观念，从而降低评价结果的公正性和科学性。二是牵头的政府部门，如发改委，一直在组织、负责优化营商环境工作，容易造成"既是运动员又是裁判员"的实践困境。

基于以上原因，我们建议建立政府保障的独立第三方评价机制以发挥上述两种评价模式的优势，克服其不足：（1）建立第三方评价机构。省政府应当与对营商环境已有广泛研究的本地高校合作建立营商环境评价机构，由该评价机构独立进行广东营商环境评价工作。这样的好处有三：一是可以确保营商环境评价的中立性、专业性，从而增加其评价的权威性。二是可以培养一批可以与世界银行营商环境评价专家进行沟通协调的专家学者，从而避免因与世界银行营商环境评价专家沟通不畅而影响我国在世界银行营商环境评价中的排名。三是可以促进广东高校营商环境评价相关学科的发展。（2）建立第三方评价政府保障制度。这主要包括两个方面：一是建立财政保障制度，即将第三方评价机构的运行经费纳入财政预算，由省政府财政支出。二是建立质量监督制度，包括对第三方评价机构运行行为的监督和运行程序的规范，以防止第三方评价机构基于自身利益对评价权的滥用。

### （三）建立健全营商环境评价成果运用机制

营商环境评价是推动优化营商环境政策落实的有效抓手。作为一种手段，营商环境评价工作本身尚无法直接助推营商环境的优化。只有在营商环境评价基础上形成营商环境评价成果，并且将该成果有区别地、针对性地切实应用到优化营商环境建设的实践中，营商环境评价作为推动优化营商环境政策落实有效抓手目的才可能得到实现，营商环境评价制度的宗旨才可能达成。为此，必须建立健全营商环评价成果运用机制：(1) 营商环境评价成果向社会公开。营商环境评价成果的公开对评价机构、政府、企业都有着重要的意义。对评价机构而言，营商环境评价成果的公开一方面可以提升其社会影响，另一方面也使其营商环境评价的客观性、科学性形成接受社会检验，形成强有力的监督。对政府而言，营商环境评价成果的公开既是对政府已有优化营商环境的肯定，也是对其不足的鞭策，从而形成优化营商环境的巨大社会推动力。对企业而言，可以成为其投资企业选择的重要依据。(2) 营商环境评价成果纳入政绩考核。将营商环境评价成果纳入政绩考核范围，使优化营商环境工作的成效直接与相关部门年度考核、晋级评先等直接挂钩，实现优化营商环境工作的规范化、常态化、高效化。(3) 分享最佳实践，推广典型经验。[①] 省发改委根据评价结果指导和帮助各地市及时分析掌握本地营商环境总体水平、存在的短板弱项、下一步改进方向、可供学习借鉴的改革亮点，并通过召开经验交流会、工作推进会、评价培训会，刊发典型经验做法工作简报等多种形式，及时总结梳理优化营商环境的创新做法和鲜活经验，分享交流改革经验和做法，推动各地市持续优化营商环境，推动国内国际双循环相互促进新发展格局的构建，促进广东经济社会高质量发展。

---

① 参见国家发展和改革委员会编著《中国营商环境报告2020》，中国地图出版社2020年版，第13页。

# 附录一  广东省法治化营商环境评价指标体系（专家建议稿）[①]

| 一级指标（6个） | 二级指标（18个） | 三级指标（52个） | 指标说明 | 分值 | 指标属性 |
|---|---|---|---|---|---|
| 1. 法规政策环境（13） | 1.1 营商法规政策合法性（4） | 1.1.1 营商法规政策制定主体的合法性 | 主要考察营商法规政策制定主体是否合法 | 1 | 正向指标 |
| | | 1.1.2 营商法规政策制定程序的合法性 | 主要考察是否存在营商法规政策制定合法性审查等相关制度安排以及制度是否得到遵循 | 1 | 正向指标 |
| | | 1.1.3 营商法规政策内容的合法性 | 主要考察营商法规政策：<br>（1）是否符合上位法<br>（2）是否制定上位法政策变化及时清理制度以及制度是否得到遵循<br>（3）增加相对人义务或减损权益是否有法律法规依据 | 2 | 正向指标 |
| | 1.2 营商法规政策科学性（4） | 1.2.1 营商法规政策的公平性 | 主要考察是否建立营商法规政策制定公平竞争审查制度，并得到遵循 | 3 | 正向指标 |
| | | 1.2.2 营商法规政策的可行性 | 主要考察营商法规政策是否具有可行性 | 1 | 正向指标 |

---

[①] 本指标体系及其说明系2019年广东省司法厅委托展开"广东省法治化营商环境评价指标体系研究"项目成果，由朱最新、刘云甫、余彦、谢宇、黄喆、朱晔、谢俊为课题组成员，徐洁荧、刘珠敏、胡倍臻、肖伊伶、吴书涵、肖佳琪、刘子婧、钟楚怡为研究助手于2019年撰写。

附录一 广东省法治化营商环境评价指标体系（专家建议稿）

续表

| 一级指标<br>（6个） | 二级指标<br>（18个） | 三级指标<br>（52个） | 指标说明 | 分值 | 指标属性 |
|---|---|---|---|---|---|
| 1. 法规政策环境（13） | 1.3 营商法规政策民主性（3） | 1.3.1 营商法规政策制定听取市场主体行业协会商会意见 | 主要考察营商法规政策制定是否存在听取市场主体、行业协会、商会意见的相关制度安排以及制度是否得到遵循 | 1 | 正向指标 |
| | | 1.3.2 营商规则异议制度 | 主要考察市场主体不服营商法规政策，是否有制度化的渠道反映，并能及时得到反馈 | 1 | 正向指标 |
| | | 1.3.3 营商政策变更、废止遵循法定程序与信赖保护 | 主要考察是否建立营商政策变更、废止相关的程序制度和补偿制度以及制度是否得到遵循。（政策变更会产生信赖利益保护的问题，立法产生的当前世界除个别国家外，普遍不予信赖保护） | 1 | 正向指标 |
| | 1.4 营商法规政策公开性（2） | 1.4.1 营商法规政策在政府官网和政务平台公开 | 主要考察营商法规政策是否在政府官网和政务平台公开以及公开的全面性和及时性 | 2 | 正向指标 |
| 2. 产权保护环境（21） | 2.1 财产权保护（12） | 2.1.1 企业财产征收征用和收费的合法性 | 主要考察：<br>（1）征收征用是否有法律依据；征收征用中使用强制是否有法律依据；征收征用中是否予以合理补偿<br>（2）是否对政府性基金、涉企行政事业性收费、涉企保证金以及实行政府定价的经营服务性收费，实行目录清单管理并向社会公开，目录清单之外的前述收费和保证金一律不得执行 | 4 | 正向指标 |

续表

| 一级指标<br>（6个） | 二级指标<br>（18个） | 三级指标<br>（52个） | 指标说明 | 分值 | 指标属性 |
|---|---|---|---|---|---|
| 2. 产权保护环境（21） | 2.1 财产权保护（12） | 2.1.2 政府守信践诺机制 | 主要考察：<br>（1）地方政府及有关部门是否兑现向社会及行政相对人依法做出的政策承诺，履行在招商引资、政府与社会资本合作等活动中与投资主体依法签订的各类合同，不以政府换届、领导人员更替等理由违约毁约<br>（2）因国家利益、公共利益或者其他法定事由需要改变政府承诺和合同约定的，是否严格依照法定权限和程序进行，并对企业和投资人因此而受到的财产损失依法予以补偿<br>（3）对因政府违约等导致企业和公民财产权受到损害等情形，是否存在畅通有效的赔偿、投诉和救济机制并得到遵循<br>（4）是否存在违约违法拖欠市场主体账款的情形 | 6 | 正向指标 |
| | | 2.1.3 涉及产权纠纷的中小企业维权援助机制 | 主要考察是否存在中小企业维权援助机制以及是否得到遵循 | 1 | 正向指标 |
| | | 2.1.4 涉案财产处置程序合法性 | 主要考察：<br>（1）采取查封、扣押、冻结措施和处置涉案财物时是否依照法定程序，是否依法严格区分个人财产和企业法人财产<br>（2）是否把非公有制经济在融资、企业兼并重组等活动中的经济纠纷与经济犯罪区别开来，防范刑事执法介入经济纠纷，防止选择性司法 | 2 | 正向指标 |

附录一 广东省法治化营商环境评价指标体系（专家建议稿）

续表

| 一级指标<br>（6个） | 二级指标<br>（18个） | 三级指标<br>（52个） | 指标说明 | 分值 | 指标属性 |
| --- | --- | --- | --- | --- | --- |
| 2. 产权保护环境（21） | 2.2 自主经营权保护（2） | 2.2.1 企业自主经营权的法律保护 | 主要考察政府对企业自主经营权的干预是否有明确的法律、法规依据 | 2 | 正向指标 |
| | 2.3 知识产权保护（7） | 2.3.1 知识产权的行政保护 | 主要考察：<br>1. 是否建立知识产权维权援助机制。如果建立，分值记为1<br>2. 知识产权侵权纠纷行政执法结案率（知识产权侵权纠纷行政执法结案率为当年知识产权侵权纠纷行政执法结案数与立案数的比值），如果高于1，则分值记为1，低于1则按照实际比例计算 | 2 | 正向指标 |
| | | 2.3.2 知识产权的司法保护 | 主要考察知识产权案件结案率（知识产权案件结案率 = 当年度知识产权一审结案数/当年度知识产权一审收案总数），如果高于1，则分值记为1，低于1则按照实际比例计算。在此基础上乘以2为最后的分值 | 2 | 正向指标 |
| | | 2.3.3 知识产权的社会保护 | 主要考察：<br>（1）万人知识产权拥有率（万人知识产权拥有率 = 该市万人版权合同登记数 + 万人商标有效注册量 + 万人发明专利拥有量/当年全国万人版权合同登记数 + 万人商标有效注册量 + 万人发明专利拥有量），如果高于2，则分值记为2，低于2则按照实际比例计算<br>（2）主要考察是否建立健全知识产权纠纷多元化解决机制，以及是否得到遵循 | 3 | 正向指标 |

续表

| 一级指标<br>(6个) | 二级指标<br>(18个) | 三级指标<br>(52个) | 指标说明 | 分值 | 指标属性 |
|---|---|---|---|---|---|
| 3. 准入退出环境（20） | 3.1 市场准入（15） | 3.1.1 商事登记的合规性 | 主要考察商事登记事项是否超出国家统一的市场准入负面清单范畴；是否符合国家有关商事登记的规定 | 4 | 逆向指标 |
| | | 3.1.2 行政审批的合法性 | 主要考察：<br>（1）设置的审批事项是否有法律法规依据<br>（2）新设审批事项是否遵循法定程序 | 2 | 正向指标 |
| | | 3.1.3 行政审批的规范性 | 主要考察：<br>（1）行政审批事项，包括审批项目规范名称、审核依据、办理流程、申请标准、需提交的材料和办理时限等是否在官网上公开<br>（2）行政审批的程序是否规范，是否存在内部程序外部化问题<br>（3）对行政审批的投诉举报是否得到及时处理 | 4 | 正向指标 |
| | | 3.1.4 行政审批的便利性 | 主要考察：<br>（1）行政审批是否集中到"一个窗口"受理<br>（2）是否建立行政审批网络服务平台，实现线上联合审批<br>（3）企业登记是否实行多证合一 | 3 | 正向指标 |
| | | 3.1.5 负面清单与行政审批流程衔接机制 | 主要考察：<br>（1）市场准入负面清单之外的行政审批是否有充分的法律法规依据<br>（2）已被取消的审批项目是否及时清理，并做好衔接和过渡安排 | 2 | 正向指标 |

附录一 广东省法治化营商环境评价指标体系(专家建议稿)

续表

| 一级指标<br>(6个) | 二级指标<br>(18个) | 三级指标<br>(52个) | 指标说明 | 分值 | 指标属性 |
|---|---|---|---|---|---|
| 3. 准入退出环境(20) | 3.2 市场退出(5) | 3.2.1 企业简易注销机制 | 主要考察是否依法建立企业简易注销机制以及制度是否得到遵循 | 2 | 正向指标 |
| | | 3.2.2 企业破产司法解决的便利性 | 主要考察企业对破产司法解决便利性的满意程度 | 3 | 调查评价 |
| 4. 要素供给环境(19) | 4.1 人的要素供给(5) | 4.1.1 企业人才录用保障制度 | 主要考察企业人才录用中的人才落户问题、居住保障问题、人才子女入学问题等是否存在相应的制度保障 | 1 | 正向指标 |
| | | 4.1.2 人才流动制度 | 主要考察是否存在阻止人才正常流动的相关地方政策 | 1 | 逆向指标 |
| | | 4.1.3 法律人才 | 主要考察万人律师数比例,当每万人律师数比例达到或超过万分之五时,律师比例分值记为1,当律师占总人口的比例小于万分之五时,律师比例分值等于实际的比例除以万分之五 | 1 | 正向指标 |
| | | 4.1.4 人才政策的连续性、衔接性 | 主要考察:<br>(1)人才政策是否具有连续性<br>(2)不同人才政策之间是否相互衔接,无缝对接 | 2 | 正向指标 |
| | 4.2 财的要素供给(6) | 4.2.1 企业融资的政策支持 | 主要考察政府是否制定企业融资支持政策以及相关政策落实情况 | 1 | 正向指标 |
| | | 4.2.2 中小微企业融资的金融机构支持 | 主要考察金融机构是否从贷款额度、利率、费用、手续简便、审批时间、信贷种类等方面制定了为中小微企业"量身服务"的相关制度以及制度是否得到遵循 | 2 | 正向指标 |

续表

| 一级指标<br>（6个） | 二级指标<br>（18个） | 三级指标<br>（52个） | 指标说明 | 分值 | 指标属性 |
|---|---|---|---|---|---|
| 4. 要素供给环境（19） | 4.2 财的要素供给（6） | 4.2.3 现有企业融资政策效果 | 主要考察中小微企业对现有企业融资政策效果满意程度 | 2 | 调查评价 |
| | 4.3 物的要素供给（8） | 4.3.1 供水、供电、供气等的规范性、便利性 | 主要考察水电气热等公用企事业单位是否存在公开服务标准、资费标准、办事流程等相关制度，以及制度是否得到遵循 | 2 | 正向指标 |
| | | 4.3.2 用地、租房的规范性、便利性 | 主要考察：<br>（1）有关土地供应制度是否公平、规范<br>（2）租房的相关制度是否符合市场化要求 | 2 | 正向指标 |
| | | 4.3.3 招标投标和政府采购 | 主要考察：<br>（1）招标投标和政府采购应当公开透明、公平公正，对各类所有制和不同地区市场主体平等对待，不得以不合理条件进行限制或者排斥<br>（2）是否实行公共资源电子化交易<br>（3）公共资源交易平台是否依法公开交易目录和交易信息，保障各类市场主体及时获取有关信息并平等参与交易活动 | 2 | 正向指标 |
| | | 4.3.4 促进产业聚集制度 | 主要考察是否出台相关促进产业聚集的相关政策并得到有效实施 | 2 | 正向指标 |

附录一 广东省法治化营商环境评价指标体系（专家建议稿）

续表

| 一级指标<br>（6个） | 二级指标<br>（18个） | 三级指标<br>（52个） | 指标说明 | 分值 | 指标属性 |
|---|---|---|---|---|---|
| 5. 监管服务环境（15） | 5.1 信息共享机制（4） | 5.1.1 行政机关间信息共享机制 | 正向考察：<br>行政机关是否建立行政执法信息共享机制<br>逆向考察：<br>现有行政审批中是否存在完全可以通过共享获得，却要求当事人提供的情况，如有一项扣一分，两项以上扣两分 | 4 | 双向指标 |
| | 5.2 市场监管（6） | 5.2.1 监管规则和标准的公开透明 | 主要考察监管规则和标准是否在政府官网和政务平台公开以及公开的全面性和及时性 | 2 | 正向指标 |
| | | 5.2.2 行政执法三项制度 | 主要考察行政执法机关是否按照国家有关规定，全面落实行政执法公示、行政执法全过程记录和重大行政执法决定法制审核制度，实现行政执法信息及时准确公示、行政执法全过程留痕和可回溯管理、重大行政执法决定法制审核全覆盖 | 2 | 正向指标 |
| | | 5.2.3 "双随机、一公开"全覆盖 | 主要考察"双随机、一公开"制度是否得到全面遵循 | 1 | 正向指标 |
| | | 5.2.4 新兴产业实行包容审慎监管 | 主要考察是否存在新兴产业实行包容审慎监管相关制度安排以及制度是否得到遵循 | 1 | 正向指标 |
| | 5.3 政府服务（5） | 5.3.1 办事指南清晰方便 | 主要考察：<br>（1）群众是否能方便快捷获取办事指南<br>（2）政府发布的办事指南是否清晰 | 1 | 正向指标 |
| | | 5.3.2 办事过程的规范化、便利化 | 主要考察当事人对政府办事过程的规范化、便利化的满意度 | 2 | 调查评价 |

续表

| 一级指标<br>（6 个） | 二级指标<br>（18 个） | 三级指标<br>（52 个） | 指标说明 | 分值 | 指标属性 |
| --- | --- | --- | --- | --- | --- |
| 5. 监管服务环境（15） | 5.3 政府服务（5） | 5.3.3 办事过程的清廉度 | 主要考察政府在办事过程中是否存在吃卡拿要等现象 | 1 | 调查评价 |
| | | 5.3.4 投诉举报处理及时规范 | 主要考察群众投诉、举报是否得到及时公正处理 | 1 | 正向指标 |
| 6. 社会综合环境（12） | 6.1 社会治安（2） | 6.1.1 治安案件发案率 | 主要考察万人治安案件发案率的比值（万人治安案件发案率的比值＝当年全国万人治安案件发案率/该市万人治安案件发案率），如果高于1，则分值记为1，低于1则按照实际比例计算 | 1 | 逆向指标 |
| | | 6.1.2 刑事案件发案率 | 主要考察万人刑事案件发案率的比值（万人刑事案件发案率的比值＝当年全国万人刑事案件发案率/该市万人刑事案件发案率），如果高于1，则分值记为1，低于1则按照实际比例计算 | 1 | 逆向指标 |
| | 6.2 社会信用（4） | 6.2.1 涉企信用联合奖惩机制 | 主要考察：<br>（1）企业信用信息是否公示<br>（2）是否实施企业守信联合激励和失信联合惩戒<br>（3）政府是否建立健全企业信用修复机制和信用权益保护机制 | 2 | 正向指标 |
| | | 6.2.2 企业信用 | 主要考察：<br>（1）存在拖欠税款的企业数量占本地企业总数的比例<br>（2）因劳务纠纷被举报或投诉的本地企业数量占本地企业总数的比例 | 1 | 逆向指标 |

续表

| 一级指标<br>（6个） | 二级指标<br>（18个） | 三级指标<br>（52个） | 指标说明 | 分值 | 指标属性 |
| --- | --- | --- | --- | --- | --- |
| 6. 社会综合环境（12） | 6.2 社会信用（4） | 6.2.3 交易信用 | 主要考察：<br>（1）当年全省市场监管部门受理合同投诉案件与本地企业总数的比例/本市市场监管部门受理合同投诉案件与本地企业总数的比例<br>（2）当年全省消费者协会受理投诉案件与总人口的比例/本市消费者协会受理投诉案件与总人口的比例<br>如果高于1，则分值记为1，低于1则按照实际比例计算 | 1 | 逆向指标 |
|  | 6.3 纠纷解决（6） | 6.3.1 商事纠纷的社会中介组织解决机制 | 主要考察实践中商事纠纷的社会中介组织解决机制是否得到政府的尊重 | 1 | 正向指标 |
|  |  | 6.3.2 商事纠纷的行政解决机制 | 主要考察在相关"三定方案"中是否确定了具体行政机关承担企业投诉处理、商事纠纷调解等职能 | 3 | 正向指标 |
|  |  | 6.3.3 商事纠纷的司法解决机制 | 主要考察商事案件结案率（商事案件结案率 = 当年度商事案件一审结案数/当年度商事案件一审收案总数），如果高于1，则分值记为1，低于1则按照实际比例计算。在此基础上乘以2为最后的分值 | 2 | 正向指标 |

# 附录二 "广东省法治化营商环境评价指标体系"（专家建议稿）的说明

目前，国内外关于营商环境的评价还没有一套具体的、通行的、为大家所普遍接受的标准。在国际上比较有权威性的评价体系主要有世界银行营商环境指标体系、瑞士洛桑国际管理学院的世界竞争力评价体系、《经济学人》的国际营商环境评价体系、传统基金会的最自由经济体制评价体系、加拿大弗雷泽学院和嘉图学院的经济自由度评价体系、政治经济风险顾问公司的评价体系。① 对于法治化营商环境指标体系，国外并没有单独进行，而是融合在营商环境指标体系之中。国内也刚刚起步，有关法治化营商环境指标体系的文献不多，一切都还在探索之中。其中具有代表性的有郑方辉等建立的包括营商立法、执法、司法、守法4个维度13项二级指标及50项三级指标的指标体系②，谢红星等建立的包括"法规政策制定环境""依法行政环境""司法环境""信用环境""社会环境"5个一级指标19个二级指标和45个三级指标的中国营商法治环境评价体系③，零点有数科技

---

① 罗培新：《世界银行营商环境评估价值体系与方法论——以"开办企业"为例》，《中国市场监管报》2019年3月5日；宋林霖、何成祥：《优化营商环境视阈下放管服改革的逻辑与推进路径——基于世界银行营商环境指标体系的分析》，《中国行政管理》2018年第4期；《港澳经济年鉴》编辑部：《港澳经济年鉴2002》，《港澳经济年鉴》社2002年版，第182页。

② 郑方辉等：《营商法治环境指数：评价体系与广东实证》，《广东社会科学》2018年第5期。

③ 谢红星：《营商法治环境评价的中国思路与体系——基于法治化视角》，《湖北社会科学》2019年第3期。

公司设计的包括法治保障环境、司法服务环境、执法管理环境、法治理念环境和法治诉求环境五大方面40项细分指标营商法治环境评价指标体系[①]等。广东在法治化营商环境建设方面存在许多自身的特殊情况和焦点问题,广东各地之间经济社会发展和法治环境差异较大。课题组借鉴世界银行营商环境指标体系等国际权威评价体系作为合理内核,借鉴国内有关营商法治环境评价体系作为基本内核[②],根据党的十九大精神和国务院《优化营商环境条例》规定,以国家发改委营商环境指标体系为指引,结合广东实际,构建了以市场主体和社会公众满意度为导向的包括法规政策环境、产权保护环境、准入退出环境、要素供给环境、监管服务环境以及社会综合环境6个一级指标18个二级指标52个三级指标的广东法治化营商环境评价指标体系。

### (一) 法规政策环境

徒善不足为政,营商环境首先必须依托一系列促进营商环境优化的法规、政策,转化为有利于企业投资经营发展的制度体系和政策环境。[③] 制度是企业的"指南针",为企业从事生产经营活动提供导向和规范。制度的好坏对营造法治化营商环境有着非常重要的影响,好的制度可以规范市场主体,引导企业有秩序地进行生产经营活动,营造良好、稳定、有序的市场环境。反之,坏的制度则可能误导市场主体进行错误的行为,从而破坏市场秩序,引发市场混乱。法规政策是企业的"指南针",为企业从事生产经营活动提供导向和指引,规范

---

① 袁岳:《法治是最好的营商环境:袁岳博士发布并解读法治化营商环境指数》,http://www.sohu.com/a/347515778_682144,访问时间:2019年10月6日。
② 王向:《法治环境、城市化对生产性服务业发展的影响——基于省级面板数据的经验研究》,《产经评论》2013年第3期;邵传林:《法治环境、所有制差异与债务融资成本——来自中国工业企业的微观证据》,《浙江社会科学》2015年第9期;张保生:《中国司法文明指数报告2017》,中国政法大学出版社2018年版;钱弘道:《中国法治指数报告(2007—2011)——余杭的实验》,中国社会科学出版社2012年版;姚颉靖、彭辉:《上海法治评估的实证分析》,《行政法学研究》2015年第2期;城市法治环境研究评价课题组:《城市法治环境评价体系与方法研究初探——城市现代化评价标准之系列研究》,《公安大学学报》2001年第5期。
③ 谢红星:《营商法治环境评价的中国思路与体系——基于法治化视角》,《湖北社会科学》2019年第3期。

企业的市场活动；同时法规政策还是企业的"马达"，可以为企业的生存发展提供助力和动力，例如一些优惠政策和扶持政策等。而当一个地区存在优惠性政策含糊不清或不能落到实处，政府朝令夕改等情况时，该地区的法规政策无疑是不利于营商环境发展的。只有涉企法规政策符合当下商事行为发展规律、能迎合商事主体的发展需求，才能形成使各种要素充分涌流的营商环境。因此，制度体系作为法治化营商环境建设的前提和基础，在优化法治化营商环境中发挥着不可或缺的作用。在广东，21个地级市都依法享有地方立法权和政策制定权。其制定的地方性法规、规章和规范性文件是法治化营商环境制度体系中最接地气的制度构成，其好坏在一定程度上影响着整个法治化营商环境制度体系的实效。同时，我们也必须注意，我国是单一制国家，根据宪法和《立法法》等的规定，法治化营商环境制度体系主要是中央权限。而且在其他部分也会涉及法规政策制定问题。因此，该一级指标分值仅为13分。

习近平总书记指出："人民群众对立法的期盼，已经不是有没有，而是好不好、管用不管用、能不能解决实际问题；不是什么法都能治国，不是什么法都能治好国"。[①] 良好的制度环境不仅要求具有完备的促进营商环境优化的法规、规章、规范性文件和政策，而且要求这些法规政策具有合法性、科学性、民主性、公开性。因此，在法规政策环境之下设立了营商法规政策的合法性、科学性、民主性、公开性4个二级指标。

1. 营商法规政策合法性。法治化营商环境制度体系是内部和谐统一的规范体系。营商法规政策合法性是确保法治化营商环境制度体系和谐统一的前提和基础。随着社会经济向纵深发展，利益主体多元化、利益格局固化，经济社会发展中出现的一系列深层次问题，由于权力未被严格规范，一些地方政府出台公共政策、发布规范性文件的主观性、随意性和变动性极大，立法越权、立法抵触与冲突等问题层

---

① 中共中央文献研究室：《习近平关于全面依法治国论述摘编》，中央文献出版社2015年版，第49页。

出不穷，造成社会治理的失序、失衡和失范。而合法性原则给任性的政府决策、规范性文件上了一道紧箍咒。合法性原则的本质，实际上是指地方权力机关、行政机关在制定地方性法规、规章、行政性文件时要遵循法定的权限和程序立法。根据《立法法》（2015）规定，制定地方性法规不得与宪法、法律、行政法规相抵触；地方政府规章的制定必须有法律法规依据；规范性文件没有法律法规依据不得增加相对人义务或者减损其权益。同时，《立法法》（2015）、地方立法条例等都对法规政策的制定主体、制定权限、制定程序等做了明确的要求。确定和遵循营商法规政策合法性是营商法规政策制定最基本、最重要的要求，也是应当把握的基本底线。基于此，本指标体系将"法规政策合法性"设为二级指标，并围绕着营商法规政策主体的合法性、程序的合法性和内容的合法性设立3个三级指标：（1）营商法规政策制定主体的合法性。该三级指标主要考察营商法规政策制定主体是否依法享有制定权。（2）营商法规政策制定程序的合法性。该三级指标主要考察是否建立营商法规政策制定合法性审查等相关制度，以及这些制度是否得到遵循。（3）营商法规政策内容的合法性。该三级指标主要从三个方面进行考察：一是营商法规政策是否符合上位法；二是是否制定上位法、政策变化及时清理制度以及制度是否得到遵循；三是营商法规政策增加相对人义务或减损权益是否有法律法规依据。

2. 营商法规政策科学性。现代立法是科学活动，立法理应遵循科学原则。习近平总书记提出："推进科学立法、民主立法，是提高立法质量的根本途径。"[①]《立法法》（2015）第六条规定："立法应当从实际出发，适应经济社会发展和全面深化改革的要求，科学合理地规定公民、法人和其他组织的权利与义务、国家机关的权力与责任。""法律规范应当明确、具体，具有针对性和可执行性。"而政策科学性是政府在治理过程中减少工作失误的重要保障。"科学立法的核心是

---

① 中共中央文献研究室：《习近平关于全面依法治国论述摘编》，中央文献出版社2015年版，第49页。

立法要尊重和体现社会发展的客观规律，尊重和体现法律所调整的社会关系的客观规律以及法律体系的内在规律。"[①] 营商法规政策的科学性就在于是否符合实际和经济社会发展规律。随着越来越多的商事主体参与到市场活动中，公平竞争已经成为了社会主义市场经济良善运行的重要基础，是优化法治化营商环境的重要表征。公平的营商法规政策是公平竞争的制度保障。营商法规政策公平主要体现在平等对待不同所有制企业，平等对待中小微型企业，平等对待中外企业（负面清单外，外商投资企业是否存在非国民待遇）。而营商法规政策公平竞争审查制度建立健全是确保营商法规政策公平、消除影响公平竞争制度束缚、有效防止政府过度和不当干预市场的重要制度设计，是判断一项营商法规政策是否"良法"的有效机制，是衡量营商法规政策科学性的重要指标。《国务院关于在市场体系建设中建立公平竞争审查制度的意见》指出："行政机关和法律、法规授权的具有管理公共事务职能的组织制定市场准入、产业发展、招商引资、招标投标、政府采购、经营行为规范、资质标准等涉及市场主体经济活动的规章、规范性文件和其他政策措施，应当进行公平竞争审查。"同时，营商法规政策制定的目的是为了实施，为了在法治化营商环境建设实践中发挥有效的社会控制作用。国家立法、政策因为需要针对全国各地不同情况，因此有些规定可能比较原则抽象，地方立法、政策则无疑应当从实际出发，根据本地的实际情况做出比较具体可行的规定。基于此，本指标体系将"法规政策科学性"设为二级指标，并围绕着营商法规政策的公平性、可行性设立2个三级指标：（1）营商法规政策的公平性。该三级指标主要考察是否建立营商法规政策制定公平竞争审查制度，在营商法规政策制定公平竞争审查中是否平等对待不同所有制企业；是否平等对待中小微型企业；是否平等对待中外企业（负面清单外，外商投资企业是否存在非国民待遇）。（2）营商法规政策的可行性。该三级指标主要考察营商法规政策是否具体，具有可操作

---

[①] 中共中央组织部干部教育局、中国法学会研究部编著：《领导干部法治读本》，党建读物出版社2016年版，第67页。

性、可执行性。

3. 营商法规政策民主性。立法权,作为一种国家公权力,是人民通过宪法授予的,从根本上属于人民,以维护人民的利益,确认和保障人民的权利为根本宗旨,而不能以少数人的意志为依据。民主性是法的性质之一。《立法法》(2015)第五条规定,立法应当体现人民的意志,发扬社会主义民主,坚持立法公开,保障人民通过多种途径参与立法活动。民主性的核心在于立法要为了人民,依靠人民,使法律真正反映广大人民的共同意愿、充分保障广大人民的各项权利和根本利益。[①]《法治政府建设实施纲要(2015—2020年)》中也明确规定,要提高政府立法公众参与度,拓展社会各方有序参与政府立法的途径和方式。这都体现了立法应当遵循民主原则。民主原则是实现人民主权,实现人民当家作主的需要,同时也是反映人民意志和客观规律的需要。政府的立法活动要具有民主性,让人民能够通过一定的途径,有效地参与立法,在立法过程中充分表达自己的意愿。[②] 同理,营商法规政策也应具有民主性,法规政策的制定、修改等都应广泛听取人民的意见和建议,维护人民的利益。《广东省人民政府工作规则》中规定:"完善政府立法工作机制,扩大公众参与,除依法需要保密的外,政府规章草案要公开征求意见。加强立法协调,对部门间争议较大的重要立法事项,应引入第三方评估,充分听取各方意见。"民主性原则不仅要求公开征求立法建议,深入了解公众之需求,而且要求拓宽立法项目的渠道来源,提供让更多的人表达自己的主张的机会,扩大公众参与的程度,从而使制定出的法律能够尽可能地反映社会公意,更容易被社会大众所接受和理解。法的性质要求立法必须遵循民主原则,体现人民的意志,而立法民主又要求公众普遍能够参与到立法过程中来。公众参与是立法民主的应有内容和重要体现,公众参与是立法民主的重要前提。因此,营商主体,作为营商法规政策直接的利益关系人,要尽可能地参与到营商规则的制定中来。听取营商

---

[①] 中共中央组织部干部教育局、中国法学会研究部编著:《领导干部法治读本》,党建读物出版社2016年版,第68页。

[②] 何海锋:《立法要注重科学性和民主性》,《检察日报》2013年9月24日。

主体的意见，有利于提高营商法规政策的民主性，更有利于营商规则的实施。在营商法规政策执行后，一些法规政策的弊端就会显现出来，例如违背公共利益、不具备现实可能性等。这时为公众提供对营商法规政策不足之处提出意见、建议和异议的平台，建立政策法规异议机制就显得尤为重要。然而，营商法规政策并不是一成不变的，会根据市场环境和社会现实的变化而变化，行政机关在针对规则本身的不足和缺点修改、变更、废止营商法规政策时，势必会动摇营商主体的信赖基础，从而造成社会公众信赖利益的损害。在这种情况下，行政机关要保护相对人合理信赖，这不仅是政府的职责所在，同时也是立法民主性的重要体现。基于此，本体系将"营商法规政策民主性"设为二级指标，并围绕着营商法规政策制定听取营商主体意见、营商规则异议制度和营商法规政策变更、废止的信赖保护设立了3个三级指标：（1）营商法规政策制定听取营商主体意见。该三级指标主要考察营商法规政策制定是否存在听取营商主体意见的相关制度安排以及制度是否得到遵循。（2）营商规则异议制度。该三级指标主要考察营商主体对营商法规政策不服，是否有制度化的渠道反映，并能及时得到反馈。（3）营商法规政策变更、废止的信赖保护。该指标主要考察对营商法规政策变更、废止带来的营商主体信赖利益损害，是否建立相应补偿制度，并得到遵循。

4. 营商法规政策公开性。公开性是法治化营商环境的政策法规环境指标的另一个重要要求。中共中央办公厅、国务院办公厅印发的《关于全面推进政务公开工作的意见》中明确指出，公开透明是法治政府的基本特征，坚持以公开为常态、不公开为例外。公开透明不仅是法治政府的基本特征，同时也是法治化营商环境的基本要求。[1] 营商法规政策的公开性指标是指政策法规在制定前、制定中、制定后是否有向社会进行公示以及公示的情况。法规政策的公开性要求政府要广泛公开有关营商环境的法规政策，增添公开优化营商环境的法规政

---

[1] 谢红星：《营商法治环境评价的中国思路与体系——基于法治化视角》，《湖北社会科学》2019年第3期。

策的渠道和方式，依法通过大众传媒把各项公共政策、法规、规章、条例等涉及企业和普通百姓利益的公共信息传达给社会公众。《中共中央国务院关于营造企业家健康成长环境弘扬优秀企业家精神更好发挥企业家作用的意见》要求，"完善涉企政策和信息公开机制。利用实体政务大厅、网上政务平台、移动客户端、自助终端、服务热线等线上线下载体，建立涉企政策信息集中公开制度和推送制度。"在优化法治化营商环境的过程中，仅仅有良好的法规政策出台是远远不够的，还需要将制定好的法规政策向社会公开，为企业和群众知晓，才能发挥其实质性的效果。公开透明是法治化营商环境的基本要求。营商法规政策的全方面公开，不仅可以使公众了解决策的过程，规章政策制定的原因、依据，对将要出台的政策有更深入的理解，还有助于营商法规政策的推行以及政府权威的建立，让公众对政府更有信服力。其次，让企业家了解营商法规政策，还能有利于其规划和规范其商事行为，调整其发展方向，可以让企业更好地享受优惠性政策带来的有利影响。让企业和企业家知悉营商法规政策，是政府公开的出发点和落脚点。只有法规政策都被企业和群众所充分了解，才可以发挥法规政策的规范、教育、警示、扶持等各方面的作用，规范企业的市场活动，营造良好、稳定的市场秩序。此外，法规政策的公开性与民主性是息息相关的，如果法规政策没有做到被公众知晓，那么公众就不可能对决策进行参与，决策也很难体现民意。所以法规政策的公开性是民主性的前提。基于此，本体系将"营商法规政策公开性"设为二级指标，并围绕着营商法规政策在政府官网和政务平台公开设立了1个三级指标——营商法规政策在政府官网和政务平台公开。根据《优化营商环境条例》（2019）第三十八条"政府及其有关部门应当通过政府网站、一体化在线平台，集中公布涉及市场主体的法律、法规、规章、行政规范性文件和各类政策措施，并通过多种途径和方式加强宣传解读"的规定，该三级指标主要考察三个方面，一是考察营商法规政策是否在政府官网和政务平台公开，即法规政策制定主体是否通过多种渠道公布信息，如通过网上政务服务平台、政务信息资源共享平台、公共资源交易平台和电子证照库，实体政务大厅、服务热线等渠道进行公示。二是考察公开的全面性,即考察法规政策制定主体是否将法规政策全面公示,包括制定过程中的会议记录、专家意见以及制定后的法规政策等内容。三是考察法规政策的及时性,即考察法规政策制定主体是否将信息在合理的时间内公布。

### (二) 产权保护环境

产权制度是社会主义市场经济的基石,保护产权是坚持社会主义基本经济制度的必然要求。有恒产者有恒心,经济主体财产权的有效保障和实现是经济社会持续健康发展的基础。改革开放以来,通过大力推进产权制度改革,我国基本形成了归属清晰、权责明确、保护严格、流转顺畅的现代产权制度和产权保护法律框架,全社会产权保护意识不断增强,保护力度不断加大。为加强产权保护,《中共中央 国务院关于完善产权保护制度依法保护产权的意见》(2016) 明确要求,推进产权保护法治化,在事关产权保护的立法、执法、司法、守法等各方面各环节体现法治理念,坚持平等保护、全面保护、依法保护、共同参与和标本兼治的原则。近些年,广东为促进法治化营商环境的建设,着力于产权管理和保护方面,省及地市纷纷出台各种条例、政策措施、奖励办法等助力产权的发展,由此,产权管理和保护取得不错的成绩,但是重点偏重在管理和打击上,保护力度还有待加强。同时,我国经济制度一直以公有制经济为主体地位,虽然非公有制经济同样重要,但很长一段时间以来,忽视了对产权的保护,而产权保护作为社会主义市场经济的基石,对建设法治化营商环境至关重要。全面落实《中共中央 国务院关于完善产权保护制度依法保护产权的意见》(2016),认真解决产权保护方面的突出问题,是法治化营商环境建设的当务之急。根据《优化营商环境条例》(2019) 第十四条"国家依法保护市场主体的财产权和其他合法权益,保护企业经营者人身和财产安全"的规定,本体系设立了产权保护环境一级指标,且该一级指标分值较高,为 21 分。

完善产权保护制度、依法保护产权,关键是要在事关产权保护的立法、执法、司法、守法等各领域体现法治理念,坚持平等保护、全面保护、依法保护。①《中共中央 国务院关于完善产权保护制度依法保护产权的意见》(2016)要求,加强各种所有制经济产权保护,完善平等保护产权的法律制度,严格规范涉案财产处置的法律程序,审慎把握处理产权和经济纠纷的司法政策,完善政府守信践诺机制,完善财产征收征用制度,加大知识产权保护力度,营造全社会重视和支持产权保护的良好环境。据此,本体系在产权保护之下设立了财产权保护、自主经营权保护和知识产权保护3个二级指标。

1. 财产权保护。企业的财产权,是指企业所享有的各种以所有权为核心的财产权利,包括企业的财产所有权等权利。财产权的保护是民营经济作为"权利主体"人格的真正确立的必要条件。② 同时,财产权保护贯穿产权保护始终,良好的企业运转需要稳定的财产保障。《中共中央 国务院关于营造企业家健康成长环境弘扬优秀企业家精神更好发挥企业家作用的意见》(2017)中强调,依法保护企业家财产权。在立法、执法、司法、守法等各方面各环节,加快建立依法平等保护各种所有制经济产权的长效机制。研究建立因政府规划调整、政策变化造成企业合法权益受损的依法依规补偿救济机制。一个地区的财产权保护情况关乎企业能否持续发展,是法治化营商环境建设的重要内容。切实地保护一个企业的财产权可以表现在多个方面,包括对企业财产征收征用方面,不仅要考虑征收征用程序合法,还要考虑企业是否得到合理补偿;在政府承诺方面,政府守诺是诚实信用原则的基本要求,因国家利益、公共利益违约进行及时合理的补救补偿不仅是诚实信用原则的要求,也是企业得以安心开展生产的前提和基础,对此我们应当投以更多的关注;其次,建立完善的援助机制帮助涉及纠纷的企业维权是企业发展的保障,应当予以重视;再者,对于涉案财产的处置,不仅要注重处置程序的合法性,还要区别非公有制经济在融资、企业兼并重组等活动中的经济纠纷与经济犯罪,才可能

---

① 新华社:《中央全面深化改革领导小组第二十七次会议召开》,http://www.gov.cn/premier/2016-08/30/content_5103650.htm,访问时间:2019年10月29日。
② 张家贞:《民营企业财产权保护与法律制度建设》,《中央财经大学学报》2009年第1期。

防范刑事执法介入经济纠纷,防止选择性司法。基于此,本指标体系将"财产权保护"设为二级指标,并围绕着企业财产征收征用的合法性、政府信守承诺机制、涉及产权纠纷的中小企业维权援助机制和涉案财产处置程序合法性设立4个三级指标:(1)企业财产征收征用的合法性。根据《优化营商环境条例》(2019)第十四条"国家依法保护市场主体的财产权和其他合法权益,保护企业经营者人身和财产安全"的规定,该三级指标主要从三个方面进行考察:一是征收征用是否有法律依据;二是征收征用中使用强制是否有法律依据;三是征收征用中是否予以合理补偿。(2)政府信守承诺机制。根据《优化营商环境条例》(2019)第三十一、第三十二条的规定,该三级指标主要从四个方面进行考察:一是地方政府及有关部门是否兑现向社会及行政相对人依法做出的政策承诺,履行在招商引资、政府与社会资本合作等活动中与投资主体依法签订的各类合同,不以政府换届、领导人员更替等理由违约毁约;二是因国家利益、公共利益或者其他法定事由需要改变政府承诺和合同约定的,是否严格依照法定权限和程序进行,并对企业和投资人因此而受到的财产损失依法予以补偿;三是对因政府违约等导致企业和公民财产权受到损害等情形,是否存在畅通有效的赔偿、投诉和救济机制并得到遵循,四是是否存在违约违法拖欠市场主体账款的情形。(3)涉及产权纠纷的中小企业维权援助机制。根据《优化营商环境条例》(2019)第十八条"国家推动建立全国统一的市场主体维权服务平台,为市场主体提供高效、便捷的维权服务"的规定,该三级指标主要考察是否存在中小企业维权援助机制以及是否得到遵循。(4)涉案财产处置程序合法性。根据《优化营商环境条例》(2019)第十四条第二款"严禁违反法定权限、条件、程序对市场主体的财产和企业经营者个人财产实施查封、冻结和扣押等行政强制措施;依法确需实施前述行政强制措施的,应当限定在所必需的范围内"的规定,该三级指标主要从两个方面进行考察:一是采取查封、扣押、冻结措施和处置涉案财物时是否依照法定程序,是否依法严格区分个人财产和企业法人财产;二是是否把非公有制经济在融资、企业兼并重组等活动中的经济纠纷与经济犯罪区别开来,防范刑事执法介入经济纠纷,防止选择性司法。

2. 自主经营权保护。企业自主经营权是企业独立人格的法律体现,是企业充分发展的前提,也是产权发展的基础。自主经营权在法律上体现为:企业一般拥有自己的财产,可以和其他市场主体签订合同,享有权利,并承担义务和责任,企业的经营以及企业的财产等不受他人干预或侵犯。同时,企业独立经营是实现利润最大化的保证,企业自身最了解如何经营最能盈利,独立经营、意思自治是市场经济的基石,也是企业实现利润最大化的保证,因此我们应给予企业自主经营权充分的关注。① 《中共中央 国务院关于营造企业家健康成长环境弘扬优秀企业家精神更好发挥企业家作用的意见》(2017)明确要求依法保护企业家自主经营权。因此,通过法律保护企业的自主经营权不容忽视。在实践中,企业自主经营权往往并不难得到充分尊重,企业财产成为其他主体觊觎的对象,比较突出的是政府对企业的干预,主要表现为政府借着公众对企业的期望而干预企业,这往往导致企业背负过多道德压力,不利于企业发展。② 因此,政府对企业自主经营权的干预是否有明确的法律、法规依据至关重要。基于此,本指标体系将"自主经营权保护"设为二级指标,并围绕着企业自主经营权的法律保护设立1个三级指标——企业自主经营权的法律保护。根据《优化营商环境条例》(2019)第十一条"市场主体依法享有经营自主权。对依法应当由市场主体自主决策的各类事项,任何单位和个人不得干预"的规定,该三级指标主要考察政府对企业自主经营权的干预是否有明确的法律、法规依据。

3. 知识产权保护。习近平总书记提出:"中国将着力营造尊重知识价值的营商环境,全面完善知识产权保护法律体系,大力强化执法,杜绝强制技术转让,完善商业秘密保护,依法严厉打击知识产权

---

① 刘洪华:《企业自主经营及外部干预的法律思考》,《韶关学院学报》2011年第9期。

② 刘洪华:《企业自主经营及外部干预的法律思考》,《韶关学院学报》2011年第9期。

侵权行为。"① 知识产权是企业的核心竞争力，一个企业要发展，离不开创新，保护知识产权就是保护国家创新的火种②，可以为企业的可持续发展保驾护航。李克强总理表示，"对恶意侵犯知识产权的，罚到他倾家荡产。"③ 近年来，我国不断创新知识产权保护机制，进一步提升保护效果和保护效率，广东省也通过制定条例、发布相关文件等方式加大对知识产权的保护力度，由此，知识产权案件受理量显著增加、人民维权意识逐渐增强，知识产权保护受到社会关注。同时，我们应当注重完善知识产权保护体系，当前，知识产权的司法保护在保护体系中占主导地位，人们通过诉讼的方式解决纠纷居多，而完善行政执法和司法保护两条途径优势互补、有机衔接的知识产权模式是改革优化当前知识产权保护模式的重要内容，其次，通过万人知识产权拥有率高低来评估知识产权的社会保护情况不仅能评估知识产权保护发展快慢，还能有针对性地查明哪些地区知识产权拥有率低，以及知识产权拥有率低的原因，这对知识产权保护建设至关重要。根据《优化营商环境条例》（2019）第十五条"国家建立知识产权侵权惩罚性赔偿制度，推动建立知识产权快速协同保护机制，健全知识产权纠纷多元化解决机制和知识产权维权援助机制，加大对知识产权的保护力度"的规定，本指标体系将"知识产权保护"设为二级指标，并围绕着知识产权的行政保护、知识产权的司法保护和知识产权的社会保护设立3个三级指标：（1）知识产权的行政保护。该三级指标主要考察两个方面：一是是否建立知识产权维权援助机制，如果建立，分值记为1；二是知识产权侵权纠纷行政执法结案率（知识产权侵权纠纷行政执法结案率为当年知识产权侵权纠纷行政执法结案数与立案数的比值），如果高于1，则分值记为1，低于1则按照实际比例计算。（2）知识产权的司法保护。该三级指标主要考察知识产权案件结案率

---

① 左盛丹：《习近平：更大力度加强知识产权保护国际合作》，http://www.chinanews.com/cj/2019/04-26/8820869.html，访问时间：2019年8月26日。
② 王倩：《南方日报：保护知识产权就是保护创新火种》，http://opinion.people.com.cn/n1/2018/0301/c1003-29840904.html，访问时间：2019年8月26日。
③ 高蕾：《政企联合打造知产保护创新+实干"中国经验"》，https://finance.youth.cn/finance_gdxw/201807/t20180719_11673495.htm，访问时间：2019年8月26日。

(知识产权案件结案率＝当年度知识产权一审结案数/当年度知识产权一审收案总数），如果高于1，则分值记为1，低于1则按照实际比例计算。在此基础上乘以2为最后的分值。（3）知识产权的社会保护。该三级指标主要考察两个方面：一是万人知识产权拥有率，即万人知识产权拥有率＝该市万人版权合同登记数＋万人商标有效注册量＋万人发明专利拥有量/当年全国万人版权合同登记数＋万人商标有效注册量＋万人发明专利拥有量，如果高于2，则分值记为2，低于2则按照实际比例计算。二是是否建立健全知识产权纠纷多元化解决机制，以及是否得到遵循，分值1。

### （三）准入退出环境

市场准入、市场监管、市场退出共同构成了规范有序的市场运行机制，这是市场经济秩序良性运行的基础。而市场准入和市场退出关系到企业的"生与死"，是企业命脉之所在。习近平总书记在中共中央政治局第十三次集体学习时提出，"要把好市场入口和市场出口两道关，加强对交易的全程监管。"完善的市场准入和退出机制既可以鼓励主体积极进入市场，广泛参与市场竞争，又能及时将不合格的市场主体淘汰出局，确保有限的市场资源得到充分利用。因此，良好的准入退出机制是优化法治化营商环境的必然要求，在法治化营商环境建设中起着举足轻重的作用。广东作为改革开放的最前沿，商品经济发达，企业数量众多，已经成为外商投资的"热土"，但在经济发展的同时，难免会产生优胜劣汰，市场准入和退出机制显得尤为重要。市场准入和退出机制的好坏，直接影响营商环境"血液"的更新和流动，并很大程度上影响着整个法治化营商环境制度体系的建设。因此，该一级指标的分值较高，为20分。

市场准入机制是法治化营商环境的客观需求。公平高效的市场准入机制可以推动企业家的创业和经济增长，激发市场活力和社会创造力，进而加快对外开放步伐，降低市场运行成本，促进市场公平竞争，优化社会资源配置，营造稳定公平透明、可预期的营商环境。现阶段，各地纷纷实行简政放权，多证合一等政策，尽量缩减行政审批事项，提高企业开办效率。除了市场准入机制以外，完善市场退出机制也是法治化营商环境的必然要求。完善的市场退出机制能促进优胜劣汰，实现市场资源的有效配置，推动市场经济高质量发展，有利于建设稳定、公平、透明、可预期的法治化营商环境。法治化市场退出机制的建设，直接影响到法治化营商环境的优化。故市场准入和市场退出都是评价法治化营商环境的必要指标。因此，在准入退出环境之下设立了市场准入和市场退出两个二级指标。

1. 市场准入。市场准入制度与法治化营商环境息息相关。开办企业是企业生命周期的起点。市场准入的便利度影响着投资者进入某地市场的难易程度，从而影响到投资者的投资意愿和倾向。而营造良好的营商环境的最终目的就在于吸引投资者进行投资，促进当地经济的发展。故市场准入制度的好坏对法治化营商环境的建设尤为重要。世界银行《营商环境报告》的指标体系设置了企业开办、办理施工许可等一级指标。再如，中国政法大学法治政府研究院 2018 年的《法治政府评估指标体系》中设置了市场准入的便捷程度、行政审批便捷高效情况、优化营商环境的制度化水平等二级指标，为对法治化营商环境评价研究奠定了基础。其中，无论是开办企业、办理施工许可，还是市场准入的便捷程度、行政审批便捷高效情况都反映出市场准入这一指标在整个营商环境指标评价体系中的重要地位。随着经济的高速发展，商事主体的数量不断提高，市场准入制度的优化变得越发重要。习近平总书记指出："深化经济体制改革，核心是处理好政府和市场关系，使市场在资源配置中起决定性作用和更好发挥政府作用。关键是加快转变政府职能，该放给市场和社会的权一定要放足、放到位，该政府管的事一定要管好、管到位，坚决扭转政府职能错位、越位、缺位现象。要深化行政审批制度改革，推进简政放权，深化权力清单、责任清单管理，同时要强化事中事后监管。"商事登记和行政审批是市场准入机制中的重要内容。"商事登记制度是市场主体进入市场的第一关，具有确立商事主体身份并向社会公示的作用，是政府对市场日常监管的有效手段。"① 然而，在现实中仍有不少地方出现商事登记事项不符合国家规定，超出国家统一的市场准入负面清单的情况。商事登记的合规性关乎一个地区企业开办的便利度以及市场准入制度的建设。而简政放权，不仅要求行政审批要具有合法性，规范行政审批事项的设定，还要求行政审批具有规范性、便利性，以此吸引外来投资者出资，促进市场经济的发展，推动法治化营商环境的优化。贯彻落实市场准入负面清单，做好已取消和下放行政审批事项的落实和衔接也是简政放权的重要内容，不仅可以最大限度减少对生产经营活动的许可，最大限度缩小投资项目审批、核准的范围，加大取消和下放束缚企业生产经营、影响群众就业创业行政许可事项的力度，激发社会活力，而且可以减轻各级政府的工作内容和压力，提高政府机关的行政效能。基于此，本体系将"市场准入"设为二级指标，并围绕着商事登记的合规性、行政审批的合法性、行政审批的规范性、行政审批的便利性和负面清单与行政审批流程衔接机制设立 5 个三级指标：（1）商事登记的合规性。商事登记是指依据当事人的申请，当事人登记所在地的工商行政管理机关，依据商事登记法律规定，将法定登记事项记载于商事登记簿。② 根据《优化营商环境条例》（2019）第十九、第二十、第四十条的规定，该三级指标主要考察商事登记事项是否超出国家统一的市场准入负面清单范畴，是否符合国家有关商事登记的规定。（2）行政审批的合法性。根据《优化营商环境条例》（2019）第三十九、第四十、第四十四条的规定，该三级指标主要从两个方面进行考察：一是设置的审批事项是否有法律法规依据；二是新设审批事项是否遵循法定程序。（3）行政审批的规范性。根据《优化营商环境条例》（2019）第三十五、第四十一、第四十二条的规定，该三级指标主要从三个方面进行考察：一是行政审批事项，包括审批项目规范名称、审核依据、办理流程、申请标准、需提交的材料和办理时限等是否在官网上公开；二是行政审批的程序

---

① 唐慧：《商事登记制度改革研究》，硕士学位论文，吉林大学，2017 年。
② 范健：《商法》，高等教育出版社、北京大学出版社 2000 年版，第 65 页。

是否规范,是否存在内部程序外部化问题;三是对行政审批的投诉举报是否得到及时处理。(4)行政审批的便利性。根据《优化营商环境条例》(2019)第四十一、第四十二条的规定,该三级指标主要从三个方面进行考察:一是行政审批是否集中到"一个窗口"受理;二是是否建立行政审批网络服务平台,实现线上联合审批;三是企业登记是否实行多证合一。(5)负面清单与行政审批流程衔接机制。该三级指标主要从两个方面进行考察:一是市场准入负面清单之外的行政审批是否有充分的法律法规依据;二是已被取消的审批项目是否及时清理,并做好衔接和过渡安排。

2. 市场退出。市场经济的基本规律是竞争规律,竞争规律的必然结果是优胜劣汰。市场退出与市场准入一样,都是市场经济体制中不可或缺的组成部分。市场主体的退出是市场经济本身的重要环节和必然要求,也是市场经济基本规律的集中体现。据有关统计数据显示,我国民营企业平均寿命大约为3.7年,中小型企业的平均寿命只有2.5年。[1] 通过退出市场,陷入困境的市场主体可以释放被自身占据的生产资源和要素,在价格规律的引导下,重新完成生产资源和要素的优化配置。正如人有生老病死一样,企业的诞生、成长、运行和消亡也是企业发展的必然过程。只有及时有效地将不合格的市场主体淘汰出局,才能确保对社会资源的有效利用。[2] 由于在现行法律制度框架下,市场主体注销程序复杂、花费时间长、注销成本高等问题较为明显,市场主体退出渠道不够顺畅,产生了大量的"僵尸企业"虚数主体,导致大量名称资源和监管资源被占用,既耗费大量行政成本,又影响市场活力的进一步激发,造成经济统计数据失真,影响政府决策,即随之而来的"准入容易退出难"问题日益突出。当下,高效便捷有序地方便主体退出市场,是真正解决"准入容易退出难"这一突出问题的重要手段,当企业达到注销条件时,及时高效地退出,是法

---

[1] 钟磊:《中小民营企业清算注销过程中的财务问题研究——以中小民营A化工有限公司为例》,《中国商论》2018年第21期。

[2] 国家发改委:《〈加快完善市场主体退出制度改革方案〉的意义与突破》,《财经界》(学术版)2019年第23期。

治化市场退出机制的必然要求。企业简易注销机制正好可以促进企业及时高效地退出市场，从而有助于市场肌体的健康清洁、优化市场退出机制。通过司法途径解决企业退出市场问题的一种重要手段，通过司法途径解决企业破产问题同时也是市场退出机制的重要内容，因而企业破产司法解决的便利性是评价市场退出的一个重要角度。根据《优化营商环境条例》（2019）第六十四条"没有法律、法规或者国务院决定和命令依据的，行政规范性文件不得减损市场主体合法权益或者增加其义务，不得设置市场准入和退出条件，不得干预市场主体正常生产经营活动"的规定，本体系将"市场退出"设为二级指标，并围绕着企业简易注销机制、企业破产司法解决的便利性设立2个三级指标：（1）企业简易注销机制。该三级指标主要考察是否依法建立企业简易注销机制以及制度是否得到遵循。（2）企业破产司法解决的便利性。该三级指标主要考察企业对破产司法解决便利性的满意程度。

### （四）要素供给环境

良好可靠的基础设施和要素供给与企业正常运行、经济稳定发展密切相关。及时便捷地获取生产要素能维持企业的正常运营、带动经济的良好发展、推动法治化营商环境的稳步建设。同时，优质要素供给环境构成企业良性发展的基础和前提，当前，广东省在要素环境构建方面初有成效，但环境改善是一个长期的过程，需要多方主体合力推进，而广东省还存在企业隐性负担成本仍旧较高，推动要素自由流动、支持企业获取生产要素便利化程度还存在提升空间等问题。由此来看，要素供给环境作为法治化营商环境建设的重要一环，需要获得更多的关注，以帮助企业获取持续充足的要素供给。此外，要素供给环境作为企业持续稳定发展的保障，一直是企业关注的焦点，直接影响到企业的发展和市场竞争力。因此，该一级指标分值为19分。

生产要素关乎企业的生存，人才供给给企业发展提供人力支持，通过制度保障各领域高层次人才引进以推动企业创新是法治化营商环境的关键。其次水电作为要素供给的重要内容，为企业创收提供动力。没有基础的动力来源,就没有持续高效的运转,将不利于营商环境的建设。而土地获取是企业开展经营的根基,当前"用地难、用地贵"是制约企业发展的重要问题,基于此,我们要重视土地要素问题的解决,从而推动企业更好地发展。资金作为企业运营的基础,也是企业发展的关键因素,充足而及时的金融财政支持,作为要素供给的关键一环,是企业能否又快又好发展的根本。因此,在要素供给环境之下设立了人的要素供给、财的要素供给和物的要素供给3个二级指标。

1. 人的要素供给。人才作为企业良好运转的头脑支持,能够充分发挥主观能动性,对法治化营商环境建设至关重要。在要素供给环境中,人的要素供给是推动创新的根本动力。而人才政策是吸引劳动力和人才、优化法治化营商环境的重要动力来源,广东省多年来一直重视人才发展,近年来,广东省先后发布人才管理意见、政策,制定《广东省人才发展条例》,基本构建起了覆盖中高低、海内外、产学研、智力与技能等各类人才群体的政策体系。并从人才引进、人才培养和人才管理三个方面促进人才发展。在取得一定成效的同时,不能忽视的是,广东在人才要素供给方面,仍存在一些问题,例如由于地区差异,各地经济发展不平衡,经济发达地区人才优惠力度大,欠发达地区引进人才更难等。对此,构建企业人才录用保障制度是吸引人才的关键,能给人才提供充分保障以留住人才,充分发挥人才的效用;而针对地区发展不平衡导致的人才质量差异,可以通过人才流动予以改善;此外,在强调建设法治化社会的时代,法律人才是企业发展、法治化营商环境建设不可或缺的人才,应当予以充分重视;再者,为系统全面地保障人才发展利益,应当重视人才政策的连续性、衔接性,更好地保障人才权益。因此,人才要素作为要素供给环境中的头脑支持,企业发展的核心力量,需要被给予更多的关注,为法治化营商环境的建设构建智慧头脑。基于此,本指标体系将"人的要素供给"设为二级指标,并围绕着企业人才录用保障制度、人才流动制度、法律人才和人才政策的连续性、衔接性设立4个三级指标:(1)企业人才录用保障制度。该三级指标主要考察企业对破产司法解决便利性的满意程度。(2) 人才流动制度。该三级指标主要考察是否存在阻止人才正常流动的相关地方政策。(3) 法律人才。律师是公共法律服务体系建设中的核心要素，法治的核心指标。根据《优化营商环境条例》(2019) 第六十八条"政府及其有关部门应当整合律师、公证、司法鉴定、调解、仲裁等公共法律服务资源，加快推进公共法律服务体系建设，全面提升公共法律服务能力和水平，为优化营商环境提供全方位法律服务"的规定，该三级指标主要考察万人律师数比例，当每万人律师数比例达到或超过万分之五时，律师比例分值记为1，当律师占总人口的比例小于万分之五时，律师比例分值等于实际的比例除以万分之五。(4) 人才政策的连续性、衔接性。该三级指标主要从两个方面进行考察：一是人才政策是否具有连续性；二是不同人才政策之间是否相互衔接，无缝对接。

2. 财的要素供给。融资是中小企业生存的需要，更是中小企业发展的需要和提高竞争力的需要。[1] 资金能否及时充分供给是评估要素供给环境发展好坏的根本，资金不仅能吸引高质量高水平人才，进一步提高企业市场竞争力，对法治化营商环境的建设也至关重要。2019年，习近平总书记在集体学习时强调指出民营及小微企业是国民经济的重要组成部分，做好民营及小微企业金融服务意义重大。在我国，当前各企业获得贷款便利性差，融资成本高；一是因为获取资金不够便利；根据世界经济论坛发布的《全球竞争力报告2016—2017》显示，2016年中国获得贷款便利性指数为4.5，在调查的138个国家中排名第36位，[2] 说明企业在中国获得资金支持的便利性偏低。二是融资成本高；根据《2015年全国企业负担调查评价报告》，融资问题是企业面临的主要问题之一，66%的企业反映"融资成本高""资金压力紧张"。同时，金融作为现代经济的核心，是资金要素市场化配置

---

[1] 岳红梅：《中小企业融资难的成因及解决对策研究》，《中共沈阳市委、沈阳市人民政府、国际生产工程院、中国机械工程学会第十六届沈阳科学学术年会论文》，2019年4月，第1页。

[2] 邢超、石玲：《〈2016—2017年全球竞争力报告〉与中国表现的比较分析》，《全球科技经济瞭望》2017年第1期。

的主渠道。① 近年来，广东省在促进中小企业融资上取得不错的成绩，省委、省政府针对广东民营经济中小企业发展过程中遇到的问题和困难，相继出台了一系列文件。此外，通过召开新闻发布会的形式，围绕中小企业融资难、融资贵、融资慢三个环节有针对性地提出 22 条解决政策措施，意图为广东中小企业提供一个便利的融资渠道。但是，广东在融资问题方面取得一定成效的同时，中小企业发展仍旧面临着融资的困难，其原因主要在于虽有融资政策，但不能应对当前中小企业存在的难点，实施效果有待提高。金融机构在提供贷款等服务方面是否能切实解决中小企业难题还有待进一步考量。因此，中小企业融资作为企业发展的重要动力之一，作为法治化营商环境建设的重要环节，应当对融资问题给予更多的重视，着力清除中小企业融资发展障碍，为企业发展营造更好的环境。根据《优化营商环境条例》（2019）第二十六条第一款"国家鼓励和支持金融机构加大对民营企业、中小企业的支持力度，降低民营企业、中小企业综合融资成本"的规定，本指标体系将"财的要素供给"设为二级指标，并围绕着企业融资的政策支持、中小微企业融资的金融机构支持和现有企业融资政策效果设立 3 个三级指标：（1）企业融资的政策支持。根据《优化营商环境条例》（2019）第二十六条第二款、第二十七条的规定，该三级指标主要考察政府是否制定企业融资支持政策以及相关政策落实情况。（2）中小微企业融资的银行支持。根据《优化营商环境条例》（2019）第二十六条第三款"商业银行等金融机构在授信中不得设置不合理条件，不得对民营企业、中小企业设置歧视性要求。商业银行等金融机构应当按照国家有关规定规范收费行为，不得违规向服务对象收取不合理费用。商业银行应当向社会公开开设企业账户的服务标准、资费标准和办理时限"的规定，该三级指标主要考察金融机构是否从贷款额度、利率、费用、手续简便、审批时间、信贷种类等方面制定了为中小微企业"量身服务"的相关制度以及制度是否得到遵

---

① 中国企业家调查系统：《企业经营者对宏观形势及企业经营状况的判断、问题和建议——2015·中国企业经营者问卷跟踪调查报告》，《管理世界》2011 年第 12 期。

循。(3) 现有企业融资政策效果。该三级指标主要考察企业对现有企业融资政策效果满意程度。

3. 物的要素供给。物是企业发展的基础，是企业持续发展的重要动力来源，对法治化营商环境的建设至关重要。物能否及时、充足地获取关乎企业是否能健康良好地发展，是企业一直关注的问题。在营商环境中整体包括许多的物的要素，其中有市场化的物，也包含政府垄断的物，且其的供给分配、制度规范、流程等均会对营商环境有着不同的影响。物的要素供给及时且规范，能促进企业发展，进一步推动法治化营商环境的建设。相反，物的要素供给秩序混乱会阻滞甚至制约企业的发展，因此，我们应对给予物的要素供给足够重视，从而促进企业又好又快发展。同时，水电气的获取是物的要素供给的基础，是企业发展的动力来源，其获取所需资费及相关制度的构建对企业持续发展至关重要；其次是企业用房、租房的获取，这是物的要素供给的最稳定因素，给企业稳定发展提供坚实保障；而招标投标和政府采购作为物的要素供给的外部组成，对其交易方式以及平等性和公开性的考察对保障企业发展权益非常重要；再者，产业的集聚，极大地方便了市场主体通过市场低成本地获得相应的资源，提升起市场竞争力。基于此，本指标体系将"要素供给环境"设为二级指标，并围绕着供水、供电、供气等的规范性、便利性，用地、租房的规范性、便利性，招标投标和政府采购与促进产业聚集制度设立 4 个三级指标：（1）供水、供电、供气等的规范性、便利性。根据《优化营商环境条例》（2019）第二十八条"供水、供电、供气、供热等公用企事业单位应当向社会公开服务标准、资费标准等信息，为市场主体提供安全、便捷、稳定和价格合理的服务，不得强迫市场主体接受不合理的服务条件，不得以任何名义收取不合理费用。各地区应当优化报装流程，在国家规定的报装办理时限内确定并公开具体办理时间"的规定，该三级指标主要考察水电气热等公用企事业单位是否存在公开服务标准、资费标准、办事流程等相关制度，以及制度是否得到遵循。（2）用地、租房的规范性、便利性。根据《优化营商环境条例》（2019）第 41 条的规定，该三级指标主要从两个方面进行考察：一是有关土地供应制度是否公平、规范；二是租房的相关制度是否符合市场化要求。（3）招标投标和政府采购。根据《优化营商环境条例》(2019) 第 13 条 "招标投标和政府采购应当公开透明、公平公正，依法平等对待各类所有制和不同地区的市场主体，不得以不合理条件或者产品产地来源等进行限制或者排斥。政府有关部门应当加强招标投标和政府采购监管，依法纠正和查处违法违规行为"的规定，该三级指标主要从三个方面进行考察：一是招标投标和政府采购应当公开透明、公平公正，对各类所有制和不同地区市场主体平等对待，不得以不合理条件进行限制或者排斥；二是是否实行公共资源电子化交易；三是公共资源交易平台是否依法公开交易目录和交易信息，保障各类市场主体及时获取有关信息并平等参与交易活动。（4）促进产业聚集制度。该三级指标主要考察是否出台促进产业聚集的相关政策并得到有效实施。

### （五）监管服务环境

政府和市场是社会主义市场经济良善运行不可或缺的两大驱动力。监管和服务，作为政府的两项重要职能，贯穿于企业运行发展的全过程，影响着市场的公平竞争和高效运作。2016 年，李克强总理在《政府工作报告》提出"放管服"改革，要求持续推进简政放权、放管结合、优化服务，不断提高政府效能。2019 年 6 月 25 日，李克强总理在全国深化"放管服"改革优化营商环境电视电话会议上又强调，"加强公正监管，切实管出公平；优化政府服务，努力服出便利。"政府监管服务是法治化营商环境重要的、不可或缺的内容，是优化法治化营商环境的重点。高质量的政府监管和服务，不仅可以在充分保护创业者的积极性，推进高效便民的同时，又可以维护市场正常秩序，促进市场公平竞争。因此，政府监管和服务的质量，很大程度上反映了法治化营商环境的水平。同时，考虑到在其他部分也会涉及监管服务的问题，故该一级指标分值为 15 分。

政府监管和服务贯穿于企业运行发展的全过程，政府监管和服务的质量，很大程度上反映了法治化营商环境的水平。早在 2006 年党的十六届六中全会中通过的《中共中央关于构建社会主义和谐社会若干重大问题的决定》（以下简称《决定》）已经将服务型政府纳入国家建设的总方针中。《决定》要求建设服务型政府，强化社会管理和公共服务职能。要努力为企业提供"保姆式"的服务，打造服务最好的营商环境。[①] 优质的政府服务不仅可以为企业发展和群众办事增加便利，建立良好的政商关系，同时也是建设服务型政府、优化法治化营商环境的要求和重要内容。在新的发展阶段，优化营商环境，关键是政府要真正转变职能、重新合理定位政府与市场的关系，将市场的交还给市场，回归政府为社会和市场提供良好公共服务和社会管理的基本角色与功能定位。法治化的良好的营商环境，不怕市场这只"看不见的手"，就怕政府这只"闲不住的手"。[②] 2016 年，李克强总理在《政府工作报告》中提出，持续推进简政放权、放管结合、优化服务，不断提高政府效能。习近平总书记也指出，在推进高效便民服务的同时，要考虑周全，越是放开、推向市场，越要加强监管，依法依规严格管理和监督，严防腐败。[③] 加强市场监管，维护市场秩序，是维护法治化营商环境的稳定与公平的保障。良好的监管服务环境不仅要求行政机关对在商事活动中违法犯罪，侵害他人合法利益、扰乱营商环境的行为进行处罚，而且要求行政机关提高服务能力，为企业发展保驾护航。故监管和服务是评价法治化营商环境不可或缺的因素。同时，随着市场主体数量快速增长，市场活跃度不断提升，全社会信息量爆炸式增长，数量巨大、来源分散、格式多样的大数据对政府服务和监管能力提出了新的挑战。为了保障政府监管和服务更加高效、便捷和精准，构建信息共享机制至关重要。因此，在监管服务环境一级指标下设立了信息共享机制、市场监管、政府服务 3 个二级指标。

1. 信息共享机制。随着计算机和网络技术的不断革新，信息资源

---

① 谢红星：《营商法治环境评价的中国思路与体系——基于法治化视角》，《湖北社会科学》2019 年第 3 期。

② 赖丽华：《江西营商法治环境问题研究》，《2019 年良性互动的营商法治环境国际研讨会论文集》。

③ 习近平：《习近平论群众工作》，https://www.xuexi.cn/lgpage/detail/index.html?id=11392434081276908971，访问时间：2019 年 10 月 20 日。

已经成为了这个时代最基本的生产力,对我国的经济发展和改革开放有着突出的影响。2016年9月5日,国务院发布的《政务信息资源共享管理暂行办法》明确规定,政务信息资源应遵循以共享为原则,不共享为例外。政府信息资源需要共享,也必须共享,而要使这种共享成为稳定、持久的现实,必须靠机制。① 《政务信息系统整合共享实施方案》也提出,"促进共享,推进接入统一数据共享交换平台。加快建设国家电子政务内网数据共享交换平台,完善国家电子政务外网数据共享交换平台,开展政务信息共享试点示范,研究构建多级互联的数据共享交换平台体系,促进重点领域信息向各级政府部门共享。"《中共广东省委办公厅、广东省人民政府办公厅印发〈广东省深化营商环境综合改革行动方案〉(2018年)》要求把"数字政府"改革建设作为着力点和突破口。信息共享机制的建立是推进政府信息共享资源的政策保障,在国家运行管理中起着非常重要的作用。监管和服务是政府的两项重要职能。信息共享机制对市场监管和政府服务具有重大意义,是提高政府服务和监管能力的必然要求。在信息共享方面,其中最关键的就在于政府机关之间是否建立了信息共享机制。政府机关之间建立信息共享机制是将大数据的作用发挥到最大化,推动政务工作的有效进行的重要保障。一方面,政府机关间信息共享机制有利于政府充分获取和运用信息,更加准确地了解市场主体需求,提高服务和监管的针对性、有效性;另一方面,信息共享机制有利于降低监管和服务成本,提高政府服务水平和监管效率,从而提高政府的可靠性和人民对政府的信任度。信息共享机制,不仅能有效地保证政府机关之间信息资源共享的实施,还能最大限度地发挥政务信息资源在市场监管和政府服务中的作用,从而推动法治化营商环境的优化。基于此,本体系将"信息共享机制"设为二级指标,并围绕着行政机关间信息共享机制设立了1个三级指标——行政机关间信息共享机制。根据《优化营商环境条例》(2019)第五十六条"政府及其有关部门应当充分运用互联网、大数据等技术手段,依托国家统一建立的在线监

---

① 何振:《网络环境下政府信息资源共享机制研究》,《档案学通讯》2007年第3期。

管系统,加强监管信息归集共享和关联整合,推行以远程监管、移动监管、预警防控为特征的非现场监管,提升监管的精准化、智能化水平"的规定,该三级指标要从双向进行考察。一方面,正向考察行政机关是否建立信息共享机制;另一方面,逆向考察现有行政审批中是否存在完全可以通过共享获得,却要求当事人提供的情况,如有一项扣一分,两项以上扣两分。

2. 市场监管。营造法治化营商环境,政府不仅要简政放权,而且要放管结合,做足责任监管的加法。在2013年5月国务院机构改革和职能转变动员电视电话会议上,李克强就明确指出"这次转变职能,放和管是两个轮子,只有两个轮子都做圆了,车才能跑起来。"① 改革不仅要取消和下放权力,还要创新和改善政府管理,管住管好该管的事。放和管两者齐头并进。在简政放权的同时,要切实加强市场监管。在目前我国市场经济秩序还很不规范的形势下,加强市场监管对于维护正常的市场秩序和公平的市场环境,促进经济健康发展尤为重要。良好的市场监管可以对在商事活动中进行违法犯罪,侵害他人合法利益、扰乱营商环境的主体进行处罚,维护市场正常秩序,促进市场公平竞争,从而维护营商环境的稳定与公平。然而,"市场监管法同所有的国家干预制度一样,是一柄'双刃剑',它在弥补市场不足的同时,也可能伤害市场机制。"② 低质量的市场监管则会对市场产生不利后果,导致市场失灵等。因此,政府不仅要加强市场监管,而且要公开、公正、规范、文明地管。行政机关公开、公正、规范、文明的市场监管,是优化法治化营商环境的重要内容。对政府市场监管而言,监管规则和标准的公开透明是规范市场监管的前提和基础。通过公开让社会大众知悉监管的规则和标准,政府的市场监管才能受到社会的监督,才能促进监管行为更加规范。同时,由于监管权自身的性质决定其总是有泛化滥用的趋势,在现实中监管主体,即行政机关

---

① 李克强:《李克强在国务院机构职能转变动员电视电话会议上的讲话》,http://www.moe.gov.cn/s78/A21/s4682/s4691/201306/t20130607_152962.html,访问时间:2019年10月21日。

② 盛学军:《监管失灵与市场监管权的重构》,《现代法学》2006年第1期。

也会经常出现选择性执法、执法不公等问题。而全面落实行政执法公示、行政执法全过程记录和重大行政执法决定法制审核制度是遏制选择性执法等现象的有力措施。其次,"双随机、一公开"改革是规范市场监管的动力和活力。"双随机、一公开"有利于创新政府管理方式,规范市场执法行为,切实解决一些执法领域存在的选择性执法、执法扰民、执法不公等问题,为企业营造公平竞争的发展环境。① 此外,对于新兴产业的市场监管,由于其特殊性和新颖性,需要区分不同情况。对新产业量身定制包容审慎监管模式和标准规范,坚守安全质量底线,有利于维护市场秩序,同时也能维持市场的活力和创造力。因此,市场监管,作为营造更加公开、公平、公正的营商环境的重要保障,包含着以上诸多内容。基于此,本体系将"市场监管"设为二级指标,并围绕着监管规则和标准的公开透明、存在选择性执法、"双随机、一公开"全覆盖、新兴产业实行包容审慎监管设立4个三级指标:(1)监管规则和标准的公开透明。根据《优化营商环境条例》(2019)第五十二条"国家健全公开透明的监管规则和标准体系。国务院有关部门应当分领域制定全国统一、简明易行的监管规则和标准,并向社会公开"的规定,该三级指标主要考察监管规则和标准是否在政府官网和政务平台公开以及公开的全面性和及时性。(2)行政执法三项制度。根据《优化营商环境条例》(2019)第五十八条"行政执法机关应当按照国家有关规定,全面落实行政执法公示、行政执法全过程记录和重大行政执法决定法制审核制度,实现行政执法信息及时准确公示、行政执法全过程留痕和可回溯管理、重大行政执法决定法制审核全覆盖"的规定,该三级指标主要考察行政执法机关是否按照国家有关规定,全面落实行政执法公示、行政执法全过程记录和重大行政执法决定法制审核制度,实现行政执法信息及时准确公示、行政执法全过程留痕和可回溯管理、重大行政执法决定法制审核全覆盖。(3)"双随机、一公开"全覆盖。根据《优化营商环

---

① 谢红星:《营商法治环境评价的中国思路与体系——基于法治化视角》,《湖北社会科学》2019年第3期。

境条例》（2019）第五十四条"国家推行'双随机、一公开'监管，除直接涉及公共安全和人民群众生命健康等特殊行业、重点领域外，市场监管领域的行政检查应当通过随机抽取检查对象、随机选派执法检查人员、抽查事项及查处结果及时向社会公开的方式进行。针对同一检查对象的多个检查事项，应当尽可能合并或者纳入跨部门联合抽查范围"的规定，该三级指标主要考察"双随机、一公开"制度是否得到全面遵循。（4）新兴产业实行包容审慎监管。根据《优化营商环境条例》（2019）第五十五条"政府及其有关部门应当按照鼓励创新的原则，对新技术、新产业、新业态、新模式等实行包容审慎监管，针对其性质、特点分类制定和实行相应的监管规则和标准，留足发展空间，同时确保质量和安全，不得简单化予以禁止或者不予监管"的规定，该三级指标主要考察是否存在新兴产业实行包容审慎监管相关制度安排以及制度是否得到遵循。

3. 政府服务。政务服务是在政府监管的职能中发展起来的，监管职能是政府服务的基础。2013年5月，国务院机构职能转变动员电视电话会议表明，"管"既包括加强市场监管，也包括创新公共服务方式。而在国务院推进简政放权放管结合职能转变工作电视电话会议上，是把"服"单独提出来，强调简政放权、放管结合、优化服务三管齐下，最终形成了"放管服"结合的系统改革方案。政府服务已经成为了政府职能转变的重要内容，同时也是促进经济发展，优化法治化营商环境的重要内容。《优化营商环境条例》（2019）要求政府及其有关部门应当进一步增强服务意识，切实转变工作作风，为市场主体提供规范、便利、高效的政务服务。从总体上看，在经济发展迅猛，物质资源丰富的今天，政府的产品供应是非常充足的，但在政府服务供应方面却仍存在短缺问题，质量也需要提高。首先，办事服务信息清晰准确是实现"群众少跑腿"，提高政府服务质量的必要条件。《国务院办公厅关于聚焦企业关切进一步推动优化营商环境政策落实的通知》（国办发〔2018〕104号）中提出，加快制定政务服务事项清单和推进政务服务标准化，要制定统一的审批服务事项编码、规范标准、办事指南和时限，消除模糊条款，优化审批服务流程，制作易看易懂、实用简便的办理流程图（表）。但在现实中常常出现由于办事指南表述模糊、不明确的问题，导致老百姓经常需要跑多个地方或往返多次办理一些事项。办事指南清晰方便是提高政府服务便利度的前提和基础。其次，办事过程的规范化、便利化是提高政府服务质量的目标和方向。政府提高办事过程的规范化、便利化程度，无疑可以让群众办事更为方便、快捷，从而提高政府在群众心目中的地位，营造良好的服务型政府形象。此外，在规范了政府的办事过程之外，行政机关办事的廉洁度对提高政府服务质量尤为重要。现实中仍有一些行政机关存在着吃卡拿要等现象，而对行政机关办事过程廉洁度进行考察就能直观反映出政府服务的质量的好坏。同时，对于群众的投诉举报的处理也能直观地反映出政府服务的质量。行政机关应当多听取群众的意见和建议，及时、规范地处理群众的投诉，这样才能及时了解并改善行政机关自身在办事过程中的缺点和不足。基于此，本体系将"政府服务"设为二级指标，并围绕着办事指南清晰方便、办事过程的规范化和便利化、办事过程的清廉度、投诉举报处理及时规范设立4个三级指标：（1）办事指南清晰方便。该三级指标主要考察群众是否能方便快捷获取办事指南；政府发布的办事指南是否清晰。（2）办事过程的规范化和便利化。根据《优化营商环境条例》（2019）第三十五、第三十六、第三十七、第四十二条规定，该三级指标主要考察当事人对政府办事过程的规范化、便利化的满意度。（3）办事过程的清廉度。根据《优化营商环境条例》（2019）第六十九条规定，该三级指标主要考察政府在办事过程中是否存在吃卡拿要等现象。（4）投诉举报处理及时规范。根据《优化营商环境条例》（2019）第四十九条"政府及其有关部门应当建立便利、畅通的渠道，受理有关营商环境的投诉和举报"的规定，该三级指标主要考察群众投诉、举报是否得到及时公正处理。

### （六）社会综合环境

法治化营商环境建设是以优质的社会综合环境为背景，而良好社会综合环境是法治化营商环境建设的基础性保障。良好的社会综合环境能吸引更多的投资者,促进当地经济发展。较差的社会综合环境对企业投资具有明显的阻碍效应,如果合作者缺乏诚信不能有效履行合同而法院又不能公正判决,投资者会减少或者放弃交易①,从而不利于营商环境的建设。良好的社会综合环境不仅能给企业创造良好的发展空间,也能激发投资者投资的热情,反过来促进社会综合环境的有序发展。社会综合环境的好坏对是否能吸引优质的投资者、建立优质企业以及留住企业至关重要。因此,我们应给予社会综合环境更多的关注。同时,社会综合环境是一个包含安全的政治环境、稳定的社会环境、公正的法治环境、优质的服务环境等诸多因素的综合系统。其中部分因素,如法规政策、政务服务等在其他指标中已有考察。本部分只是对前述五大环境以外的社会综合环境进行考察。因此,该一级指标分值仅为13分。

在影响社会综合环境的诸多要素中,治安环境无疑是最基本的要素,没有安全就没有一切。其次,一个地区不管法治化程度如何,纠纷与冲突总是难以避免。因此必须建立有序的商事纠纷解决机制,使商事纠纷能够及时有效地得到化解。再次,诚信是市场运行的基础,人无信不立,商无信不誉,市无信不兴,企业无信不昌。市场经济从某种角度看就是信用经济,社会信用是市场经济正常运行的基本保证。因此,在社会综合治安环境之下设立了社会治安、社会信用和纠纷解决3个二级指标。

1. 社会治安。治安环境是经济发展最基础的条件之一,治安条件的好坏直接决定了企业家的流动方向。基于对人身与财产安全的考虑,企业家对社会治安的关注度和要求较高,如果一个地区黑恶势力猖獗、违法犯罪频发,即使政策再优惠,企业家亦会对其避之不及。党的十八大以来,以习近平同志为核心的党中央将社会治安纳入建设有中国特色社会主义社会治理体系的视野下,提出平安中国建设的整体目标,形成"社会治安—社会治理—平安中国"的内在发展逻辑。

---

① 郑方辉等:《营商法治环境指数:评价体系与广东实证》,《广东社会科学》2019年第5期。

习近平指出:"要继续加强和创新社会治理,完善中国特色社会主义社会治理体系,努力建设更高水平的平安中国。"中国特色社会主义事业需要和谐稳定的社会环境,健康有序的社会治安环境为促进经济社会发展提供社会保障。① 在广东,近几年相关部门积极治理,群众积极参与治安防控,打击犯罪更有力,治安明显改善。同时,也应当关注到治安防控是一个长期的过程,需要我们持续密切的关注,其中治安案件发案率是衡量一个地区社会治安状况的直接要素,发案率越高,治安状况越差,同时,刑事案件由于具有破坏力强、影响力大等特点,一旦发生,会使企业家与企业的人身与财产受到极大的损害。因此,我们应当从这两个因素着手,致力于社会治安防控的建设,进一步推动法治化营商环境的发展。基于此,本指标体系将"社会治安"设为二级指标,并围绕着治安案件发案率和刑事案件发案率设立2个三级指标:(1)治安案件发案率。该三级指标主要考察万人治安案件发案率的比值,如果高于1,则分值记为1,低于1则按照实际比例计算。(2)刑事案件发案率。该三级指标主要考察万人刑事案件发案率的比值,如果高于1,则分值记为1,低于1则按照实际比例计算。

2. 社会信用。市场经济是法治经济,更是信用经济,建立社会信用体系、营造诚实守信环境是法治化营商环境建设的重要保证。社会信用体系建设是以法律、法规、标准和契约为依据,以守信激励和失信约束为奖惩机制的。② 社会信用体系建设是市场经济建设的重要基础。党的十八届三中全会对社会信用体系建设做出了战略部署,将社会信用体系建设作为提升社会治理的重要手段。社会信用体系建设是社会治理的重要内容,对创新管理,维护社会秩序方面发挥着重要作用。③ 其不仅关系到国家的安定和谐、经济的长远健康发展和个人的

---

① 廖宝光:《习近平新时代社会治安理论体系探析》,《江西警察学院学报》2018年第4期。
② 蔡力坚:《社会信用体系建设规划纲要(2014—2020年)》,《中国翻译》2017年第6期。
③ 陈敬南:《成都市推进社会信用体系建设的案例研究》,硕士学位论文,电子科技大学,2019年。

安身立命，还是维持社会正常秩序的基础保障，对法治化营商环境建设至关重要。① 近年来，着眼于政府诚信体系建设与社会诚信建设，中央颁布了《国务院关于加强政务诚信建设的指导意见》《国务院关于建立完善守信联合激励和失信联合惩戒制度加快推进社会诚信建设的指导意见》《关于加快推进失信被执行人信用监督、警示和惩戒机制建设的意见》等一系列法规政策。在广东，广东省以问题为导向将信用联合奖惩工作纳入"数字政府"建设框架内，为建立信用和联合奖惩机制开展了相关的探索试点，得到了国家发展改革委的高度评价。在社会信用建设中，政府是否将涉企信用联合奖惩机制作为政府监管的重要手段，并在行政管理事项中得到全面应用，是衡量社会信用的重要标准。同时，商以信为本，信用是企业持续发展必不可少的条件。企业作为商事活动的主体，其为获取贷款等利益时的企业信用以及市场主体在交易过程中产生的交易信用对社会信用环境影响至关重要。基于此，本指标体系将"社会信用"设为二级指标，并围绕着涉企信用联合奖惩机制、企业信用和交易信用设立 3 个三级指标：（1）涉企信用联合奖惩机制。根据《优化营商环境条例》（2019）第五十三条"政府及其有关部门应当按照国家关于加快构建以信用为基础的新型监管机制的要求，创新和完善信用监管，强化信用监管的支撑保障，加强信用监管的组织实施，不断提升信用监管效能"的规定，该三级指标主要从三个方面进行考察：一是企业信用信息是否公示；二是是否实施企业守信联合激励和失信联合惩戒；三是政府是否建立健全企业信用修复机制和信用权益保护机制。（2）企业信用。根据《优化营商环境条例》（2019）第三十条"国家加强社会信用体系建设，持续推进政务诚信、商务诚信、社会诚信和司法公信建设，提高全社会诚信意识和信用水平，维护信用信息安全，严格保护商业秘密和个人隐私"的规定，该三级指标主要从两个方面进行考察：一是存在拖欠税款的企业数量占本地企业总数的比例；二是因劳务纠纷被

---

① 陈敬南：《成都市推进社会信用体系建设的案例研究》，硕士学位论文，电子科技大学，2019 年。

举报或投诉的本地企业数量占本地企业总数的比例。(3) 交易信用。根据《优化营商环境条例》(2019) 第三十条规定，该三级指标主要从两个方面进行考察：一是当年全省市场监管部门受理合同投诉案件与本地企业总数的比例/本市市场监管部门受理合同投诉案件与本地企业总数的比例；二是当年全省消费者协会受理投诉案件与总人口的比例/本市消费者协会受理投诉案件与总人口的比例。如果高于1，则分值记为1，低于1则按照实际比例计算。

3. 纠纷解决。法治化营商环境意味着纠纷解决的便利化、制度化。任何地区、时期都有纠纷，如何顺畅高效地化解纠纷对经济发展至关重要。完善多元的纠纷解决机制不仅有利于市场主体公平自由交易，还能解决纠纷集中于法院的问题，为法院减负。而单一混乱的纠纷解决机制不仅会加重法院负担，效率低下，还可能引起人们的不满。多元化纠纷解决机制是一个系统的社会工程。要真正充分发挥其作用，必须重视多元化纠纷解决机制协调与衔接问题。在多元化纠纷解决机制中，营商主体双方协商、社会中介组织调解是多元化纠纷解决机制的基础，高效便民的仲裁解决机制、行政解纷机制是多元化纠纷解决机制的主导，公正独立的司法是多元化纠纷解决机制的保障。要通过一系列制度确保三者有机结合，有效衔接，形成合力，切实保障商事纠纷多元解决机制建设稳健推进，促进社会和谐，促进法治化营商环境建设。根据《优化营商环境条例》(2019) 第六十六条"国家完善调解、仲裁、行政裁决、行政复议、诉讼等有机衔接、相互协调的多元化纠纷解决机制，为市场主体提供高效、便捷的纠纷解决途径"的规定，本指标体系将"纠纷解决"设为二级指标，并围绕着商事纠纷社会中介组织解决机制、商事纠纷的行政解决机制和商事纠纷的司法解决机制设立3个三级指标：(1) 商事纠纷社会中介组织解决机制。根据《优化营商环境条例》(2019) 第二十九条关于行业协会商会应当依法为市场主体提供纠纷处理服务的规定，该三级指标主要考察实践中商事纠纷的社会中介组织解决机制是否得到政府的尊重。(2) 商事纠纷的行政解决机制。该三级指标主要考察在相关"三定方案"中是否确定了具体行政机关承担企业投诉处理、商事纠纷调解等职能。(3) 商事纠纷的司法解决机制。该三级指标主要考察商事案件结案率，其计算方法是：商事案件结案率＝当年度商事案件一审结案数/当年度商事案件一审收案总数。如果高于 1，则分值记为 1，低于 1 则按照实际比例计算。在此基础上乘以 2 为最后的分值。

# 参考文献

## 一 著作类

范健：《商法》，高等教育出版社、北京大学出版社2000年版。

范愉：《纠纷解决与社会和谐》，徐昕主编《司法》（第一辑），法律出版社2006年版。

冯淑君、魏农建主编：《上海商业发展报告2015》，复旦大学出版社2016年版。

冯兴元、何广文等：《中国民营企业生存环境报告2012》，中国经济出版社2013年版。

《港澳经济年鉴》编辑部：《港澳经济年鉴2002》，《港澳经济年鉴》社2002年版。

国家发展和改革委员会编著：《中国营商环境报告2020》，中国地图出版社2020年版。

刘国中主编：《〈中共中央关于全面深化改革若干重大问题的决定〉职工学习问答》，中国工人出版社2014年版。

罗培新著：《世界银行营商环境评估》，译林出版社2020年版。

钱弘道：《中国法治指数报告（2007—2011）——余杭的实验》，中国社会科学出版社2012年版。

上海市人民政府发展研究中心、上海发展战略研究所著：《上海优化全球城市营商环境研究》，格致出版社2021年版。

宋林霖编著：《世界银行营商环境评价指标体系详析》，天津人民出版社 2018 年版。

习近平：《习近平谈治国理政》（第3卷），外文出版社 2020 年版。

张保生：《中国司法文明指数报告 2017》，中国政法大学出版社 2018 年版。

张卫国、蔺栋华著：《深化供给侧结构性改革问题研究》，山东人民出版社 2017 年版。

中共中央文献编辑委员会：《邓小平文选》（第二卷），人民出版社 1994 年版。

中共中央文献研究室：《习近平关于全面依法治国论述摘编》，中央文献出版社 2015 年版。

中共中央组织部干部教育局、中国法学会研究部编著：《领导干部法治读本》，党建读物出版社 2016 年版。

朱锐勋著：《政府信息资源开发模式比较研究》，国家行政学院出版社 2016 年版。

## 二　论文类

蔡力坚：《社会信用体系建设规划纲要（2014—2020年）》，《中国翻译》2017 年第 6 期。

陈清：《推动构建亲清政商关系》，《人民日报》2020 年 4 月 28 日。

陈晓玲：《香港营商环境现状评价及经验借鉴》，《广东经济》2019 年第 5 期。

陈秀珍：《政府信息资源管理与开发利用》，《学会月刊》2002 年第 4 期。

城市法治环境研究评价课题组：《城市法治环境评价体系与方法研究初探——城市现代化评价标准之系列研究》，《公安大学学报》2001 年第 5 期。

崔红、吴秀钟：《营商法治化环境的内在逻辑与建设》，《辽宁经济》2018 年第 9 期。

代中现、曾宪慧:《粤港澳大湾区营商环境法治化建设存在的问题及对策》,《探求》2018年第6期。

丁鼎、高强和、李宪翔:《我国城市营商环境建设历程及评价——以36个省会城市、直辖市及计划单列市为例》,《宏观经济管理》2020年第1期。

丁少英等:《广州市越秀区构建亲清新型政商关系的实践研究》,《探求》2018年第6期。

丁雯雯:《美国职业安全与健康规制的正当化基础及启示》,《江西社会科学》2016年第3期。

董彪、李仁玉:《我国法治化国际化营商环境建设研究——基于〈营商环境报告〉的分析》,《商业经济研究》2016年第13期。

董树功、杨峙林:《基于社会治理的社会信用体系建设研究:学理逻辑与路径选择》,《征信》2020年第8期。

董志强、魏下海、汤灿晴:《制度软环境与经济发展——基于30个大城市营商环境的经验研究》,《管理世界》2012年第4期。

窦林卿:《"内容资源管理系统"的2.0时代》(上),《出版参考》2011年第9期。

樊纲、王小鲁、张立文:《中国各地区市场化进程报告》,《中国市场》2001年第6期。

方颖、赵扬:《寻找制度的工具变量:估计产权保护对中国经济增长的贡献》,《经济研究》2011年第5期。

《管理世界》经济研究院"中国城市营商环境评价研究"课题组:《我国城市营商环境及其评价》,《发展研究》2019年第3期。

国家发改委:《〈加快完善市场主体退出制度改革方案〉的意义与突破》,《财经界》(学术版)2019年第15期。

韩汉杰:《创新人才培育机制　高效培养人才》,《经济师》2013年第8期。

韩业斌:《我国法治化营商环境的区域差异及其影响因素》,《领导科学》2019年第8期。

何玲:《数字赋能　智慧监管　多元应用　加快建设衢州特色"信用

示范之城"——访浙江省衢州市市长汤飞帆》,《中国信用》2020年第8期。

何振:《网络环境下政府信息资源共享机制研究》,《档案学通讯》2007年第3期。

侯欢:《香港税收营商环境优化的法治逻辑与经验借鉴》,《税收经济研究》2020年第6期。

后向东:《论营商环境中政务公开的地位和作用》,《中国行政管理》2019年第2期。

李斌:《优化营商环境就是解放生产力》,《人民日报》2018年9月5日。

李昭辉:《法治化营商环境的构建》,《深圳特区报》2019年7月30日。

李志军、张世国、高太山、单珊、周平录:《我国城市营商环境及其评价》,《发展研究》2019年第3期。

廖宝光:《习近平新时代社会治安理论体系探析》,《江西警察学院学报》2018年第4期。

刘云:《推动建立新时代科技人才评价体系》,《中国社会科学报》2021年6月8日。

娄成武、张国勇:《基于市场主体主观感知的营商环境评估框架构建——兼评世界银行营商环境评估模式》,《当代经济管理》2018年第6期。

路晓霞:《自贸试验区法治化营商环境研究——以汕头华侨试验区为视角》,《广东技术师范学院学报》(社会科学版)2016年第10期。

吕宜之:《宁波海归人才创新创业环境现状及优化策略》,《宁波经济》(三江论坛)2016年第12期。

罗黎平:《如何借鉴香港特区优化营商环境之道》,《湖南日报》2019年2月19日。

罗培新:《世界银行营商环境评估价值体系与方法论——以"开办企业"为例》,《中国市场监管报》2019年3月5日。

毛圣慧、王铁铮:《税收营商环境优化的国际经验借鉴及路径研究》,

《河南师范大学学报》（哲学社会科学版）2020年第4期。

聂永瑜等：《政府网资源的开发策略》，《工业工程》2002年第2期。

钱锦宇、刘学涛：《营商环境优化和高质量发展视角下的政府机构改革：功能定位及路径分析》，《西北大学学报》（哲学社会科学版）2019年第3期。

秦男：《探索商事争议多元解决机制推动自贸权益保护制度创新——"进一步推动上海自贸试验区权益保护制度创新暨完善上海自贸试验区商事争议多元化解决机制"研讨会述评》，《人民法院报》2015年12月2日。

曲宁：《世界银行〈营商环境报告〉梳理及中国营商环境述评》，《商场现代化》2019年第13期。

邵传林：《法治环境、所有制差异与债务融资成本——来自中国工业企业的微观证据》，《浙江社会科学》2015年第9期。

盛学军：《监管失灵与市场监管权的重构》，《现代法学》2006年第1期。

宋林霖、何成祥：《优化营商环境视阈下放管服改革的逻辑与推进路径——基于世界银行营商环境指标体系的分析》，《中国行政管理》2018年第4期。

孙锐：《区域人才工作创新发展的经验与启示》，《中国人才》2019年第1期。

王淑梅、张波：《助力自由贸易港建设构建一流法治化营商环境》，《法律适用》2019年第17期。

王天喜、郭一鸣：《清理"僵尸企业"背景下的破产机制调研报告——立足于广州两级法院的破产审判实践》，《法治论坛》2017年第3期。

王向：《法治环境、城市化对生产性服务业发展的影响——基于省级面板数据的经验研究》，《产经评论》2013年第3期。

王洋：《香港：创造全球优质营商环境》，《中国建设信息化》2019年第5期。

吴昊：《大数据时代中国政府信息共享机制研究》，博士学位论文，吉林大学，2017年。

吴增礼、黄春凤：《构建社会主义核心价值观践行的负面清单制度》，《马克思主义研究》2020年第1期。

习近平：《共担时代责任，共促全球发展》，《人民日报》2017年1月18日。

席涛：《市场准入负面清单与产业政策、相关法律的修订与衔接》，《中国政法大学学报》2018年第3期。

谢红星：《营商法治环境评价的中国思路与体系——基于法治化视角》，《湖北社会科学》2019年第3期。

邢超、石玲：《〈2016—2017年全球竞争力报告〉与中国表现的比较分析》，《全球科技经济瞭望》2017年第1期。

邢厚媛：《中国（上海）自由贸易试验区与中国香港、新加坡自由港政策比较及借鉴研究》，《科学发展》2014年第9期。

杨继瑞、周莉：《优化营商环境：国际经验借鉴与中国路径抉择》，《新视野》2019年第1期。

杨明、赵明辉、原峰、杨伦庆：《香港新加坡自由港政策分析》，《新经济》2019年第4期。

杨姝琴：《广州加快衔接港澳营商环境制度规则的路径探析》，《探求》2019年第4期。

杨涛：《营商环境评价指标体系构建研究——基于鲁苏浙粤四省的比较分析》，《商业经济研究》2015年第13期。

杨雪飞：《杭州市临安区优化人才创新创业环境的措施及建议》，《人才资源开发》2021年第7期。

姚颉靖、彭辉：《上海法治评估的实证分析》，《行政法学研究》2015年第2期。

姚树洁、冯根福、韦开蕾：《外商直接投资和经济增长的关系研究》，《经济研究》2006年第12期。

姚树洁、韦开蕾：《中国经济增长、外商直接投资和出口贸易的互动实证分析》，《经济学》（季刊）2008年第1期。

吁青、袁玥：《构建劳动争议多元化解新模式》，《人民法院报》2019

年 5 月 6 日。

袁莉：《新时代营商环境法治化建设研究：现状评估与优化路径》，《学习与探索》2018 年第 11 期。

袁丽静、杜秀平：《营商环境与工业全要素生产率——基于中国省区 1994—2014 年工业行业面板数据的实证分析》，《哈尔滨商业大学学报》（社会科学版）2018 年第 5 期。

曾宪聚、严江兵、周南：《深圳优化营商环境的实践经验和理论启示：制度逻辑与制度融贯性的视角》，《经济体制改革》2019 年第 2 期。

张家贞：《民营企业财产权保护与法律制度建设》，《中央财经大学学报》2009 年第 1 期。

张岚：《加快市场监管改革创新 推动广东经济高质量发展》，《广东经济》2019 年第 6 期。

张三保、康璧成、张志学：《中国省份营商环境评价：指标体系与量化分析》，《经济管理》2020 年第 4 期。

张瑄：《先进国家和地区优化国际营商环境的经验对广东的借鉴》，《新经济》2014 年第 13 期。

张志铭、王美舒：《中国语境下的营商环境评估》，《中国应用法学》2018 年第 5 期。

赵海怡：《中国地方营商法治环境的优化方向及评价标准》，《山东大学学报》2019 年第 9 期。

赵莎：《当前法治营商环境建设的对策研究》，《中国商论》2019 年第 2 期。

赵树文、侯一凡、王嘉伟：《经济法视阈下的竞争中性原则解析》，《河北经贸大学学报》2020 年第 4 期。

郑方辉等：《营商法治环境指数：评价体系与广东实证》，《广东社会科学》2019 年第 5 期。

郑方辉、王正、魏红征：《营商法治环境指数：评价体系与广东实证》，《广东社会科学》2019 年第 5 期。

中国企业家调查系统：《企业经营者对宏观形势及企业经营状况的判断、问题和建议——2015·中国企业经营者问卷跟踪调查报告》，

《管理世界》2011 年第 12 期。

忠言：《从法治化国际化便利化入手打造良好营商环境》，《辽宁日报》2017 年 6 月 27 日。

钟磊：《中小民营企业清算注销过程中的财务问题研究——以中小民营 A 化工有限公司为例》，《中国商论》2018 年第 21 期。

周黎安：《中国地方官员的晋升锦标赛模式研究》，《经济研究》2007 年第 7 期。

周民、贾一苇：《推进"互联网+政务服务"，创新政府服务与管理模式》，《电子政务》2016 年第 6 期。

周清杰、朱倍其：《优化营商环境京沪应该向香港和新加坡学什么》，《商业文化》2020 年第 8 期。

周雅颂：《数字政府建设：现状、困境及对策——以"云上贵州"政务数据平台为例》，《云南行政学院学报》2019 年第 2 期。

朱最新、张研：《新时代地方立法清理的问题与对策——以 2010 年以来广东地方立法清理为样本》，《法治论坛》2018 年第 4 期。

Schumpeter J., "Creative Destruction", *Capitalism, Socialism and Democracy*, 1942.

World Bank Group, A World Bank Group Flagship Report, 2019: Doing Business Equal Opportunity for All, Comparing Business Regulation for Domestic Firms in 190 Economies.

# 后　　记

　　改革开放以来，毗邻港澳的广东先行一步推进改革开放，全面参与全球产业与经济分工，在一定意义上是在优化营商环境。然而由于各种因素影响，广东营商环境建设很长一段时间内均是以招商引资、投资环境建设等名义进行的。但投资环境并不能涵盖营商环境的全部，而且不容易与国际接轨。20 世纪 90 年代，广东已经开始使用"营商环境"一词，但主要是媒体和坊间在使用。2004 年，世界银行发布了第一份"Doing Business"报告，旨在对各国中小企业经营过程中所处的法治环境进行横向比较，并寻找全球范围内的良好做法。自此，"营商环境"日渐成为政府和学界关注的焦点。

　　2012 年，我们接受原广东省人民政府法制办公室的委托，展开"建设法治化营商环境研究"。这是我们对营商环境研究的首秀。同年，与我校广东国际战略研究院合作，完成了"美国营商环境研究"。相关成果被广东省 2012 年制定的《建设法治化国际化营商环境行动计划》所吸纳。2016 年、2018 年先后两次接受广东省政法委委托对广东省构建法治化营商环境展开系统研究。2019 年，接受广东省司法厅委托展开"广东省法治化营商环境评价指标体系研究"。2020 年，中标广东省政府发展研究中心"广东省进一步优化营商环境对策研究"项目。这些项目研究，不仅相关研究成果被有关国家机关采纳，并得到领导的批示，而且使我们对广东优化营商环境有了较为深入的了解。2020 年，我们中标教育部哲学社会科学研究重大课题攻关项目"粤港澳大湾区法律建设研究"。该项目的一个子课题就是"粤港澳大湾区法治化营商环境建设研究"。为了"粤港澳大湾区法治化营商环境建设研究",我们觉得有必要对以前的研究成果进行梳理。为此,我们在"广东省进一步优化营商环境对策研究"的基础上,融合原有的研究成果,结合团队成员各自的知识结构,分工负责完成了本书的撰写。本书撰写具体分工如下:第一章第一、三、四节:谢俊;第一章第二节、第二章:刘云甫、徐洁荧;第三章第一节:黄喆;第三章第二、三节:余彦;第四章:朱晔;第五章:朱晔、徐洁荧;第六章:黄喆、董俊武;第七章:朱最新、徐洁荧。书稿大纲和统稿工作由朱最新负责。文中相关资料数据,除已经注明出处外,皆来自上述课题调研中各相关国家机关提供的资料数据;相关课题研究中,广东省政法委吴小洪、罗耀贤,广东省司法厅黄涛涛、欧阳斐、刘浩,广东省政府发展研究中心曾小武等给予了大力协助;广东外语外贸大学法学院胡淑月、颜文韬、闵莹、黄海岚同学对本书进行了校对。在此,表示衷心的感谢。

本书是对已有研究成果的梳理和深化,不可避免存在一些时代的痕迹。而且营商环境研究涉及经济、管理、法学等诸多领域,是跨学科、跨领域的综合性应用研究。不同学科学者,对相同问题的表述、视角不可能完全一致。因此,本书某些方面存在错误或者不一致在所难免。希望本书能够起到抛砖引玉的作用,吸引更多的专家学者对营商环境问题展开跨学科研究。也希望相关专家学者及各界人士在百忙中给予批评指正。